最 具 指 导 意 义 和 实 用 价 值 的 管 理 学 精 华 读 本

德鲁克的

管理秘诀

张乃奎　崔雪梅 编著

THE MANAGEMENT
KEYSOFDRUCKER

光明日报出版社

图书在版编目（CIP）数据

德鲁克的管理秘诀 / 张乃奎，崔雪梅编著 . -- 北京：光明日报出版社，2011.6
（2025.1 重印）

ISBN 978-7-5112-1103-3

Ⅰ . ①德… Ⅱ . ①张… ②崔… Ⅲ . ①德鲁克，P.F.(1909 ~ 2005) —企业管理 - 通
俗读物 Ⅳ . ① F279.712.3-49

中国国家版本馆 CIP 数据核字 (2011) 第 066135 号

德鲁克的管理秘诀

DELUKE DE GUANLI MIJUE

编　著：张乃奎　崔雪梅

责任编辑：李　娟　　　　　　　　　　责任校对：文　蘂
封面设计：玥婷设计　　　　　　　　　封面印制：曹　净
出版发行：光明日报出版社
地　　址：北京市西城区永安路 106 号，100050
电　　话：010-63169890（咨询），010-63131930（邮购）
传　　真：010-63131930
网　　址：http://book.gmw.cn
E – mail：gmrbcbs@gmw.cn
法律顾问：北京市兰台律师事务所龚柳方律师

印　　刷：三河市嵩川印刷有限公司
装　　订：三河市嵩川印刷有限公司
本书如有破损、缺页、装订错误，请与本社联系调换，电话：010-63131930

开　　本：170mm×240mm
字　　数：216 千字　　　　　　　　　印　　张：15
版　　次：2011 年 6 月第 1 版　　　　印　　次：2025 年 1 月第 4 次印刷
书　　号：ISBN 978-7-5112-1103-3

定　　价：49.80 元

前　言

永远的德鲁克

"只要一提到彼得·德鲁克,在企业的森林里就会有无数双耳朵竖起来倾听!"这是多么崇高的人物所能达到的境界,这一境界将永恒地伴随着智者德鲁克。

2005年11月11日,"管理大师中的大师"、"现代管理之父"彼得·德鲁克在美国克莱蒙特家中与世长辞。这一天,距他96岁生日还有8天。 颇具隐喻意味的是,82年前的同一天,德鲁克在参加一次游行活动时突然醒悟:自己对这个世界而言,只是一个旁观者,于是他满怀留恋又义无反顾地选择了离开。德鲁克的一生,一以贯之地秉承"旁观者"的思维理念,在教师、咨询师、作家之间辗转腾挪,矢志不渝地坚持他追求完美的精神,为管理学做出了史无前例的贡献。

德鲁克的一生,是反思的一生,也是著述的一生,更是实践的一生。他1954年出版的《管理的实践》一书,开创了管理学这门学科;1966年出版的《卓有成效的管理者》一书,成为高级管理者必读的经典中的经典;1973年出版的巨著《管理:任务,责任,实践》被奉为管理学"圣经";他的《创新与企业家精神》、《管理的前沿》、《管理的未来》等书被译成30多种文字,传播遍及130多个国家和地区。他留给后人的遗产是那些闪耀着真知灼见的大量著述,是过去60多年中他对现代企业的组织及

1

管理所做出的基本的思考和总结。

德鲁克是引领时代潮流的思想家，他用天才般的头脑引领管理者进行思维创新。20世纪50年代初，他高瞻远瞩地指出计算机的迅猛发展必将彻底改变商业模式；1961年，他充满先见地提醒美国企业应该关注日本工业的崛起；20世纪80年代，又是他首先警告日本可能陷入经济滞胀；20世纪90年代，他又率先对知识经济进行了全面阐释。在管理学领域，他第一次提出了组织的概念，并确立了管理学作为一门学科的地位；他是目标管理的创始人……他的研究和观点大多具有开创性。那些我们耳熟能详的人物，无论是"市场营销之父"菲利浦·科特勒、领导力大师约翰·科特，还是通用公司前CEO杰克·韦尔奇、英特尔公司前总裁安迪·葛洛夫、微软创始人比尔·盖茨……都曾受到德鲁克的启发和影响。德鲁克思想对管理学界及管理实务都产生了深远而无可比拟的影响，他是当代最伟大的管理思想家和实践家。

德鲁克的管理思想基于他独特的思维方式和敏锐的洞察力，他善于挖掘趋势背后的趋势，把握问题背后的问题。因此，他的思想平易而深邃，简约而富有启发性。他高度重视管理实践，认为管理要重"行"，"行"胜于"知"。

德鲁克的管理研究集中在企业责任、组织、目标管理、领导力、人力资源、创新制度等领域，而这些，无一不是决策者和管理者需要面对的根本问题。德鲁克认为，管理就是界定组织的使命，并激励和组织人力资源来实现这个使命。对于企业而言，界定使命是企业家的根本任务，激励和组织人力资源则是领导者的基本能力，将两者统一起来就是管理。在德鲁克看来，管理是所有组织的职能，组织将人集中在一起，所以管理必须高度关注人的因素，发挥人的优势，实现人的价值。在知识经济时代，人们更要重视人的因素，实施人性化管理。经理人的责任就是带动整个组织发挥成员的生命活力。

在中国，德鲁克有众多的信徒。然而，由于文化差异，管理者对德鲁克思想的认识往往难以具体到中国的管理语境中来。因此，开始撰写本书时，我们就在思考：应该以怎样的方式呈现德鲁克的管理思想？应该以怎样的立意阐述德鲁克的管理思想？

毫无疑问，在知识经济时代，中国将作为一个大国崛起。那么中国的管理者应怎样面对中国崛起中的机遇和挑战？怎样面向我们的未来？显然，我们这个社会的未来，取决于今天的决策者；在企业越来越成为这个社会的主体的今天，尤其取决于企业家和经理人，取决于他们的洞察力、思维水平和管理素质。而管理者要具备这些基本的素质，最有效、最直接的方式就是向德鲁克这样的管理大师"取经"，融合中西管理思维，构建面向未来的中国式的管理体系。

本书就是以这样的立意进行撰写的。我们无意于重新构建德鲁克的管理思想体系，只是试图通过解读德鲁克思想中的精髓，提炼其独特的思维方式及这种思维方式对中国企业管理的普遍性意义。本书以德鲁克的管理思想和理念为中心，运用大量案例对其进行了解读，并结合中国企业管理实际，进行了深度解剖，试图借此来激发企业家和经理人去思考中国管理中的实际问题，并进一步优化管理，提高管理者的绩效能力。

诚然，德鲁克的思想和理念未必"放之四海而皆准，置之古今而皆能"。但是，作为一种思维方式，它带给管理者的启示远远超出管理技巧本身。中国的管理者应该学会如何透过现象来超越现实、面向未来，进而引领时代的发展，推动中国的崛起。显然，创新将改变一切，但我们更应该记住德鲁克的谆谆教导："做正确的事比正确地做事要重要得多，卓有成效的管理者两者兼备。"

尽管德鲁克已离我们远去，但他的思想将进一步激励21世纪的管理者。从这种意义上来说，远去的德鲁克将获得永生！

由于本书编撰仓促，编者也自觉对德鲁克思想研读的深度有限，若有不妥之处，还请方家斧正。

目 录

第一章 彼得·德鲁克——现代管理之父

彼得·德鲁克（1909～2005），当代最伟大的管理学家，管理学的创始人。作为"现代管理之父"，德鲁克的思想几乎涉及了管理学的各个层面。他一直走在时代的前列，是新思想的领跑者。而他的家庭环境和经历，又促使他形成异于常人的思维方式，成为一个不折不扣的"旁观者"。他的思想属于经验主义学派，注重实践，有非常强的实战效果，所以备受各类管理者的推崇。

第二章 解读管理——成功的管理必须从管理的本质着手

德鲁克认为，管理是一门科学，更是一门"宽泛的艺术"；管理者要掌握管理的基本原则，实施人性化管理。管理要以结果为导向，以管理战略为指针，明确管理的职责，通过实践来检验管理的效果。管理必须以人为中心，充分发挥人的优势，体现人的价值，提高人的绩效，实现人的超越。成功的管理都是从管理的本质入手的，卓有成效的管理者都能深入理解管理是一门实践的学问。

第三章 自我管理——管好自己是管好一切的先决条件

德鲁克认为，在当今社会，知识是人和整个社会的基础资源，而拥有知识的人便是这个时代最重要的资产。所以，管理者必须善于自我管理。自我管理是个人对自我生命运动和实践的一种自发或主动调节。自我管理的关键是充分调动自身的各种调节功能，通过发现优势准确定位自己，并且遵从自身的价值观，激发自身的潜能。自我管理是个人对自身价值的追求，建立明确的目标并一以贯之地执行是走向成功的基础。卓有成效的管理者都是善于发现自我优势、善于利用自己的优势做事、坚持自己的价值观、注重奉献并且善于利用时间的人。

第四章 决策管理——从源头上做好正确的事情

管理学家西蒙说：管理就是决策。德鲁克从不同的侧面论述了如何进行有效决策。他认为，决策是管理者特有的任务，真正的决策者一定会在决策时避免混乱，他们不会同时进行多种决策，而会将精力集中到重大决策上来。决策很重要，但更重要的是进行有效决策。任何决策都必然涉及利益诉求，而任何利益诉求背后都隐含着价值诉求。决策必然会遇到妥协，妥协是决策的常态。决策者必须要作必要的决策。

第五章 人事管理——始终着眼于组织最重要的资源

德鲁克认为，人事决策是最根本的管理，其核心是如何选人、如何用人。人事决策是管理中最关键的活动。人事决策必须坚持基本的原则，要量才录用，要舍得花时间进行人事决策。管理者要运用各种手段吸引并留住其需要的人才；管理者要适应知识经济时代的需要，管理好知识型员工，尊重每一位下属；管理者要通过各种方式让下属热爱自己的工作，并使下属具备"管理者态度"。

第六章 有效管理——结果决定一切

德鲁克认为，良好的企业管理，必然是有效的管理。有效的管理必须区分清楚有效和有效率以及做正确的事和正确地做事。有效管理是一种结果导向型的管理。绩效是有效管理的根本，结果说明一切，结果决定一切。高绩效必然涉及责任、时间期限以及最终的成果评价，必须有效地评估成果，没有评估就没有好成果。企业家要建立绩效精神，要以结果为导向，重视管理成果的有效性，并为自己所作做决策负责，这是真正的"高级管理者"。企业家要贯彻绩效精神，就必须进行有效的成本控制，运用好奖惩制度，并且不断地追求完美。

第七章 目标管理——引导组织朝一致的方向共同奋斗

目标管理是德鲁克的招牌理论，这一理论是迄今为止管理学中最重要的方法之一。企业必须立足自身愿景和战略的角度确定企业的目的和使命，并将它们转化为目标进行有效的目标管理。目标管理是企业提高绩效的重要手段。通过设计目标、执行目标，能有效地提高员工参与企业管理的积极性，并树立其主人翁精神。目标管理能迅速提高企业效率，增强企业的深度沟通和协调组织的一致行动。

第八章 领导力——卓越的领导者是这样炼成的

德鲁克认为，卓有成效的管理者都是卓有成效的领导者。管理的核心是人，管理的关键靠人，对于任何组织，领导者都是组织发展的决定因素。故而，领导者必须努力提高自身的领导力，必须努力提高领导素质。领导者是组织的灵魂，领导者是带头大哥，领导者是艺术家，领导者是战略家。一个成功的领导者，必然能赢得下属信任。领导者之所以能成为领导者，关键在于领导者愿意承担责任。成功的领袖必须乐于为他的追随者所造成的损失承担责任。

绪论
中国的管理者向德鲁克学什么

自从 20 世纪 80 年代德鲁克的管理思想被引进中国以来，企业家和经理人群体就兴起了学习德鲁克思想的热潮，他们是德鲁克的忠诚"粉丝"。德鲁克以其巨大的思想魅力，使几代管理者汲取了思想营养。他的管理思想改变了中国管理者对管理的认识，推动了中国的管理革命。

在变幻莫测的 21 世纪，中国的管理者向德鲁克学什么？这是一个复杂的问题，但又是一个不得不回答的问题。管理者如何将德鲁克思想与中国管理实践结合起来，并形成中国化的管理理论和管理方法呢？在一片刀光剑影的红海中，企业如何发现空白，步出红海，跨越蓝海，成为真正的常青公司？显然，德鲁克思想具有标杆意义和指向价值。毫不夸张地讲，德鲁克是中国管理的教父。在复杂的竞争局势中，德鲁克给企业提供了一种方向性的指引。因此，企业家和经理人必须进一步地理解、消化和运用德鲁克的管理思想。我们可以从以下几个方面，简略地探讨德鲁克对中国管理者的启迪。

改变观念和思维方式比学会管理更重要

变革先变观念，创新先创思维。注重观念，改变思维方式，对企业家和经理人极其重要，然而却最容易被忽视，甚至流于形式。德鲁克天然预见性的独特思维方式以及将微观组织的管理置于宏观世界的研究方式，使其理论既充满了实践的真实性，又体现出强烈的价值关怀。在德鲁克看来，未来的世界正在由一批完全独立自主的人来创造，那么在这个生产知识的时代，如何独立自主地进行思维创新将成为管理者的一个巨大挑战。

对于领导者、决策者而言，观念和思维方式的改变意味着认识世界的角度的改变，意味着竞争力的提升，这比具体的操作路径和招数更重要。学习管理大师德鲁克的理论就应该首先理解其思维方式，理解其论证问题的高度和维度；不能全盘照搬德鲁克的思想，更不能将其视为神丹妙药，以致演变为"德鲁克思想是个筐，什么东西都往里面装"的庸俗化解读的局面；更不要机械地学习德鲁克的思想，以为大师会帮你"见招拆招"，解决问题。德鲁克长期给一些大型公司做咨询项目，但他从来不告诉管理者答案是什么，而是用不断的发问启迪管理者提炼问题、发现问题并解决问题。德鲁克非常惊讶中国企业家的勤奋，他希望中国的企业家能少管理，多规划，多思考。管理的目的是为了少管理，如同金庸武侠中的高手一样，一流的高手都"无招胜有招"、"无剑胜有剑"，这才是管理的最高境界和最高修为。

德鲁克管理思想透射出强烈的系统思维。他把组织看成是社会机体的一部分，因此他用一种宏观的、长聚焦的视野来研究微观组织。这种思维视野的宽度和长度远远超越了那些就管理谈管理的研究方法。在传统的思维模式中，由于对企业的理解是由内向外延伸，所以企业往往会关注眼前的利益，而对企业的核心价值理解错误。很多人直到现在还认为企业的目的是追求利润。而德鲁克以旁观者的姿态，从外部看企业，所以他得出结论：企业的目的在企业之外，那就是创造顾客。为顾客贡献了什么，创造了什么，这都是企业对自身定位的基础。同样，企业的使命也必然在企业之外，即追求社会效益和责任。而当今，中国的企业家和经理人是否真正意识到德鲁克这一思想的重大现实意义了呢？中国企业火箭式的增长速度背后，是一些企业对社会价值和社会利益的漠视和践踏——既有对社会和经济环境的破坏，又有严重的资源浪费。讨论这个问题，绝不是毫无意义的。因为迟早有一天，我们要面向未来，面对社会道德的拷问和对未来生存的反思。而这一切，必将汹涌澎湃，不可遏止。

德鲁克的很多真知灼见都表现了他卓越的思维能力，非常值得管理者玩味和反思，比如，关于有效和有效率，关于做正确的事和正确地做事。

德鲁克认为，以极高的效率完成根本不需要的工作，那是最大的无用功。管理者可以以此去检视自己的管理活动，当举起高效率的旗帜时，你是否思考过，其实你是在最大地浪费精力，因为很多事情根本就无效。同样，很多管理者做事，根本就无法提高个人效能，因为他做事的方向不对，他不是在做正确的事，而只是在正确地做事。所以，管理者做出任何决策之前，都必须首先思考做事的有效性和方向性，然后再考虑效率和方法。

从数学上讲，"杯子里还有一半水"与"杯子里一半没有水"没有任何区别，但是从思维方式上讲，两者就有本质的区别。对于管理者而言，如果看到杯子里还有半杯水，那就意味着只看到了现有的市场，只想着怎样分配现有的蛋糕；如果看到杯子的空间里一半没有水，其实就是看到了市场的空白，看到了市场还可以被开拓的那一部分。怎么竞争，这是手段问题；发现并创造市场，这是战略问题，也是根本问题。

很多企业的管理者都面临着多元化和专业化的困惑。把"鸡蛋放在一个篮子里"固然危险，但把"鸡蛋放在不同的篮子里"就一定安全吗？其实这两种思维的差别，只是放鸡蛋的手段不同而已，为什么就不能放鸭蛋？为什么就不能放在筐子里？为什么要放，而不是直接吃了呢？由此可见，管理者不要被既有的思维方式所遮蔽，其实问题的答案往往都不在问题本身，换种方式认识问题，也许你就会豁然开朗。

所以，管理者向德鲁克学管理，首先要学德鲁克的思维方式，学习怎样认识问题，怎样发现趋势，怎样更有效地实施管理。只有能进行系统反思的管理者，才是卓有成效的管理者；只有善于管理自我思维的管理者，才是真正面向未来的管理者。

本书正是立足德鲁克的管理思维，结合中国管理实践中的问题，来阐释德鲁克的管理理念和方法的，希望以此来提升管理者的管理水平和管理素质。

使命、责任、愿景比利润更重要

德鲁克认为，领导者、决策者必须搞清楚为什么要办一个企业，然后才谈得上管理是什么。也就是说，如果一个企业不能准确定位自身的使命、责任和愿景，那么这个企业将失去存在的理由。利润并不是企业追求的目的，而是企业活动的最终结果。中国的企业要成为"百年老店"，要成为长寿公司，就必须明确自身的使命，提高自身的责任感，建立自身的愿景，因为这才是保证企业基业长青的根本砝码。

一个企业，关心的是长远发展还是短期利益，是人的成长还是利润的增长，最能反映出领导者的水平和素质。德鲁克认为，管理者必须掌握目标管理和自我控制。他认为管理者必须把组织绩效和个人成就进行有效平衡，在这种平衡之下的企业目标应该体现在创造经济成果、让工作者有成就感、承担社会责任三个方面。

德鲁克突出强调管理者的责任永远大于权力，这绝不是一种口号式的宣示，而是真正意义上的企业家精神。德鲁克的这些思想几乎重新定位了管理和管理学，非常值得管理者思考和实践。然而，这些智慧的思想往往被管理者所忽视。

创造业绩的是员工，制度不能替代人的作用

德鲁克的管理理论始终围绕一个关键的核心，就是对人、对社会的深刻理解。他认为，管理的唯一衡量标准是绩效，而绩效只能由员工来创造。德鲁克认为，不要试图去"管理"员工，而要引导员工。

在管理进行的过程中，不要认为员工是劳动者，而要将员工看成鲜活的人，不要把人和劳动者的角色分开。德鲁克强调管理者不要去管理人，

而是要管理工作的过程，但管理者必须带领员工走过这个过程。因此没有人可以管理别人，只有引导。而被引导者最终完成自己的工作过程后，会认为这才是一个优秀的管理者。德鲁克所提出的这些原则，非常值得管理者领会和学习。不要去"管理"员工，而要让员工告诉管理者想做什么，怎样做，员工主动承担责任做工作永远比被动地接受命令有效得多。因此，管理者所做的是一个统筹的工作，管理者要学会如何制订计划，如何实施计划，如何设定目标，而不是直接去指挥。只有这样，在管理过程中，管理者和员工才是平等合作的关系。

中国的企业家往往过度强调制度，强调对员工的控制，强调"管"而忽视了"理"。其实严格的制度本身并不能让员工多做出业绩，反而可能会招致员工的不满。所谓高度的执行力，首先要有员工对企业的高度认同感才行。管理者只有首先明确自己是做什么的，才能充分地调动人的因素，从而提高人的认同感，并进而提高人的绩效能力。

管理的本质是实践

德鲁克是一个典型的实用主义者。正如他所言，管理不是想当然，而要落到实处；管理不是纸上谈兵，而必须得到贯彻和落实。管理者要学会如何驾驭市场，如何掌控局面，如何发挥优势，如何少管理多产出。作为管理者，授权当然至关重要，但是如何控权则更为重要。有效的管理强调的是管理的成果，而实践则是管理最为重要的实现方式。德鲁克崇尚实干家，他认为，所有的管理理念都必须通过实践来完成和升华。

创新和预见是不确定性时代的生存法则

创新是企业发展的根本动力，在这个不确定性的时代尤其如此。然而奇怪的是，大家都接受的理念，却往往最容易被忽视。一方面，企业家对创新广泛认同；而另一方面，重复投资和跟风又是中国一些企业最严重的毛病。德鲁克认为，不创新，就灭亡！中国企业在高唱创新的同时，又一次次坠入深渊，以至于中国一些企业的平均寿命只有几年，就是因为实质上中国企业并未在创新。

对于企业家而言，要生存，就要认识趋势，认识变化，认识不确定性。在德鲁克看来，有变化就有趋势，有趋势企业家就需要应对。对企业来说，不确定性永远存在，在目前的中国经济环境中就更为明显。企业家往往很难确定企业的未来，很难确定自己的战略，其根本原因就在于对社会的认识、对趋势的认识失之片面，流于表面。所以，德鲁克强调，不确定性并不可怕，关键在于管理者必须学习掌握在不确定性中寻找发展和变动的机遇。

正是因为不确定性，所以德鲁克非常强调预见性，他希望领导者能预见发展的趋势。他奉劝领导者不要把不确定性当成威胁，而要衡量它带给企业什么机遇，因为"意外事件"和"不一致性"恰恰是德鲁克认为的公司创新的重要组成部分。中国加入世贸组织以来，企业和产品的竞争力明显增强，这恰恰是竞争的结果。对于企业家而言，在这个不确定性的时代，学会如何创新和准确地预见形势，显然比具体的管理技巧重要得多。

总之，我们处于一个剧烈的变革时代，没有人能够完全预见到未来。中国的管理者应该向德鲁克学理念，学思维方式，学如何管理，学如何成为一个卓有成效的管理者。而这一切，必将是一个长期的、艰巨的但却是必要的过程。

第一章
彼得·德鲁克
——现代管理之父

彼得·德鲁克 (1909 ～ 2005)，当代最伟大的管理学家，管理学的创始人。作为"现代管理之父"，德鲁克的思想几乎涉及了管理学的各个层面。他一直走在时代的前列，是新思想的领跑者。而他的家庭环境和经历又促使他形成异于常人的思维方式，成为一个不折不扣的"旁观者"。他的思想属于经验主义学派，注重实践，有非常强的实战效果，因而受到各类管理者的推崇。

彼得·德鲁克生平

彼得·德鲁克 (Peter Drucker)，1909 年 11 月 19 日生于奥匈帝国的维也纳，祖籍为荷兰。其家族在 17 世纪时从事书籍出版工作 (Drucker 原意为"印刷者")。他的父亲阿道夫·德鲁克是一位经济学家，曾创办萨尔斯堡音乐节。他的母亲卡罗琳学的是医学——这在当时奥地利妇女中非常罕见，并且她曾经在著名的心理学家、精神分析学家弗洛伊德指导下学习过精神病学。德鲁克从小生长在独特的人文环境中，这使他的视野极为开阔。他在所著的自传体小说《旁观者》中对自己的成长历程作了详细而生动的描述。

德鲁克的童年是在第一次世界大战中度过的。战争带来的恐惧和饥饿都铭刻在他的记忆深处，并对他的思维方式和价值观产生了深刻的影响。德鲁克在奥地利度过了他的小学和中学时光。为了矫正他书写的字体，在他读小学四年级的时候，父母将他转到一所私立学校。这所学校采用的先进的教学方法，尤其是一对姊妹花老师——埃尔莎小姐和索菲小姐给童年时的德鲁克留下了美好的回忆。然后德鲁克又就读于公立的拉丁语高级中学。在这里他待了八年，过着单调乏味的生活。

德鲁克一直梦想离开维也纳，去广阔的世界增长见识。完成学校教育后，他马上动身去了德国汉堡，并且在一家贸易公司找到了一份职员的工作。后来，为了取悦父母，德鲁克进入汉堡大学的法律系学习。在那里，他阅读了大量书籍，并发表了第一篇论文。尔后，德鲁克前往德国法兰克福，在一家公司当见习分析员，除继续研习法律之外，还学习统计学。德鲁克对行情的分析预测相当准确。1929年，纽约股市大崩盘后，德鲁克进入法兰克福最大的一家报纸《法兰克福纪事报》撰写金融评论文章，并且很快晋升为资深编辑。此时，他只有20岁。

很快，他从大学获得了博士学位，还幸运地邂逅了多丽丝·米茨，她后来成了德鲁克的夫人。20世纪30年代初，德国社会正在分解，法西斯主义的上台刺激德鲁克写下了他的第一本著作《经济人的末日》。面对日益严峻的政治环境，德鲁克永远离开了希特勒统治下的德国。

1937年，德鲁克移民美国，开始了他的管理学研究、教学和咨询工作。1942年到1949年，德鲁克任本宁顿学院哲学教授和政治学教授。1942年，德鲁克受聘为通用汽车公司的顾问。1945年，德鲁克创办了德鲁克管理咨询公司，自任董事长。第二年，他把自己在管理咨询中的经验积累思考，结合在通用公司的调查研究，写做出版了《公司的概念》一书。1950年起他任纽约大学商业研究院管理学教授。自1971年起，德鲁克一直任教于克莱蒙特大学的管理研究生院。为纪念其在管理领域的杰出贡献，克莱蒙特大学以他的名字命名了管理研究生院。作为当代最著名的管理学家、管理大师中的大师，德鲁克曾经担任通用汽车公司、克莱斯勒公司和IBM公司等大企业的顾问。

德鲁克一生著述颇丰，著作多达40余本，传播遍及130多个国家和地区，甚至在苏联、波兰、南斯拉夫、捷克等国也极为畅销。

1946年出版的《公司的概念》，是研究大企业内部运作的第一本管理学著作，并首次提出了分权化、组织等概念。1954年出版的《管理的实践》一书开创了管理学，标志着管理学正式成为一门学科，并由此奠定了德鲁克管理大师的地位。在这本书里他提出了一系列的原则和概念，如企业的目的是创造客户价值、管理的本质是为了实现使命、目标管理，等等。他于1966年出版的《卓有成效的管理者》一书是高级管理者必读的经典之作；1973年出版的巨著《管理：任务，责任，实践》则是一本给企业经营者的"百科全书式"的系统化管理手册，同时也为学习管理学的学生提供了系统化理论。1999年，他以90岁高龄出版了《21世纪的管理挑战》一书，详细论证了21世纪管理的新范式以及知识社会的管理等问题。

鉴于德鲁克在管理学领域的卓越贡献，2002年6月20日，美国总统乔治·W·布什宣布彼得·德鲁克成为当年的"总统自由勋章"的获得者。这是美国公民所能获得的最高荣誉。2005年11月11日，这位改变了世界的管理学泰斗在克莱蒙特的家中逝世。他留给世界的是一笔巨大的思想财富，他以追求完美的信念和精神为自己的生命画上了一条完美的弧线。

德鲁克管理思想渊源

"现代管理之父"德鲁克的思想几乎涉及了管理学的各个层面。他一直走在时代的前列，是新思想的领跑者。德鲁克的著作对文学界、企业界产生了深远的影响。菲利浦·科特勒说："如果人们说我是'营销管理之父'，那么德鲁克就是营销管理的祖父。" 比尔·盖茨说："在所有的管理学书籍中，德鲁克的著作对我影响最深。"德鲁克的著作闪烁着智慧的光芒，透射出强烈的人文主义关怀。他总能发人所未发，见人所未见，他的预见几乎都被证实了。他的文字精当而富有感染力，描写生动，展现出了他那独特的维也纳气质和深厚的奥地利文化底蕴。究竟是什么样的环境使德鲁克形成了独特的思维方式和异乎常人的洞察力呢？探究他成长的足迹，感受他别样的人生阅历，或许就能发现他是如何孕育思想、淬炼生命、展现智慧的，也就能更为清晰地洞悉他管理思想的渊源。

童年生活，知识盛宴

要了解德鲁克管理思想的源流，我们必须走进他的内心世界，走进他的童年、他学习和工作的历程。

对德鲁克的人生产生影响的第一个人是他的奶奶。在他的纪传体小说《旁观者》里，他将《奶奶与20世纪》作为全书的开篇。奶奶是一个热爱音乐、相信直觉、善良乐观的老人。德鲁克的音乐才能就是在奶奶的引导下培养起来的。第一次世界大战造成了严重的通货膨胀，以前一打鸡蛋只要25克鲁泽（奥地利货币），战时变成了35克鲁泽。老板向奶奶解释说："最近要喂这些母鸡得花不少钱。"奶奶却说："骗人！母鸡又不信奉什么主义。它们不会因为改朝换代、变成共和国了，就吃得比以前多。"父亲向奶奶解释通货膨胀的道理时，奶奶说："你们这些经济学家不把钱当作是价值的标准。"在奶奶的意识中，如果钱还是钱，就一定要是价值的标准；若这个标准由政府任意操控，钱就没有价值了。奶奶用最朴素的个人直觉来诠释社会经济的变化，这使德鲁克意识到：认识事物不能只看到它的表面，简单平实的直觉往往可以抵达真理的彼岸。德鲁克在他后来的管理思想中认为，在公开的现实背后还有更隐蔽的现实，在表面的趋势下还有更深藏的趋势。这与他奶奶朴素的见解真是互为表里。

德鲁克的父母对他的人生也产生了重大影响。父亲是个热爱音乐的经济学家，曾创办萨尔斯堡音乐节。德鲁克和父亲的关系很融洽，他非常欣赏父亲的个性和人格。父亲善于人际沟通，而他沉默、不擅言辞。德鲁克还小的时候，父亲就跟他辩论，而且始终都是站在对立的立场上。在他父亲 91 岁离开人世之前，据说他们还在辩论。这种辩论的精神是维也纳知识分子的传统，也锻炼德鲁克形成了慎性明辨的思维素质。

德鲁克的母亲是一位非常优秀的女性，她从德鲁克很小时就注意培养他的洞察力。母亲是弗洛伊德的得意门生，有心理学的知识背景。所以每接触一个人，她就要德鲁克描述一下他看到的人物，说出他觉得这个人怎么样，从而培养他观察人的敏锐度，训练他精准的遣词造句能力。因此，我们看到德鲁克对人和人性的刻画，甚至可以和一个小说家媲美。而他对社会及组织的精确的洞察能力，与她母亲独特的教育方式不无关系。

德鲁克父母是维也纳的上流人物，地位显赫，家庭条件优越。他们家是当时维也纳政要、知识分子定期聚会的场所。这些聚会，把当时社会顶尖的人物聚集到了一起，他们一边吃饭，一边高谈阔论。这种以沙龙的方式开讲的聚会，有时事，有音乐，有哲学，有心理学，有文学……包罗万象；但每一个领域都不是截然分开的，比如像时事辩论，就包含着丰富的政治学和经济学知识。小德鲁克听到的，或者是高水准的经济财政研讨会，或者是医学前沿研究的盛宴，或者是精彩绝伦的文学晚会，或者是唇枪舌剑的国际政治晚会等。想想看，德鲁克那么小就有机会与当时欧洲最著名的知识分子如弗洛伊德、熊彼特、波拉尼等人交往，这种绝佳的成长环境当然胜过任何最优质的教育，同时也造就了德鲁克对知识的热爱，更使他拥有了远远高于常人的思维视野。终其一生，德鲁克都坚守维也纳知识分子的传统，甚至在学问上和奥地利经济学派相呼应。德鲁克立足社会不同角度研究企业，用由外向内的研究方法第一次把社会的历史和企业的历史打通。他童年时所享受的知识盛宴应该就是他绵延不绝的学术长河的源头。

成长足迹，恩师教诲

如果说独特的家庭教育环境使德鲁克耳濡目染，开阔了他的思维视野，那么成长中记忆的点点滴滴，则使德鲁克对世界的认识愈加深刻。

德鲁克的记忆是从第一次世界大战开始的。战争带来的不仅是恐惧，还有饥饿。他在自传《旁观者》中讲到，他和当时维也纳所有的孩子一样，是胡佛救的。胡佛的食物赈济组织提供了学校午餐，这种午餐使德鲁克对粥和可可茶厌恶至极。但是无论怎么说，这些食物救了德鲁克的命，也使德鲁克对非营利组织产生了好感。战争让成千上万的人失去生命，可是发动这场战争的政府却对处于饥饿中的人民无动于衷，而一个外国组织却能使他们活下去。德鲁克主张，组织存在的根本意义是实现使命、履行责任。同时他认为，追求利润不是组织的目的，组织的目的是创造顾客及为顾客提供服务。从他的经历中，我们能够找到他这一思想的原始出处。德鲁克毕其一生，始终以不同的形式帮助非营利组织，因为他坚信：非营利组织的使命就是改变人类的生活。他对人性的重视和他强烈的人文关怀，都可以从他的生命历程中找到恰当的注脚。

德鲁克一生都念念不忘的是一对姐妹花老师——埃尔莎小姐和索菲小姐。那时，他读小学四年级。索菲小姐对待学生很亲切，她对教育也很有创见。她教男生烹饪和缝纫，教女生使用木锯。在当时，这种做法不仅是一项革命性的创举，也成为德鲁克一家人的守则。索菲小姐这种富有见地的教学方法，使德鲁克意识到行动比知识更重要，而且也让德鲁克学会了换位思考、逆向思考。在此后的几十年中，德鲁克延续着索菲小姐的原则，特别强调管理学是一门应用科学，重在实践。

埃尔莎小姐很严厉，她的教学方法也别具一格。她教育德鲁克，要他自己对自己的学习过程负责。她还发给德鲁克一个笔记本，要他把一周内自己想要学会的东西记下来，到周末时再与实际学习成果作对比。这一方法促使德鲁克学会了自己制定目标、自我比较，进而自我约束、自我管理。想想德鲁克后来提出的关键性的管理思想——目标管理理论，便可以想象到埃尔莎小姐的这种方法对他的影响。

埃尔莎小姐发现德鲁克在写作方面有天赋，就鼓励他写作。德鲁克由此建立了一个信条：对人看优点，对事看缺点。他对那些经理人再三强调：尽量让员工做他能做的事情，而不是做他们不能做的事。这些来自生活中的理念，闪烁着经验的智慧，影响了德鲁克的一生。

工作经历，思维跨越

如果说早期的教育环境和学习环境给德鲁克带来了思维和知识的养分，那么早期的工作环境和工作经历则直接促使他对管理进行了思考。

德鲁克在汉堡的时候，除了工作，还在汉堡大学学习法律。几乎每天晚上他都会去汉堡市立图书馆读书，每周还去汉堡歌剧院听一次歌剧。有一次，德鲁克欣赏完威尔第最后一出歌剧《福丽塔》后，非常感动，于是他去图书馆查阅威尔第的背景资料。他惊奇地发现，这出歌剧是威尔第80岁高龄时创作的。威尔第在谈到这部歌剧创作时说："身为音乐家，我一生都在追求完美。我一直无法逃避这个使命。内心深处总有一个声音催促我还要再创作一出歌剧。"这段话强烈地震撼了德鲁克。当时他虽然只有18岁，但是他下定决心，一定要以威尔第的精神全力以赴干一番事业；并且立下誓言，如果他能活到80岁，他就要写到80岁。毫无疑问，德鲁克实现了自己的诺言，他一生都铭记威尔第追求完美的精神。一直到他93岁的时候，他还出了一本书。

德鲁克在法兰克福做资深编辑时，他的上司东布罗夫斯基成了他一生中很重要的一位导师。当时东布罗夫斯基年近五旬，却不厌其烦地培训编辑，而且每周都会跟每位编辑讨论一周来的工作表现，每年都定期来谈前半年的工作状况。他的谈话逻辑总是：首先提到哪些事做得不错；其次，指出那些表现未必很好但已尽力去做的事；接着，检讨不够努力的事；再者，毫不留情地批评做得很糟或是根本没做到的事；最后两小时内，规划未来6个月的工作——该专注做哪些事？该改善哪些事？该学些什么？会后编辑们需要用一周时间写一份报告给他，说明自己未来半年的工作与学习计划。德鲁克从那时起，每年夏天都安排两周时间，检讨前一年的工作，按照这五点去贯彻，就他自己的教学、顾问和写作等工作，排定未来一年的工作优先顺序。这种定期检讨的习惯使德鲁克后来建立了时间管理理论。

随着政治局势的日益严峻，纳粹分子上台，德鲁克决定离开德国，前往英国。在英国逗留期间，德鲁克经常去剑桥大学聆听凯恩斯的讲座。当他沉迷于那些经济学理论中时，他突然领悟到一个事实，那就是满屋子的人，包括凯恩斯本人以及那些才华出众的学生们，只对商品感兴趣，而不关心人。但德鲁克更关心人的行为，更关注人性。因为关注的方向不同，所以德鲁克决心投身管理领域。在德鲁克看来，人才是管理的全部内容。虽然管理不能离开商品的范畴，但是如果经济活动只谈商品不谈人，那是没有意义的。德鲁克敏锐地感觉到了自己的前进方向，他知道他的事业是以人为主轴的事业。他后来很诙谐地说："我与经济学家只有一点共识，那就是我不是经济学家。"从这一刻起，德鲁克明确了自己事业的方向——矢志不渝地对人的关注。他义无反顾地投身管理事业的举动，充分展现了德鲁克作为一名管理学大师的内心世界。他一生高举人的旗帜，以人为本，一以贯之地坚持他的理念，同时他又博采众长，并能在关键时刻突然顿悟，发现自己的优势。这是他成为大师的重要原因。

我们追随德鲁克的历程，感受他成长的故事，不难发现德鲁克管理思想的渊源。一方面，他处于一个大变革时代，他生活的20世纪初的维也纳，正好处于思想学术与文化艺术蓬勃发展的黄金时代，大师辈出。在激荡的时代洪流中，他博采众长，形成了自己独特的思维习惯。另一方面，他让人惊异的家庭背景和教育环境使他从小有机会和顶尖级的大师们学习，这样的环境简直无可比拟。此外，他的经历使他进一步明确了自己需要什么和应该成为什么样的人。他强烈的人文关怀体现了他深厚的学养和个人素质，而他独特的思维方式和洞察力则是他管理思想得以成熟的关键因素。作为当代的企业家或经理人，我们更应该从德鲁克的人生履历中得到启示：生活是最好的老师，当我们留意生活中的每一个细节时，就意味着我们重新发现了这个世界！

"旁观者"德鲁克

德鲁克自诩为"旁观者",他在谈到自己的职业时说:"写作是我的职业,咨询是我的实验室。"他认为自己是一个作家,一个管理学的实践者。他这样界定旁观者:"旁观者没有个人历史可言。他们虽也在舞台上,却毫无戏份,甚至连观众都不是……站在舞台侧面观看的旁观者,有如在剧院中坐镇的消防队员,能见人所不能见,注意到演员和观众看不到的地方。旁观者是从不同角度来看,并反复思考——他的思索,不是像镜子般的反射,而是一种三棱镜似的折射。"他认为我们不能预测未来,只能根据已有的现实发现未来的趋势。

他的这些看法并非空穴来风,其源头是他少年时的一次经历。那是1923年的11月11日——距离德鲁克14岁生日还有8天,那天正是奥地利共和日,学校要举行盛大的游行。当时的奥地利是个社会主义国家。按照规定,德鲁克必须到14岁才可以参加游行。但是那一年,他提前八天获得了参与这个活动的权利。当时的德鲁克有些孤僻,在同学中也没有什么人缘,但在这次游行中,他却意外地成了一名旗手。那天,德鲁克满怀豪情地带领队伍走过街头。然而,一汪积水改变了他的命运,使他真正认识到自己是个旁观者。

"我们一行人浩浩荡荡穿过辐射状的大街……突然间,我看到正前方有一汪狭长形的积水,看来还不浅,该是昨夜大雨留下来的吧……今天不是我自己想走到这汪积水前,是众人驱使我到这儿来的。我尽最大的努力想绕过去,然而身后那响亮的步伐声、源源不断的人潮和整齐划一的动作,好像对我施了魔法。我大步越过那汪积水,到了那一头。我一语不发,把手中的旗帜交给背后那个高高壮壮的医科学生,随即脱离队伍,转身回家。"

这次陷入群体意识中的经历,使德鲁克意识到自己不属于那一群人——"是众人驱使我到这儿来的",他需要的是自我选择的权利和机会。这种看法最终促使德鲁克成为一名自由主义者。

还有一件事让德鲁克记忆犹新。那是 1950 年 1 月 3 日，德鲁克和他父亲去探望著名经济学家约瑟夫·熊彼特（熊彼特是德鲁克父亲的学生）。在这次会面中，熊彼特对德鲁克父子说："我现在已经到了这样的年龄（过了八天熊彼特就去世了），人们是不是记得我写的书和理论已经变得不重要了。一个人如果不能改变别人的生活，那么他的一生只能算是平平而已。"这句话成了德鲁克衡量自己一生成败的基本标准，也是他一生从事研究的重要法则，还是他和学术界格格不入的主要原因。他一边教书，一边做咨询，一边写作，正是这三种不同的职业塑造了他的研究方法与成文风格，也成了他区别于别的管理学者的重要特征。

德鲁克不是一个通常意义上的管理学者，他有自己独特的思维方式和研究方法。在写作之前，德鲁克通常对企业进行深入研究和观察，在咨询过程中发现问题，并在这种观察和互动中形成一些颇具洞察力的观点。他的作品风格简单、清晰而富有感染力，他摒弃了学院化的晦涩难懂，以一种简洁而有效的方式为管理者提供思想资源。他的这种研究方法在管理学术中被称为"管理经验学派"，在学术研究中不属主流。因为他的研究方法不符合"学术规范"，没有"模型"和"论证"，因此很难在学术论文中被引用。德鲁克清楚地意识到，他从来就是一个学院派的旁观者。但他坚持自己实践的管理理念，他认为，只有作为一个旁观者出现的时候，他的研究才有独特的意义。

他甚至拒绝了哈佛商学院的邀请，主要原因是当时哈佛商学院院长制定了一项规定——教职员工每星期最多只能做一次咨询工作。而在他看来，管理学更是一种实践，从业者必须要参与实践。

2005 年 11 月 11 日，德鲁克逝世，他带着他的追求完美的精神到另一个世界远行去了。他在离自己 14 岁生日还有八天的时候忽然觉醒，意识到自己是一个"旁观者"；而在离自己 96 岁生日还有八天的时候，却优雅地走了。是冥冥中自有天定，还是完全是一种巧合呢？德鲁克用他完美的生命形式，留下一个同样距离生日只有八天即变为另一种生存状态的谜团，彻彻底底地离开，完完全全的成为一个人类的"旁观者"。

作为一个有社会良知和责任感的知识分子，德鲁克不愿意悲剧性地进入历史，也不愿意悲剧性地离开历史，而是选择了舞台之外的生活，选择了以旁观者的角色默默地注视，然后静悄悄地离开。旁观者，是一个自由主义知识分子的自画像，是一个不放弃独立思考的大写的人，是一个不媚俗、不媚权的精神坐标，是一个尊重人类普适价值的现代英雄。旁观，是为了成为一个完整的人、一个自由的人。这是一种清醒、独立的思维角度。回顾大师的人生历程，再来看我们所面对的现实的困惑，可知旁观未尝不是一种选择。

"管理大师中的大师"

从"现代管理大师"到"管理大师中的大师"，人们把所能想到的荣誉都给了德鲁克。然而德鲁克却并不喜欢别人称他为管理大师，但他又自豪地承认是他缔造了管理学，他是"现代管理之父"。德鲁克的一生，是思考的一生，是实践的一生，也是著述的一生。要总结大师一生主要的贡献，只能择其要者，略述如下。

开创管理学

德鲁克之于管理学，就如同牛顿之于物理学、亚当·斯密之于经济学。1954年，德鲁克出版了《管理的实践》一书，标志着管理学正式建立。在德鲁克的这本书之前，并不是没有管理理论。1911年，泰勒的《科学管理的原理和方法》出版，标志着科学管理正式诞生。但是其他学者的管理理论都只是在论述管理工作中的各个单一功能，并没有把管理的各项功能有机地整合起来，比如泰勒的科学管理实际主要在讲如何提高劳动生产率。所以管理学的另一位大师、《追求卓越》的作者彼得斯说："在德鲁克之前，并无真正的管理学存在。"

德鲁克在《管理的实践》这本书里面，不但提出了一系列具有前瞻性的理论观点和原则，而且还指出了这些原则观点应用的方式，构建了管理学的学科体系。也就是说，他不但提出了世界观，还指出了方法论。无怪乎后人评价说，德鲁克对管理有两大贡献：一是开创了管理学；二是把管理放到了人们唾手可得的地方。

崭新的研究方法和管理理念

在前面的章节，给大家介绍了德鲁克管理思想形成的渊源。我们由此而理解，德鲁克关注的中心是人——人的存在方式、人的生命意义、人的行为特点、人的价值实现、人的使命责任、人的前途未来。

他独特的思维方式和作为旁观者的思维纬度，决定了他的研究从一开始就将开创一个新的时代。他的哲学观、价值观、世界观决定了他研究管理的方法论。在宏观上，德鲁克从社会的角度看组织；在微观上，德鲁克从人性的角度看组织。他认为把两者统一起来的是责任，既包括组织的责任，也包括个人的责任。德鲁克尤其强调企业的社会责任，他认为企业的社会责任比提高管理效率更为重要。这对中国当下的企业非常有借鉴价值。有些企业恶意拖欠农民工工资，造成严重的劳资矛盾，进而演化为社会危机。此类事件的发生，就是由于很多企业缺乏管理思维和理念，存在短视的毛病。德鲁克在提出管理学的时候，主要从公司这一组织形式在社会生产、社会生活、社会发展中的地位和作用入手。正是这一点，突出了企业在社会中的作用，也成为管理学成为一门学科的重要理由。

德鲁克在研究中重视案例，重视理论在实践中的应用。他不断地把他的理念向经理人强调，并且不厌其烦地重复他那些基本原则。可以这样说，是德鲁克把"管理是一种永恒的人类法则"贯彻到人们的内心的。他的一系列概念、观点深入人心，深刻影响了企业和社会的发展进程。他的基本管理理念有：

我们的事业是什么？

谁是我们的客户？

以"事业理论"为基础指导企业管理和经营运作；

只有明确组织的目的之后，组织才能有绩效；

利润不是组织的目的而是结果；

客户不是在购买某一种产品，而是在购买对需求的满意度；

创新即是创造一种资源；

管理必须面向结果说话，管理结果来自于组织外部；

迎接新经济的挑战，提高知识工作的生产力；

有效的管理者需要的是决策的冲击，而不是决策的技巧；要的是好的决策，而不是巧的决策。

有效的决策人，首先要辨明问题的性质：这是一再发生的经常性问题呢，还是偶然的例外？

诸如此类的观点在他的著作中不胜枚举。德鲁克用浅显易懂的语言表述了深刻的管理思想，他的聪明、睿智及远见卓识让企业管理者汲取了无尽的智慧，也成就了难以计数的企业家和管理者。

用行动实践管理理论

德鲁克不是躲在象牙塔背后指指点点的学院派知识分子，也不是不懂装懂、人云亦云的好好先生。他用独具魅力而又略显夸张的语言和鲜明的理念，用实践和事实贯彻检验着他的管理理论。他立足实践的管理态度备受企业家和管理者的推崇。他受聘做一些大公司的顾问，做各种咨询工作，他不会直接告诉你答案，而只会围绕你的思路，出人意料地提出问题。德鲁克不给人答案，只是主张"教人如何尽力去思考"。他不是局限于管理学的小圈子里，而是充分借鉴其他学科的思想，他最钟爱的是莎士比亚的书。他将管理咨询工作当成是实验室。他追求完美，但更重要的是，他要用自己的行动实现完美！他的理论充满了实践经验的光辉。在他的一生中，无论是教学、咨询还是写作，都坚持了他"行"胜于"知"的理念。

扫码获取
更多资源

我们正在经历社会剧变的时代

德鲁克从事管理理论研究和实践工作长达 60 余年，这段时间正好处于人类历史的大变革时代。他的研究历程，几乎就是现代管理的发展历程。他就像掌控管理这艘大船前进的舵手，始终处于理论研究的前沿。他充分预见到知识经济将潮水般涌来，作为舵手，首先就要提醒船员和乘客们系好安全带，保持警觉，迎接知识浪潮的挑战。德鲁克不断地提出新理论、新思维、新方法，他不断地告诫他的船员和乘客们，知识经济的到来将会引起前所未有的变革，管理革命将彻底改变组织形态，人将是知识经济时代最核心的生产要素。很多观点几十年前他就已经阐发过，并在此后的管理实践中不断地贯彻、修正。当我们进入德鲁克用一生开拓的理论海洋时，我们不能只是赞叹其理论的广阔、深邃，而必须明确我们处于怎样的海域中，有没有漩涡，有没有台风；我们要向我们的舵手学习，制订我们的目标，改变我们的思维模式。唯其如此，才可以开拓我们的视野，丰富我们的素养，提高我们的管理水平。

知识经济时代的管理革命和组织社会

德鲁克认为，我们正在经历一场由资本主义到知识社会的变革。这场变革改变了我们的社会秩序，也必将随着知识经济的不断深入而延伸到社会的各个层面。显然，知识经济的发展，必然需要一个载体，这个载体就是信息技术革命。它为我们开辟了一个崭新的世界性渠道，它改变了资源的配置方式，而且正在也必将创造一种不同的新繁荣。

知识生产以前所未有的方式展开，知识成为这个时代唯一有意义的资源。这并不是说传统的生产要素（自然资源、劳动力和资本等）的作用消失了，而是这些因素一律都退居次要位置。由于知识成为新的生产和财富创造中心，传统的管理结构、管理模式、管理方法以及管理理念都受到空前的冲击。一场新的管理革命就要到来，德鲁克提醒管理者要准备迎接挑战，要改变管理方式，要重新认识我们所处的时代以及我们的组织。

知识逐渐成为个人和整个社会的基础资源，任何一个组织，都需要将各种知识整合在一起。整个社会成为一个知识系统，建立在这样基础上的组织和社会，其运行的方式以及发展前景都会发生改变。作为管理者，转变思维，重新审视组织和社会的变化，将成为我们能否进行有效管理的前提。

知识劳动者是组织最重要的资产

我们经常听到各种各样的企业组织都例行公事一样地宣称："人才是根本，人是我们最重要的资源！"德鲁克批评到，其实这只是一种宣言，并不代表组织会这样去做，更不要奢望这是他们的理念。很多企业还停留在传统管理的模式中，他们不想去改变，并且没有认识到这种划时代的变革将会意味着什么。

进入知识经济时代后，人们接受的挑战已不仅仅是知识经济、网络技术，而是以人为本的现代管理方式。知识经济时代的核心资源是知识劳动者，组织要发展就必须吸引人才、留住人才。作为管理者，就必须重新认识自己和组织内的成员，设身处地为自己的成员服务，想方设法地激励自己的成员，尽可能地满足成员的需要。知识劳动者是企业最重要的资产，这要求企业管理必须有所变革：管理的重点由有形资产转向无形资产；管理的对象将趋向分散化；管理将从多层次的金字塔形变为以技术和专业人才为重点的扁平形；管理重视新型的精神激励；管理的目标也将向持续性方向发展。

德鲁克认为，知识经济深刻地改变了员工和组织之间的关系。传统的生产要素是站在资源本位上的，所以人容易被商品化。知识劳动者以及知识阶级的产生，使知识与组织的生产形成统一的基础。员工与组织之间不再是简单的雇佣与被雇佣、管理与被管理的关系。组织和员工要协调一致，那只能是责任，并且只有统一在责任基础上的生产才能保持长久。

要发展就要有全球竞争力

新的世界性渠道的开辟，使人类的经济活动真正连为一体。知识生产逐渐全球同步，人类交往的速度和宽度迅速扩张。尽管绝大多数组织的活动与市场还主要维系在本地，但这并不意味着企业不存在危机。恰恰相反，由于信息传递的灵敏度和快捷性，任何一个行业和组织都有可能受到冲击，这只是个时间问题。在这样的背景下，任何一个组织，尤其是企业，都应该具有全球视野，积极提高自身的全球竞争力。德鲁克认为，对于企业而言，绩效是第一位的，因为绩效是维系组织存在的基础。要发展就要有全球竞争力，要提高竞争力，就要创新。用德鲁克的话说就是："不创新，就等死！"

德鲁克管理思想的实战效果

德鲁克的管理思想被企业家们奉为圭臬，广泛运用，更重要的是德鲁克理论的实战效应。按照德鲁克理论进行变革和创新的企业案例不胜枚举。以下仅举几个重要案例，简要说明德鲁克管理思想的实用性。

1. 分权授权理论被广泛运用

1946 年，德鲁克发表了《公司的概念》一书。此书提出大公司应该实行分权制，管理层应该将权力分配给各个事业部，只保留最核心的决策权力。

德鲁克的这本书传到日本以后，日本企业争相引入。他们怀着极大热情采纳了德鲁克的观点，几乎是全盘吸收。日本企业改组后，生产效率和质量迅速提高了。

2. 为韦尔奇在通用公司的变革提供理论支持

为了扭转通用公司在竞争中的不利局面，通用公司新上任的首席执行官韦尔奇邀请德鲁克做他公司的长期顾问。随后，韦尔奇接受了德鲁克的建议，取得了举世瞩目的成就。韦尔奇后来回忆说："全世界的管理者们都应该感谢这个人，因为他贡献了毕生的精力，来理清我们社会中人的角色和组织机构的角色。我认为彼得·德鲁克比任何其他人都更有效地做到了这一点。"

德鲁克也视通用电气为他最成功的实践案例之一。他曾说道："通用电气是真正实现目标管理和自我控制的成功企业之一。"

3. 日本企业依靠学习德鲁克理论而腾飞

德鲁克认为，人力是一种资源，而不是一种成本。这一观点建立在他由外向内看企业的思维方式上。德鲁克指出：组织是一个特别的工具，一方面提升了组织成员原有的优势，另一方面也可以抵消成员的劣势对组织产生的伤害。立足这种看问题的角度，从组织内部出发，人力就是资源，而非成本。日本企业充分接受了他的这一理念。日本企业长期实行终生雇佣制，他们将员工视为资源的管理理念和方法，极大地提高了企业的整体绩效。也正因为采用了德鲁克的各项建议，战后的日本才得以扭转历史上已发展到最坏的劳资关系，迅速成为经济强国。日本企业狂热地学习和实践德鲁克思想，取得了令人惊异的成就。

德鲁克的目标管理和自我控制理念在日本企业中广泛流行。德鲁克的目标管理、有效决策、自我控制如同推进日本企业发展的加速器一样，迅速帮助日本企业杀入世界市场。当日本企业在美国市场节节进取之后，美国企业才开始重视德鲁克管理理念。至今，德鲁克仍在日本享有极高的知名度，日本人普遍认为德鲁克为日本经济和企业做出了不可磨灭的贡献。

4. 事业理论的范本——IBM

德鲁克认为，任何企业都必须思考事业理论，即组织赖以存在并能够有效运作和行动的前提，以及组织要做什么和不做什么的条件和前提。德鲁克这一理论，强调的是组织适合做什么以及组织的真正优势在哪里这样的基本问题，实际就是企业对自身目的和使命的清晰定位。

从计算机出现开始，IBM就认为，计算机行业一定会飞速发展，未来将会与中央工作站和大型主机联系在一起，终端用户将会通过这些大型机连接在一起。20 世纪 50 年代，当时的世界主要计算机生产厂商尤尼瓦克公司推出了第一台通用计算机的机器原型。当时技术实力还并不强大的 IBM 得知尤尼瓦克的设计后，立即放弃了它开发先进的单一目的机器的战略，转而安排它最优秀的工程师专攻尤尼瓦克的设计，进一步完善它，并由此设计出第一台可供生产和服务的通用计算机。三年后，IBM 成为世界计算机主导厂商和计算机工业标准制定者。

20 世纪 80 年代，一开始 IBM 主要发展大型计算机，但当它发现个人电脑事业的飞速发展后，马上接受了个人电脑将成市场主流的现实，并立即设立了两个互相竞争的开发小组，设计更为简单的个人电脑。两年后，IBM 成为世界上最大的个人电脑制造商，并制定了电脑行业的工业标准。

德鲁克关于事业理论的思想，其核心强调的是企业如何在变化的市场中调整发展方向，适时变革，适时调整。IBM 在 50 年代和 80 年代做出的两次重大调整，都是因为 IBM 所处的环境已经与它对环境的设想完全不符了，环境发生了巨大的变化，因此，公司也必须做出调整。原来公司所赖以生存和发展的那些假设已经完全变化了，公司的事业理论也必须随之改变。这就是德鲁克的事业理论的全部内涵。2004 年，IBM 将它的个人电脑事业部出售给联想，重新回到大型机和服务器上来，它又一次采用了事业理论。

5. 绩效精神典范——美国 Service Master 公司

德鲁克认为，考察一个组织是否是一个卓越的组织，要看其能否使平凡的人做出不平凡的事，能否使其成员的优势都发挥出来，并利用每个人的优势来帮助其他人取得绩效，这就是组织的绩效精神。绩效精神要求每个人都充分发挥他的优势，使其成员的缺点相抵消，从而最大化地提高企业的整体绩效。德鲁克理论中绩效精神的典范是美国 Service Master 公司。

这家公司原是一家小型家庭清洁服务公司。20 多年前当其董事长比尔·波拉德与德鲁克相遇后，这家企业开始出现转机。目前 Service Master 公司已经成长为一家雇佣管理 20 多万员工、在 38 个国家拥有 900 多万顾客的专业化管理服务公司。在过去的 25 年中，其股东的平均回报率高达

20%，1989 年它被《华尔街日报》称之为"未来之星"。当年，德鲁克请三位公司负责人简要说明公司的业务，三人给出了不同的答案："服务"、"整理"、"清洁"。德鲁克认为他们不了解自己的业务，无法调动员工创造更高的效益。他建议他们把自己的公司定义为：将一群毫无技能的人经由公司培训成为有用之人。此后 Service Master 公司将其核心竞争力定位于为客户提供支援管理服务。员工接受了这样的价值观，心目中的低级工种的自卑感随之消失。当职业自信心增强时，工作技能、工作效益的提升也成为自然。从此，Service Master 开始起飞，直至发展成为现在的规模。

德鲁克关于有效管理和绩效精神的思想，使那些中小企业找到了如何做大、做强、做久的管理武器，这对中国企业尤其具有启发意义。

6. 德鲁克经营理论的代表——戴尔公司

德鲁克认为，任何一个企业要取得成功都必须有其独特的经营理论。一项经营理论由三部分构成：首先，对企业所处外部环境的设想，社会、市场、顾客、技术结构等关于外部环境的设想决定了一个组织将因为什么得到回报；其次，关于组织的使命、具体任务的设想，这些设想规定了组织将什么看作是有意义的；最后是关于实现组织使命所需的核心能力的设想，关于核心能力的设想明确了组织必须努力的方向，以维护领先的地位。

德鲁克认为，有效的经营理论应落实到下面四个方面：有关环境、使命和核心能力的假设必须符合实际；关于这三方面的设想必须彼此互相适应；经营理论必须为整个组织的人所知道和理解；经营理论必须受到不断的考验，任何一项经营理论都会因为过时而变得无效。

戴尔公司据此提出了自己的经营理论并取得了巨大成功。

首先，对组织环境的假设。戴尔采取直销理论，并提出"利润池理论"。这是戴尔取得了巨大成功的重要原因。

其次，对使命的假设：为顾客创造价值。戴尔据此确立的企业使命迎合了信息时代顾客的需要，因此，得到了顾客的认同和支持。

最后，根据以上两点的设想，戴尔确定了组织实现使命所需的核心能力的设想。德鲁克认为，企业的宗旨和使命是确定核心竞争力的基础。戴尔的核心竞争能力实际上并不是直销，而是建立在直销模式上的低成本配件供应与装配运作体系。这就是戴尔公司著名的供应链理论。

正是因为戴尔对自身使命进行了准确定位，因此在过去的十几年时间里，它打破了全世界公司成长的纪录，从零进入到全球 500 强。

7. 德鲁克管理思想对海尔集团的影响

20 世纪 80 年代中期，德鲁克的著作来到中国，恰好被当时的张瑞敏看到了。

通过学习德鲁克著作，张瑞敏认识到有效管理的重要性，提出了 OEC 管理法，也叫"日清"工作法，即"日事日毕，日清日高"，将每项工作的目标落实到每人、每天，形成"事事有人管，人人都管事"的氛围；每天下班前要根据目标对工作完成的情况"日清"，而日清的结果又与其本人的奖罚激励挂钩。这样便形成了目标、日清、激励三者间的闭环优化和良性循环。

"日清"工作法的推行，使一个濒临倒闭、开不出工资的集体小厂不仅迅速扭转了亏损，而且提高了整体管理素质，解决了当时在管理上普遍存在的无效、无序的问题。张瑞敏后来说："我们于 1988 年在行业中以劣势小厂的地位战胜许多优势大厂，摘取了中国冰箱史上的第一枚金牌，这枚金牌要归功于日清工作法，更要归功于德鲁克先生。"

总之，德鲁克思想有强大的理论阐释力和实践指导性。尽管他的管理思想并非是放之四海而皆准、置之古今而皆能的真理，甚至他的很多观点可能与中国企业的实情差别很大。然而，我们学习德鲁克，追随德鲁克，就是要学他如何去思考，如何在一个新的经济时代寻找企业发展的支点，并借助这一支点，形成我们自己的管理理论和管理方法。思考无极限，行动就无止境！

第二章

解读管理

——成功的管理必须从管理的本质着手

德鲁克认为，管理是一门科学，更是一门"宽泛的艺术"；管理者要掌握管理的基本原则，实施人性化管理。管理要以结果为导向，以管理战略为指针，明确管理的职责，通过实践来检验管理的效果。管理必须以人为中心，充分发挥人的优势，体现人的价值，提高人的绩效，实现人的超越。成功的管理都是从管理的本质入手的，卓有成效的管理者都能深入理解管理是一门实践的学问这一道理。

管理是一门科学，更是一门"宽泛的艺术"

很多人对管理的认识非常浅显，流行的管理观点有两种：一种认为管理是上层人的事，好像管理只和老板有关；另一种则认为管理就是指挥别人工作。第一种观点其实只告诉我们谁属于管理层，而并没有说明管理是什么。管理不仅仅是老板的事。随着现代管理的深入发展，投资者和管理层在逐渐分离。企业一旦建立，那就不仅仅属于投资者，而是属于社会。

第二种观点只看到了现象，并没有认识到管理的实质。管理是个互动的过程，是人的工作，管理的目的是为了实现企业的使命和宗旨。

管理是应用性很强的学科，所以德鲁克认为，管理重在行，重在实践。管理必须借助具体的管理技术和技能才能发挥作用。管理工具形成了系统化，管理作用发挥的有效性才能有坚实的基础。基于这样的认识，德鲁克认为管理本身就应该是一门科学。为此，他以一个形象的比喻来说明："如果你只有一把锯或一把锤子，或者你从不知道有老虎钳这种东西，那你是根本做不了木匠活的。只有当你把工具放到一起使用，拥有一套完整的工具时，才能做好木匠活。"在德鲁克看来，管理是一种实践性的活动。人尽管是管理的核心，但管理需要依靠一定的工具和外部条件，并且要将这些工具和外部条件整合起来形成系统，才能真正发挥作用。管理首先是一门科学，是人们长期以来在管理实践中的经验总结和发展。

管理是一门科学，因为为了管理，人们要应用科学。管理更多的是人们的一种行动，而且管理的这种实践是有结果的。但是这并不意味着管理完全是一种技术性工作。管理也是一门艺术，因为管理是以人为中心的，是一种社会性的活动。管理与人的价值观、人的成长和人的发展密切联系，所以管理是人性化的活动。管理是对人的管理，而不是对机器，所以要讲究方式方法，这就是管理的艺术。有些管理者懂管理理论，但不会做人的工作，结果事与愿违；有些管理者可能不是很懂理论，但很会做人的工作，结果与希望相一致。

在德鲁克看来，管理不但是一门艺术，而且是一门宽泛的艺术。管理是管理者和管理对象之间的一种交流，管理者的精神面貌、气质乃至处世的方式等都会对管理对象产生影响。同样，管理双方要能够进行互动，就需要在知识层次、价值观、自觉性、处世的经验等各个方面达到一种平衡。如果管理者对他的下级采取蛮横蔑视的态度，那么这种交流的平衡和契合点就不存在了，管理对象会因为失去自尊而抱怨甚至产生抵触情绪。这种情况长期持续下去，就会大大削弱组织的向心力，进而影响到组织的绩效以及组织目标的实现、使命的完成。德鲁克认为："之所以说管理是'宽泛的’，因为它涉及到知识、自觉性、智慧，亦即领导等有关人的各个基本方面；之所以说它是‘艺术’，因为它需要各种实践与运用。"作为管理者，必须掌握各种知识，充分激发人的主观能动性，使管理对象能充分开掘自己的潜能并且乐于工作。但是德鲁克也强调，管理所需要的那些知识必须集中到管理的成效上去，不能为了艺术而"艺术"。因为对企业而言，管理是为了有更好的成效，如果不能提供更好的产品或者服务，那么这种艺术便没有任何意义。

德鲁克的这一思想能引发我们更深层次的思考。我们理解管理就要把管理活动作为一个整体，因为失去任何一个层面的思考，管理都是不成熟的。有部分企业要么是一种野蛮的管理，根本谈不上艺术，这在那些技术含量低的制造业公司里随处可以见到；要么就是为了艺术而"艺术"，有些管理者"世事洞明，人情练达"，却忘记了组织存在的根本使命是什么，没有使命和责任的管理艺术是没有价值的。

我们来看两个案例，一个是我们国内企业的，一个是美国亨氏公司的。

浙江有一家集团公司老总，独断专横，对员工态度粗暴，动辄打骂。他的公司明文规定，每天上班员工应提前半小时到公司，而且要穿工作服。如有违犯，严惩不贷。一次，一个刚毕业的年轻员工由于贪睡，早晨起来晚了，匆匆忙忙间他拿起衣服往身上一套就直奔公司，也没看到底是不是工作服，是穿正了还是穿反了。进了公司他才知道穿的虽然是工作服，但却穿反了。此时，老总已坐在那儿，想把它脱下重新穿已经来不及了。老总一见他当时就勃然大怒，厉声地对那位员工说："你这个蠢猪，真是蠢到极点了，连衣服都不会穿了，你还会干什么？你怎么没有把裤子当成褂子穿？我恐怕你明天就会这么做了。回去再好好学学怎么穿衣服。还有，你不如到吃中饭的时候再来上班好了。我叫你提前半小时上班，你看看现在是什么时间了？"那个员工听了老总的话，脸一阵红一阵白。刚想解释，就听老总把桌子一拍，大声喝骂："现在你赶紧给我滚出去上班，我不想听你啰唆，蠢猪！"第二天，这个员工就离开了这家公司。

美国亨氏公司的董事长海因茨要去旅行，这是他公司所有的员工都知道的事情。

可是，没过几天，他就回来了。

"怎么这么快就回来了？"大家以为他碰到了不愉快的事。

"没有你们一起旅行，没意思。"他对大家说。

然后海因茨指挥一些人在工厂中央安放了一只大玻璃箱。原来里面有一只短吻鳄，重达360千克，长4.4米，年龄超过150岁。

"怎么样，这个家伙看起来还好玩吗？"

"好玩。"众人惊喜万分，都说从来就没有看到过这么大的短吻鳄。

海因茨笑呵呵地说："这个家伙是我此次旅行最难忘的记忆，请大家工作之余一起与我分享快乐吧！"

原来，海因茨不喜欢一个人享受观看短吻鳄的乐趣，他就干脆把它买回工厂和员工一起分享。

这两个案例一反一正。那位集团老总，他最大的管理问题是不尊重员工，管理手段专横野蛮，轻视辱骂员工，因此是非常失败的管理。任何人都需要别人的尊重和认可。管理者需要认识到，你掌握的并不是权力，而是为了实现组织的使命必须行使的职权。作为管理者要考虑怎么服务员工，让员工热爱自己的工作，进而热爱自己的企业。亨氏公司的劳资关系被认为是全美公司的楷模，其管理艺术最大的特点就是让员工在快乐中工作。作为管理者，就要营造良好的氛围，调动员工的情绪，使员工能乐于工作。经理人恰当地处理了管理中的问题，并且运用艺术性的手段来调动员工的积极性，企业的绩效自然就会上升。

经常被人们忽略的管理原则

在管理的历史演进过程中，有很多成功的经验和失败的教训。管理者必须深刻地领悟到，自身不但需要全面的知识、灵活的技巧，而且需要把握管理的基本原则。但是这些原则却经常被管理者忽略。德鲁克认为，经常被管理者忽略的管理原则有：

要让员工扬长避短

德鲁克对经理人多次强调：一定要了解你的员工，必须让员工做他们能做的事，让员工发挥他们的特长。管理是具有能动性和创造性的人的活动，管理就是为了使员工从事共同的工作，并由此确定共同的目标。在共同的工作和共同的目标下，管理者应尽量使每一位员工扬长避短，最大限度地调动员工工作的积极性，以使组织实现最大的绩效。

企业和个人要生存都必须实施管理。"金无足赤，人无完人"，任何人有其长处，就必有其短处。让员工充分发挥优点，就能给企业带来积极正面的影响，这既是一种管理策略，也是一种用人之道。管理者要知人善任、扬长避短、因材授职、使用得当，把每一个员工放在最适合他的岗位上，让员工有一种归属感，并且让每一个员工都能感觉到工作所带来的成就感。

松下幸之助是用人方面注重扬长避短的榜样。中田原来是松下公司下属的一个电器厂的厂长。一次，副总裁对松下幸之助说："中田这个人没用，尽发牢骚。我们这儿的工作，他一样也看不上眼，而且尽讲些怪话。"

松下觉得像中田这样的人，只要给他换个合适的环境，使用得当，爱发牢骚、爱挑剔的毛病很可能变成敢于坚持原则、勇于创新的优点，于是他当场就让中田进松下公司。在松下幸之助的任用下，中田果然将弱点变成优点，将短处化为长处，表现出惊人的创造力，成为松下公司中出类拔萃的人才。

怎样管理人，怎样使用人，作为管理者应当从松下先生的用人策略中学到一些经验。我们很多企业，并不是着眼于发现员工的长处和优点，而是把主要精力放在如何制短上。形形色色的管理制度都是禁止员工做什么，很多管理者把这些僵硬的管理制度当作是管理。海尔做大做强以后，很多企业家去参观学习，而一些企业家最想要的竟然是海尔的管理章程。企业家迷信制度，因为制度会在短期内取得效果，但是要知道，逼迫员工接受制度和员工自愿接受制度是两种不同的选择。把握员工的优势，放开手脚，让员工做他们能做的事，既是对员工的肯定，也是对企业的负责。管理是心与心的交流，管理者理解员工，员工就会理解企业。

管理中镶嵌着文化的因素

德鲁克认为，管理的任务就是将各种人汇集到一个"命运共同体"中，因而管理中必然深深镶嵌着文化的因素。在一个企业里，尤其是那些跨国公司，会有各个国家的员工，那么企业的价值观、沟通方式、历史习俗等问题就可能形成文化冲突。即使是一个小公司，也可能因为公司成员民族、信仰等的差别而形成文化冲突。作为管理者，就要消弭文化冲突，从而使不同文化背景的员工能够协力共进，实现企业的共同目标和使命。

在海尔的发展历程中，它的企业精神发生了三次变化。海尔创业初期，从无到有，从小到大，立志要做出中国最好的冰箱，为此创业者们提出"无私奉献、追求卓越"的企业精神。经过 10 年创业，海尔成为中国家电第一名牌。在国内市场取得长足发展后，海尔开始聚焦国际市场。以海尔工业园落成为标志，海尔二次创业——创国际名牌战略宣告启动。作为中国民族企业第一个真正意义上的尝试者，创中国人自己的国际名牌成为海尔最执着的追求。因此具有民族意义的企业精神——"敬业报国、追求卓越"，成为海尔挑战国际名牌的精神底蕴。随着海尔逐步全球化，它越来越需要全球化的企业精神，因为创世界顶级品牌的目标需要一种全球视野的共享价值。于是，海尔新的企业精神——"创造资源，美誉全球"应运而生。海尔企业精神的变迁，其实反映的就是企业文化如何适应新形势、如何消弭文化冲突的过程。

作为管理者，在全球化趋势下，应该思考如何把管理深植在文化中，如何建立具有全球视野和与民族特色相结合的管理文化。其实文化差异并不是洪水猛兽，充分利用差异所带来的张力，差异就会成为优势。

要建立共同的目标和公认的价值观

在当前竞争激烈的情况下，几乎任何一家企业都在宣扬自己的文化和价值观。任何一个员工进入企业，都有义务接受企业的共同目标和公认的价值观。德鲁克认为，只有建立了共同的价值观，才能算建立了企业，否则，一个企业只能是一帮乌合之众。

建立共同的目标，是为了让每一个员工都明确自己在组织中的作用。大家有了一致的目标，就增加了企业的凝聚力。当所有的人都为一个目标而努力时，其实就意味着所有人都处于一个共同体中。在这个共同体中，大家休戚相关，企业的荣誉就是员工的荣誉，企业的失败就是员工的失败，反之亦然。管理就是要企业成为一个共同体，而只有形成共同体的企业，才是一个团结的组织，才是一个可以共同学习的组织。

有了共同的目标，就可以建立公认的价值观。因为大家的目标一致，如果存在差异的话，那只能是方法上的差异。企业的价值观体现的是我们追求什么，我们要实现什么，我们在为什么而努力。一个伟大的企业，一定有伟大的目标和伟大的价值观。IBM公司以"服务"为其目标，福特汽车公司以"提供大众公共运输"为目标，苹果电脑公司以"给大众提供强大的计算能力"为组织共同努力的最高目标。这些企业都依靠共同的目标把员工凝聚在一起。

作为管理者，应该怎样建立共同的目标和价值观呢？德鲁克认为，企业的目标必须明了，这是为了让大家都能看到；而各种具体目标必须公开，而且管理者要不断地重复，以便让员工不断地确认，进而形成一种心理暗示作用。总之，企业的目标必须简单、明确和统一。如果你仔细观察一些企业，你会发现，很多企业把口号当成了目标，想什么时候换就什么时候换。还有的企业把目标当成一种宣传策略，目标、理念、价值观是展示给外界、媒体看的，这种企业的目标完全是一种摆设。还有的企业目标是给老板和管理层看的，企业要实现什么目标，下一步要怎样做，这属于少数人的专利。他们把员工看成是被雇佣的人、干活的人，自然目标与他们没多大关系。

把口号当成目标的管理者，必须明白：如果你不想让你的企业夭折，那你的目标就是你的责任。轻易地更改目标，就是对企业不负责任。把目标当作摆设的管理者，需要反省：目标和价值观首先是面向企业内部、面向员工、面向自身的，舍本逐末的代价就是失去竞争力并最终失去市场。目标不能公开的管理者，转换一下思维就会明白：在这样一个信息开放的社会，让大家了解管理层的意图，其实就意味着你把每个员工都当作主人。而我们至少相信，没有一个主人会损害自己的利益。

要培训和发展员工

德鲁克认为，随着市场机会和市场需求的剧烈变化，企业和企业员工都必须适应这种变化，必须在竞争变化中寻求成长和发展的机遇。所以，管理应该使企业变成一个学习型组织，使员工能够通过企业获得知识、学习知识、应用知识和生产知识。员工是企业最重要的资源，故培训和发展员工是企业管理过程中永远不能停止的活动。

当代经济发展的结果就是产品的知识含量迅速增加，产品的服务质量逐步提升。在知识经济的背景下，员工不仅是企业的劳动力，而且是企业的知识资源和创造性资源。知识经济的最大特征在于使知识生产成为提高劳动生产率的新源泉。所以，成功的企业都十分重视员工与企业共同成长，认为提升员工的能力就是提升企业的核心竞争力，员工已经成为企业存在和发展的核心战略资源。

培训和发展员工，就在于挖掘员工身上所蕴含的无穷智慧，激发员工充分利用自身的巨大潜能。ABB公司（全球电力设备龙头企业）首席执行官巴奈维克说："我们员工有相当可观的潜力还没有运用，在我们的组织架构下，他们在工作上只能发挥5%～10%的能力。"所以很多企业都在通过各种各样的方式提高员工的能力。

美国柯达伊士曼公司每位员工每年都必须建立一个具有挑战性的员工个人发展计划，然后由主管与其共同讨论、完善，最后作为自己的工作奋斗目标。这样既鼓励了员工的独立思考能力，也为其提供了显示自己才能的机会。

惠普公司重视员工的创造力，并将之作为企业核心价值之一。它提倡员工自我管理，鼓励员工创造性地工作，为员工成长创造条件和机会。

还有很多公司，为了使员工培训和发展更具有针对性，专门设立自己的大学。西门子公司在全球设有 60 多处培训场所和学校，并配备了最先进设备和仪器，每年培训经费近 8 亿马克，其中 60% 用于员工在职培训。培训内容则涵盖了业务技能、交流能力和管理能力等各个方面。

为提高员工能力，拓展员工个人发展空间，英特尔实行转岗制，员工在岗位上工作一定年限后，可以在公司内部进行第二次岗位选择。在英特尔内部网站上，每天都登有一些推荐的职位供内部员工选择。这种制度为员工发展提供了多种可能，员工可以依据自己的兴趣和专长充分实现自身价值。

培训和发展员工，实际上也是一种激励机制。每个员工都希望能随着企业的成长而成长，追求上进是人类共同的需要。人的需要可以分为不同的层次：生理需要、社会需要、被尊重的需要、自我实现的需要等。被尊重和自我实现是很高层次的需要，所以这种需要的满足就更能使员工对工作产生动力。现代人希望被企业认可并充分发挥自身才能。正是因为员工渴望被重视，渴望发现自己的优势，所以企业应该为员工提供培训和发展的机会与环境。企业不能只考虑员工为企业创造价值，而应该注意员工的发展机会。否则员工在心理上就会产生挫折感、不平衡感，而心理失衡和不被重视的失败情绪会使他们对工作失去兴趣，甚至会"破罐子破摔"。国内很多企业担心员工跳槽，担心培训的成本太高，其实这些担心只能说明企业对自身没有信心。应该相信员工，相信企业，因为一个管理者如果对企业的未来都没有信心的话，那这个企业注定会消失。优秀的管理者都很重视员工队伍的成长，因为发展员工就是为企业的未来充实能量，就是着眼于企业的长远发展。

要在互相帮助中实现使命

德鲁克认为，企业是由拥有不同技能和知识的员工构成的，不同的工作需要不同的员工相互沟通并各自承担使命才能完成。每个员工都有自己不能做的事，也不可能替代企业整体的功能，所以每位员工都需要别人的帮助，需要和别人分享自己的想法，需要明确自己在企业中的作用。员工的价值是通过他们的作用来体现的，员工间的相互帮助、相互协作，既是一个团队问题，也是一个沟通问题。正因为企业的存在使每个人都有共同的使命，因此，每位员工都应该主动与别人沟通，主动为别人提供帮助，并从中获得别人的帮助。

但是，作为管理者，我们不能仅仅要求员工做什么，因为如果员工做不了，可能是我们的管理机制出了问题。管理者应该尽可能地为员工提供互相学习和互相帮助的环境，从而建立一个强有力的团队。一个有机的团队，其成员应该具有互补性，可以发挥每个人的优势，从而聚合为整个组织的强势。

对于一个企业来说，团队精神的形成并非一日之功，而是日积月累。唯有团队成员都具备团队合作的能力，才能全面提高企业业绩。而团队中任一成员如不具备团队合作能力，团队就可能面临分崩离析的危险。可见，如何使组织内的成员形成紧密合作的关系，应是管理者特别重视的问题。

按照博弈理论的观点建立优秀的团队非常艰难，投入成本很高，但优秀的团队却能产生优秀个人无法产生的能量。因此任何一个组织在任何阶段都必须打造优秀的团队，提高团队整体的绩效能力。作为管理者，不能只寄希望于员工自觉协作，关键在于如何创造一种环境，营造一种氛围，为员工沟通和团队合作提供渠道和平台。面对社会分工的日益细化，技术更新速度日益加快，管理难度逐渐加大，个人的能力和智慧如同沧海一粟，显得苍白无力。只有众志成城，同舟共济，心往一处想，劲往一处使，才能实现企业的目标和使命。

要全面衡量管理层的业绩

德鲁克认为，企业的产量并不足以充分衡量管理业绩和企业业绩，要从创新程度、生产率、人力资源开发、产品质量、财务成果等各个层面全面评价和衡量企业业绩，尤其要从企业使命、管理的有效度等各方面进行全方位、多角度的检测。

对于管理者而言，要追求管理的"有效"而不是只考虑"有效率"。很多管理者区分不清"做正确的事"和"正确地做事"，其实核心都是管理理念的问题。德鲁克认为，以极高的效率完成根本不需要的工作，那是最大的无用功。在现代企业中，评价是否有效率相对容易，各种统计方法和数据能够充分说明问题。对于管理者而言，企业的愿景、使命、长远利益、管理本质则更为重要。所以管理评价是一种软评价，体现在企业中是一种软实力和无形资产。全面衡量管理层的业绩，必须立足企业使命，充分考察管理层如何降低成本、如何贯彻企业的长远目标、如何执行企业的使命、如何培养员工等。只有把管理层置于这样的层面上，才能完整认识到管理的作用，同时才能充分展示管理对企业带来的价值和意义。

德鲁克说："有效性虽然人人可学，但却无人可教。"如果你既不能挑战自己的目标，又不去应对市场的挑战，就不会有学习有效性的动力和压力。你想使学习有效，又不肯在实践中思考问题背后的问题是什么，趋势背后的趋势是什么，不去探索管理如何创新，而是等待别人告诉你怎么做，那你注定与有效性无缘。德鲁克展现给我们的是理念和思维方式的转变，不是坐而论道，而是起而践行。

管理必须围绕"人性"展开

管理的前提是认识"人性"

在德鲁克管理思想中，"人性"是他阐发、论证管理问题的一个重要维度。人是一切管理活动的中心，管理能否围绕"人性"展开，是评价管理成效的重要尺度。

人性即人的本性。文艺复兴后的欧洲思想家把人性看作欲望、理性、自由、平等、博爱等，他们大都从人的本质存在、天然权利等角度来阐发人性。中国古圣先贤则主要从社会伦理角度来阐述人性。孔子说"性相近"，孟子说人性善，荀子说人性恶等，都将人性看作是重要的事物来对待。

那么德鲁克所说的人性确切指的是什么呢？事实上，德鲁克所说的人性强调的是人的需要以及作为人的天然权利。他认为，随着知识经济的深入发展，在管理活动中，管理者要"把人当人看"，一切活动要以维护"人性"为中心展开。所以，管理者只有充分认识到人性在管理中的作用，并改变思维方式，将这种理念贯彻到企业的管理和经营活动中去，管理才能适应知识经济时代的需要。在德鲁克看来，管理的前提是认识"人性"，管理的过程是弘扬"人性"，管理的结果是实现"人性"。因而德鲁克所提倡的是一种人性化管理。

建立人性化的管理模式

所谓人性化管理，就是在整个企业管理过程中充分注意人性要素、以充分开掘人的潜能为己任的管理理念和管理模式。人性化管理是蕴涵于粗放管理之中的细致行为。人性化管理把人作为管理主体，它强调拓展人的创造潜能、重视人的心灵需要、培养人的前瞻思维、激发人的生命意义，并以此达到实现组织共同愿望的最终目的。人性化管理的特征是创新，它体现在将人的全面发展及其生命意义作为管理的追求和核心。

古人云："聚人而成家，聚家而成国。"没有比员工对企业充满信心和爱更重要的事情了。作为管理者，要善于和员工"以心换心"，只有你爱护、帮助员工，员工才能衷心地热爱企业。在这方面，前通用电气公司总裁斯通先生的做法很值得借鉴。

1980年1月，美国旧金山一家医院一间隔离病房外，有一位身体硬朗、声若洪钟的老人正与护士死磨硬缠，他要探望一名因痢疾住院治疗的女士。但是，护士严守规章制度毫不退让。

这位护士真是"有眼不识泰山"。她没有想到，这位衣着朴素的老者就是通用电气公司总裁，一位被世界电气业权威杂志——美国《电信》月刊选为"世界最佳经营家"的世界企业巨子斯通先生。护士也没有料到，斯通探望的女士并非他的家人，而是通用电气公司加利福尼亚州销售员哈桑的妻子。

哈桑知道这件事后，感动不已，每天加班加点工作达16小时，以此报答斯通的关怀。哈桑的努力使加州的销售业绩一度在全美各地区评比中名列前茅。斯通的管理方式，充分体现了他关爱员工、设身处地为员工着想的管理理念。正是基于这样的人性化管理，通用电气公司的经营业绩才能蒸蒸日上。

自发式的人性化管理迎合了现代人受尊重、自我实现这种高层次的心理需要。人性化管理并没有与企业的管理制度形成冲突。相反，只有尊重人、热爱人、满足人、发展人、实现人，才能使企业与员工共同发展。中国传统思想里就非常重视人伦关系，尤其重视人的社会责任。李嘉诚是这方面的典型代表。

长江大厦是李嘉诚拥有的第一幢工业大厦，是他庞大的地产帝国的基石，也是他赢得"塑胶花大王"盛誉的老根据地。

20世纪70年代后期，有一次，香江才女林燕妮为她的广告公司租场地，跑到长江大厦看楼，发现李嘉诚的公司仍在生产塑胶花。

此时，塑胶花早过了市场的黄金时代，根本无利可图。长江地产业当时的赢利十分可观，就算塑胶花有微薄小利，对长江实业来说也无足轻重。

后来，长江大厦出租，塑胶花厂只得停产。但老员工却留下来，被安排在大厦里干管理等工作。

有人与李嘉诚谈起善待老员工的事，说："您对老员工这么念旧，难怪他们对您感恩戴德。"

李嘉诚说："一个企业就像一个大家庭，老员工才是企业的功臣，理应得到礼遇。现在他们老了，作为晚辈，我就该负起照顾他们的义务。"

那人感动地说："李先生精神难能可贵，多少老板见员工老了，没有用了，就巴不得一脚踢开，您却不同。这些员工过去靠你的厂养活，现在厂没有了，你仍然养活他们。"

这时，李嘉诚急忙解释道："千万不能这么认为。说老板养活了员工是旧式企业的观点，应该说是员工养活老板、养活公司。"

"是员工养活老板、养活公司",多么朴实又多么深刻的管理理念！没有员工的辛苦努力、精诚团结，企业怎么可能有前途？李嘉诚管理中的仁义与德行的确值得所有管理者反思和学习。

面向未来的人性化管理

在当今社会，新经济要求根据员工的能力、特长、兴趣、心理状况等综合情况来科学地安排最适合的工作，并且充分地考虑到员工的成长和需要，使员工能够在工作中充分发挥积极性、主动性和创造性，从而不断创造优异的工作业绩，为达到企业目标做出最大的贡献。人性化管理的根本目的就是要将人的需要、组织的需要及社会的需要统一起来。

管理围绕人性展开，扬弃了传统的"以人为手段"的管理理念而面对一个完整的人、一个全面的人、一个生动的人。因此，人性化管理是面向未来的管理。企业应认识到员工的需求和愿望，承认他们对于归属感、成就感的需要，倾听和理解他们的意见、建议，从而塑造员工积极向上的精神面貌，这样才有利于企业形成牢固的凝聚力。

管理者的终极使命是绩效

在德鲁克看来，管理的终极使命是绩效。一切管理活动都必须集中在组织如何最大化地实现绩效上，管理要努力提高绩效，管理者必须对最终的绩效负责。绩效意味着结果，意味着企业能不能达到目标，能不能实现有效的管理，能不能提高效率。

张瑞敏在长期的管理实践中领悟出：企业在市场中所处的位置就如同斜坡上的一个球体，由于受到来自市场竞争和内部职工惰性的影响形成的制约力，有向下滑落的本性，所以如果没有止动力，它就会下滑。为使海尔在斜坡（市场）上的位置保持不下滑，并使它往上移动，两个向上的动力必须存在：一个是支撑力，保证它不向下滑，这需要强化内部基础管理；另一个是止退力，促使企业往上移动，这必须用企业的创新能力。在这一理念里，管理是企业保证良好绩效能力的重要方式。

海尔公司的经济专家为"斜坡球体理论"总结了一个公式：$A=(F_{动}-F_{阻})/M$，即企业发展的加速度与企业发展动力之和与阻力之和的差值成正比，与企业的规模成反比。其中：A代表企业发展的加速度；$F_{动}$代表企业发展的动力之和（$F_{动1}+F_{动2}+F_{动3}$）。海尔常谈到的动力有三个：一是基础管理的止退力；二是优质产品、优质服务、科技发展的提升力；三是创国际名牌、市场占有率扩大的推动力。$F_{阻}$代表影响企业发展的阻力之和（$F_{阻1}+F_{阻2}$）。海尔常谈到的阻力有两个：一是来自企业内部自身惰性的下滑力；二是来自企业外部竞争对手的压力。M代表企业的质量，即规模。海尔认为，日事日毕解决基础管理的问题，使$F_{动1}>F_{阻1}$；日清日高解决速度的问题，使$F_{动2}+F_{动3}>F_{阻2}$。

斜坡球体理论又称为"海尔发展定律"，它揭示了企业发展的一般规律——不进则退。一个企业不发展、不进步，就面临着业绩下滑和被市场淘汰的危机。根据这一原理，海尔发明了OEC管理模式，就是要解决企业从斜坡往下滑的问题。斜坡球体理论主要是针对中国管理的实际情况而提出的。"如果训练一个日本人，让他每天擦六遍桌子，他一定会这样做。而一个中国人开始会擦六遍，慢慢觉得五遍、四遍也可以……"张瑞敏的观察一针见血，他熟悉中国人的秉性，知道有些中国人做事的最大毛病是不认真、不到位。他认为，需要一个管理机制专攻这一毛病，这一机制同时还要承担下述功能：领导在与不在，企业照样良性运转。

因此，他根据斜坡球体理论发明了一套叫作"OEC"的管理方法，也叫日清日高管理法。它是英文"Overall Every Control and Clear"的缩写，其中"O"代表"Overall"，意为"全面的"；"E"代表"Everyone，Everything，Every day"，意为"每个人、每件事、每一天"；"C"代表"Control and Clear"，意为"控制和清理"。其含义是全方位对每人、每天所做的每件事进行控制和清理，并要求每天都要有所提高，做到"日事日毕，日清日高"。

用斜坡球体来比喻，OEC管理模式为我们的管理带来以下几个启示。

1. 管理是企业成功的必要条件

没有管理，没有止挡，企业业绩就会下滑，企业就会丧失竞争力。所以管理的作用是支撑企业的发展，提高企业的绩效能力。

2. 抓管理要持之以恒

管理工作是一项非常艰苦而又细致的工作。管理水平易反复，也就是说止挡自己也会松动下滑，需要不断地加固。管理是一项笨功夫，没有一种一劳永逸的办法。只有深入细致地反复抓，抓反复，才能不滑坡。

3. 管理是动态的、永无止境的

企业向前发展，止挡也要跟着提高。管理无定式，需要根据企业目标的调整，根据内外部条件的变化进行动态优化，而不能形成教条。海尔的口号是"练为战，不为看"，一切服从于效果，一切决定于结果。

海尔的斜坡球体理论和 OEC 管理模式为经理人经营和管理企业、激发企业活力、确保企业常青发展提供了一个很好的借鉴。管理必须起到支撑企业发展的作用，管理必须提高企业的绩效能力，管理者必须在变中求发展，以结果为中心，以结果为导向，实现企业目标。

管理是人的管理，要提高企业绩效，就必须提高人的绩效能力。在德鲁克看来，企业中没有比员工更重要的资产，所以，管理者必须以员工为中心，通过提高员工的绩效能力为企业发展提供持续的动力。通用公司员工的活力曲线很好地破解了提升员工工作绩效的奥秘，即员工只有在不断学习成长和挑战自我的过程中才能够保持长时间的活力。

通用电气每个分公司的领导必须对他所领导的团队进行区分，找出哪些人是最好的 20%，哪些人是属于中间的大头 70%，哪些人是属于最差的 10%。最好的 20%，可以享受高于 B 类人员 2～3 倍的奖励，大量的股票、期权和现金会装入他们的口袋，同时他们的晋级也被开了绿灯；对于 B 类员工，每年也会有工资的提高和部分期权；而对于 C 类员工，等待他们的就是离开公司的时间了。

将员工按着 20 ∶ 70 ∶ 10 的比例区分出来，逼迫着管理者不得不做出严厉的决定。否则，他们自己就会被划入 C 类人员之中。划分 A 类与

B 类不会有太多的困难，偶尔划错会有团队绩效的客观压力使评判符合实际。而每年要把自己团队的人硬性划出 10% 来作为解聘的人，这对管理层来说却是残酷的事。

但韦尔奇认为，让一个人待在他不能成长和进步的环境里，是真正的残酷和野蛮行径。先让一个人等着，什么也不说，直到最后出了事，实在不行了，才告诉人家："你走吧，这地方不适合你。"而此时他的工作选择机会已经很有限了，却还要养家糊口，这才是真正的残酷。活力曲线之所以在 GE 中能起到很积极的作用，是因为它符合大部分员工在工作中对学习和成长的需要，它通过对人员的分类为不同的人确定了一个更高的目标。在这个目标下，C 类员工要努力成为 B 类员工，B 类员工又要努力成为 A 类员工，这就等于在公司创造了一种"没有最好，只有更好"的不断上进的环境。这可以保证员工每天都处于一种积极的刺激之中，从而避免了工作中惰性的滋生。

人都有喜新厌旧的心理，在一个环境待久了，就想换一个活法，要不然就会变得浑浑噩噩，对工作和生活丧失新鲜感和责任感。同样，在一个企业内部，一个部门长时间由一个人管理，往往会形成一定的模式和思维方式，扼杀新的想法和创意，这样就会使一个部门失去活力，变得死气沉沉。部门是这样，个人也是这样。每个人都有惰性，长时间在一个岗位上，每天做同样的事，时间久了就会产生厌倦情绪，对组织的制度失去兴趣。于是，无视纪律者有之，不思进取者有之，自暴自弃者有之。长期下去，组织成员就成了一群半死不活的沙丁鱼，这样的组织不会有什么高效可言。

作为管理者，应该努力创新管理模式，什么样的管理模式决定什么样的工作绩效。管理者如果不能提高企业的绩效，那就不是合格的管理者。管理者只有以强烈的绩效精神为准则，才能使企业由优秀走向卓越。

管理者到底是做什么的

很多管理者并不了解自己的职责，对自我职责定位不清，这是管理者无法提高自我绩效和组织绩效的重要原因。那么管理者的职责主要有哪些呢？德鲁克认为，管理者主要有四方面的职责：其一是设定目标；其二是乐于沟通；其三是精于考核；其四是善于培训。管理者要以人为中心，设立合适的目标，促使员工形成积极向上的工作态度，并和他们保持双向沟通，以便提高工作绩效，在考核中要重视公平以及不断地培训员工。管理是一种关于人的活动，所以，管理者在管理中既要坚持原则，又要体现人性化。这是任何一个成功管理者都必须具备的基本素质。

1. 管理者要设定目标

IBM 公司的创始人托马斯·约翰·沃森说过："有两种人永远无法超越别人：一种人是只做别人交代的工作，另一种人是做不好别人交代的工作。哪一种情况更令人丧气，实在很难说。总之，他们或者会最先被裁员，或是在同一个单调而卑微的工作岗位上耗费终生的精力。"

沃森先生所指的两种人心中都没有明确的目标，等待他们的将是卑微的职位和庸碌的人生。阿尔伯特·哈伯德先生说过，如果你并不想从工作中获得什么，那么你只能在漫长的职业生涯的道路上无目的地漂流。只有目标在前方召唤，才会有进取的动力。

在《爱丽斯漫游奇境》中，小爱丽斯问小猫咪："请你告诉我，我应该走哪条路呢？"

猫咪说："这在很大程度上看你要去什么地方。"

"去哪儿我都无所谓。"爱丽斯说。

"那么你走哪条路都可以。"猫咪回答道。

"这……那么，只要能到达某个地方就可以了。"爱丽斯补充道。

"亲爱的爱丽斯，只要你一直走下去，肯定会到达那里的。"

其实，在企业管理中，持这种无所谓的管理态度的管理者并不鲜见。他们在工作中标榜努力工作、勤奋学习，但却从来没有一个工作目标，更谈不上长远的管理规划。他们机械地工作，但这种工作状态永远无法使他达到高效率，甚至可以毫不过分地说，企业和个人的发展会因此走更多的弯路。管理者要谨记：从平凡走向卓越的前提是确定工作的目标。管理者没有目标，就会使管理失去方向，从而陷入混乱状态中。卓有成效的管理者总是首先设定工作目标，并严格按照目标去执行。

2. 管理者要建立良好的人际关系，要善于交流

为了和下属建立起良好的人际关系，管理者必须认真地和下属做好沟通。管理者不要单方面地给下级下命令，而应允许并鼓励下级提问题、提建议。如果下属对领导的指令理解不清楚，他可以提问，甚至可以让管理者重说一遍或者做出进一步的解释。

在沟通中，管理者应创造一种环境，让下属无拘无束地提问题、提要求。许多管理者习惯于下命令，但不习惯于让人家提问题、提要求，这种人被称为"单向度"的沟通者。他们只发令给别人，却不顾及别人的反应。这样的管理者永远无法了解下属的工作和心理状况，同样也无法与下属缔结相互领会、志趣相投的关系。

管理者要想与下属牢牢建立起良好的人际关系，一定要注意架起自己与下属双向沟通的桥梁。领导者要做好与下属之间的双向沟通可以从以下几方面入手。

(1) 管理者要听取下属的讲话。当下属和自己讲话时，应表现出很感兴趣地在听的样子。其实不仅是表现出兴趣，实际也该很感兴趣，管理者应该做到让下级讲话时毫无拘束和顾虑。

(2) 管理者在听取下属讲话时，要多作换位思考，要设身处地地站在下属这方，要同情下级。

(3) 管理者无论如何不要对下属发火。因为一发火，以后他就不会再向你陈述意见和提供反馈了。

(4) 管理者在听取下属讲话时，也可以向下属提问题，鼓励他们

回答问题，以进一步取得反馈。这样也向下属表示了你在很好地听取他们的意见。

（5）管理者应实行开门政策。即鼓励下属不论何时有问题，都可以来找自己陈述。

总之，管理者要尽可能地和下属交流，因为交流能增进了解、建立信任，并由此提高工作绩效。

3. 管理者必须对员工进行考核

考核员工，这是管理者的重要职责。现代企业普遍建立了授权制度，考核本身也成为监督、评价和激励员工的重要手段。管理者一旦放弃考核，就会使员工形成懒散拖延、人浮于事的工作态度，乃至对企业的目标和任务视同儿戏。这会极大地损害企业的利益，并会影响目标的实施。

管理者考核员工，除了要建立完善的考核制度、奖惩体系、激励机制外，还要特别重视考核的标准。之所以要突出强调考核的标准，是因为国内的很多企业把制度当作管理，把命令视同领导，把工作当作人情交易。这是管理者必须重视和认真反思的问题。

唐高宗时，大臣卢承庆专门负责对官员进行政绩考核。有一年，被考核人中有一名粮草督运官，一次在运粮途中突遇暴风，粮食几乎全被吹光了。卢承庆给这个运粮官以"监运损粮考中下"的鉴定。谁知这位运粮官神态怡然，一副无所谓的样子，脚步轻盈，翩然而去。卢承庆见此，便认为这位运粮官有雅量，马上将他召回，将评语改为"非力所能及考中"。可是，这位运粮官仍然不喜不愧，也不感恩致谢。原来这位运粮官早先就是粮库混事儿的，对政绩毫不在意，做事本来就松懈涣散。当时恰好粮草督办缺一名主管，就暂时将他做了替补。没想到卢承庆本人恰是感情用事之人，办事、为官没有原则，二人可谓志趣、性格相投。于是，卢承庆大笔一挥，又将评语改为"宠辱不惊考上"。

卢公凭自己的观感和情绪，便将一名官员的鉴定评语从六等擢升为一等，实可谓随心所欲。这种没有原则的做法根本不可能反映官员的真实政绩，也失去了公正衡量官员的客观标准，势必会产生"爱而不知其恶，憎而遂忘其善"的弊端。在这种前提下，最容易出现吹牛拍马者围在领导者左右，专拣领导喜欢的事情、话语来迎合领导的趣味和喜好等现象。管理者一旦在考核中放弃了标准和原则，就会非常危险。这会对下属形成一种类似于破窗效应的暗示作用。所以，无论管理者采取什么样的方式来考核员工，都必须做到一视同仁、坚持原则。

另外一种情况就是，很多管理者出于人情关系，对某些员工考核会降低标准。这种考核缺乏强有力的执行，也会大大损害企业的健康发展。讲究人情，已是国内企业危害自身发展的重要祸源。在这方面，管理者应该向华为学习。

在华为，新员工进入企业之前，先要进行半年的军事化培训。在培训期间，不断淘汰掉不能适应的人，还要进行定期和不定期的各种考核。5%的淘汰率，让华为对员工战斗精神的塑造不仅体现在形式上，更体现在行动上。一个培训班的二三十人中，最后一名无论考试成绩多好，都要被淘汰。IT行业是技术很强、竞争很残酷的行业，所以华为从一开始就注意培养员工的竞争意识和战斗精神，让员工切身地体会到，除了来自外界的竞争和危机，公司内部同样存在着激烈的竞争。这种危机意识和竞争意识一直贯穿在华为员工的整个人生历程中。

其实，采用什么样的方式考核并不重要，关键在于考核的标准是否合理，考核的过程是否透明，考核的结果是否公平。只要管理者能做到合理、透明、公平，考核问题就不是也不应该是问题。

4. 管理者还必须培训员工

管理者不要把培训员工看成是一项成本，而应看作是一项投资。这项投资面向企业的未来，是最划算的买卖。正如前文所述，培训和发展员工，是企业着眼于自身竞争力的提升和长远的发展，为未来充实能量。

人的努力是核心

管理者必须明确一点，企业的成功依靠的是组织内部的人力资源发挥的作用。因此，人的努力程度决定了管理绩效的实现程度，它是管理的核心。

著名企业家奥·丹尼尔在他那篇著名的《员工的终极期望》中这样写道："亲爱的员工，我们之所以聘用你，是因为你能满足我们一些紧迫的需求。如果没有你也能顺利满足要求，我们就不必费这个劲了。但是，我们深信需要有一个拥有你那样的技能和经验的人，并且认为你正是帮助我们实现目标的最佳人选。于是，我们给了你这个职位，而你欣然接受了。谢谢！"

"在你任职期间，你会被要求做许多事情：一般性的职责、特别的任务、团队和个人项目。你会有很多机会超越他人，显示你的优秀，并向我们证明当初聘用你是多么明智。"

"然而，有一项最重要的职责，或许你的上司永远都会对你秘而不宣，但你自己要始终牢牢地记在心里。那就是企业对你的终极期望——永远做非常需要做的事，而不必等待别人要求你去做。"

这个被奥·丹尼尔称为终极期望的理念蕴含着这样一个重要的前提：企业中每个人都很重要。作为企业的一分子，每个人都必须努力，因为只有努力才可以提高业绩。无论你在哪里工作，无论你的老板是谁，管理阶层都期望你始终运用个人的最佳判断和努力，为了公司的成功主动做好公司需要的事——不仅要推着企业前进，更要拉着企业奔跑。

一汽集团的"第一卓越员工"宋国华就是一个能够拉着企业奔跑的好榜样。

2000 年，为实现"三化"的新目标，一汽集团决定正式启动"一汽大财务管理信息系统"项目，以代替原有的、标准不统一的各种财务管理软件。负责这个重点科技项目的就是宋国华。他毕业于吉林工业大学计算机应用专业，是此次项目的总体方案设计者以及实施战略规划、研发系统软件和推广实施应用的项目经理。接下重担的宋国华带领项目组的成员经过三年的拼搏和奋斗，终于在 2002 年 12 月 28 日研发出了"一汽大财务管理信息系统"的一期工程——小闭环软件。这是一套高效实现价格与核算集成，全面解决制证、记账、制表，规范业务流程，加强内部控制，具有 16 个功能模块的财务管理软件。

2003 年初，试点工作开始试行。此次工作由集团公司向二级公司及基层单位纵深下去，在包括整车、热加工、冷加工不同行业的吉轻、二铸、变速箱、铸造公司、解放公司、集团公司计财部等六家单位全面铺开。经过一年的推广，试点工作取得了明显的效果。2004 年，集团公司决定在集团全资子公司和职能处等 73 家单位全面推广实施小闭环软件，并且集团公司领导对宋国华郑重要求："只许成功，不许失败。"众多的困难令许多人都摇头叹息，说这事想都不敢想，更别提完成了，这根本就不可能。他们纷纷劝宋国华不要接这个任务或者对领导说明困难，延长时间。但宋国华却依然坚持自己的选择：勇敢面对，迎难而上。经过几天几夜的分析和整理，宋国华的头脑在一片困顿中有了清晰的工作思路：在公司内部和社会公开招聘，按照实施要求对招聘人员进行超常规魔鬼式培训和训练。有了思路后，宋国华立即着手实施。通过五次招聘，他共招了近 120 人，并按照要求对这些人进行了魔鬼式的培训和严格管理。

解决了人员和技术问题，宋国华开始带领项目组 140 多名员工全面实施推广任务。在推广实施中，各种问题接踵而来。由于之前各单位管理基础薄弱，因此账实不符、往来账不清、编码混乱等现象比较严重。为了保证账实相符，项目组人员进行了长达两个月的反复核对与盘点。在小闭环财务管理信息系统推广实施的日子里，项目组成员面对着各有困局的基层单位，每天都要工作 12 小时以上。"群雁高飞头雁领"，作为项目经理，宋国华更是身先士卒，"飞"在前头。每天深夜，只要有项目组人员加班的地方，都会看到宋国华那不知疲倦的身影。他每周工作时间都超过正常时间。在长期的超负荷工作中，身体本来就不是很好的他病痛更加多了。但他却从来不告诉周围的同志，每天都笑容满面地面对大家，而他办公桌上的药瓶却日益增多。

有一次，由于脚趾疾患发作，宋国华不得不入院做手术。为了不惊动项目组的伙伴，每天清晨，他都穿着拖鞋先来到办公室打个照面儿，安排好工作后再去医院打点滴。每当大家有事需要与他协商时，宋国华都顾不得继续治疗就在电话里说："我就在附近呢，马上就到。"随即他便赶到办公室，并且让人丝毫看不出病容，他的脸上写满自信、坚强和温煦。就这样，在宋国华的带领下，"大财务管理信息系统"项目组实施人员硬是在人们认为"不可能"的情况下，不但圆满完成任务，而且超额完成，一年内在全集团范围内推广到83家单位，在业界创造了一个奇迹。项目组因此被授予"第一汽车卓越团队"，而宋国华本人也被评为"第一汽车卓越员工"。

大海航行靠舵手。管理者好比是企业之船的舵手，左右着企业未来的发展方向。每位员工都是船员。要提高船行驶的速度和安全性，舵手自然要掌握好方向，而每个船员都需要努力。因为只有大家一起以船为家，以提高船的抗风险能力为中心，企业的这艘大船才能风雨无阻、乘风破浪地昂然前进。

第三章
自我管理
——管好自己是管好一切的先决条件

德鲁克认为，在当今社会，知识是人和整个社会的基础资源，而拥有知识的人便是这个时代最重要的资产。所以，管理者必须善于自我管理。自我管理是个人对自我生命运动和实践的一种自发或主动调节。自我管理的关键是充分调动自身的各种调节功能，通过发现优势准确定位自己，并且遵从自身的价值观，激发自身的潜能。自我管理是个人对自身价值的追求，建立明确的目标并一以贯之地执行是走向成功的基础。卓有成效的管理者都是善于发现自我优势、善于利用自己的优势做事、坚持自己的价值观、注重奉献并且善于利用时间的人。

管好自己的前提是认识你自己

认识你自己

"认识你自己"是一个古老的哲学命题。希腊古城特尔斐的阿波罗神殿上刻有七句名言，其中流传最广、影响最大的一句是："人啊，认识你自己！"古希腊著名哲学家苏格拉底把"认识你自己"作为自己哲学研究的核心命题。文艺复兴时法国思想家蒙田说："世界上最重要的事情就是认识自我！"德国现代哲学家卡西尔认为："认识自我乃是哲学探索的最高目标。"

认识别人容易，认识自己难，正确地认识自己则难上加难。有人也许会问：难道我们对自己的认识还不够清晰吗？难道认识自己就那么重要吗？是的，在这样风云际会、变迁频繁的时代，人越来越崇拜技术、追逐利益，而却越来越不了解自己，不知道自己需要什么，不知道自己该怎样发挥优势并获得成功。一个新时代的人，只有充分地了解自己，才能管理自己；而只有真正地管理自己，才能管理别人。

德鲁克认为，在当今社会，知识是人和整个社会的基础资源，而拥有知识的人便是这个时代最重要的资产。在这个变革的时代，知识工作者的工作期限已经超过成功企业的平均寿命。知识工作者必须重新认识自己，而企业也必须改变自己的职能。企业要充分促使知识分子发挥其作用，将知识应用于一切生产环节乃至应用于知识本身。知识的生产和传播完全改变了传统的组织架构。同样，作为知识生产的主体——人，和作为知识生产的载体——信息技术革命将彻底改变企业的管理模式。传统企业管理的主体是管理者，而知识经济的管理主体逐渐转向知识生产者。毫无疑问，无论是管理者还是知识工作者，都必须重新给自己定位，尤其要进行自我管理，通过自我管理挖掘自身潜能。所以，如何实现有效的自我管理是每一个知识经济的参与者都必须面对的问题。

管理别人从管好自己开始

自我管理是个人对自我生命运动和实践的一种自发或主动的调节。自我管理的流程是自我认知、自我监督、自我调控、自我激励、自我评价和自我反省。在竞争激烈的社会，个体要自我管理、自我约束、自我完善，进而达到自我实现、自我成就、自我超越。

自我管理的关键是充分调动自身的各种调节功能，通过发现优势准确定位自己，并且遵从自身的价值观，激发自身的潜能。对于当代社会的任何一个人，尤其是管理者，自我管理都显得极其重要。那些缔造了财富的传奇人物如比尔·盖茨、松下幸之助、韦尔奇、艾柯卡、格鲁夫等都是自我管理的成功典范。他们成长的经历充分地证明：一个普通人，只要善于发现自己的天赋并充分地管理自己，就必会成功。

自我管理是个人对自身价值的追求，建立明确的目标并一以贯之地执行是走向成功的基础。作家杰克森·布朗说："缺少自我管理的才华，就好像穿上溜冰鞋的八爪鱼，眼看动作不断却搞不清楚到底是往前、往后还是原地打转。"

作为企业家或经理人，更应该重视自我管理。因为，一个不能管理自身的人，绝对不可能管理好一个团队。李嘉诚先生曾经谈到他对经理人的看法："想当好经理人，首要的任务是知道自我管理是一重大责任，在流动与变化万千的世界中发现自己是谁、了解自己要成为什么模样是建立尊严的基础。自我管理是一种静态管理，是培养理性力量的基本功，是人把知识和经验转化为能力的催化剂。"管理自我，对于管理者而言，不仅是个人发展的问题，而且是衡量企业家责任心的标准之一。

西门子公司有个口号叫作"自己培养自己"。他们认为，自我管理是每一位员工应该掌握的技能。在当今社会，一个优秀的企业需要优秀的、善于自我管理的经理人，更需要能够积极做好自我管理的员工。

自我管理先要转变思维

德鲁克认为，随着社会、经济和技术的变革，社会对个人的要求越来越多，知识工作者甚至最普通的劳动者都需要自我管理，要善于发现自己的优势并为自己定位。任何人都要把自己定位在能做出最大贡献的位置上，而且要不断努力学会自我发展，必须在工作过程中保持年轻的心态和活力。德鲁克不是站在通常的角度理解和诠释自我管理，而是把自我管理放置在知识经济的背景下来反思。所以在他的视野中，既充满了独特的洞察力，也包含着深刻的时代背景。

德鲁克用浅显的方式提出了一系列问题，甚至用有些固执地追问让读者不断地回到问题的原点。所以，当我们理解他思想的每一个层面时，应尽可能用系统动态思考的方式将所有的问题连缀起来。我们会惊奇地感受到：发现自己并管理自己并不是很难的事情。而问题的难点在于你必须转换思维方式，你必须深入到事物的本质中去。大致上，德鲁克提出了七个问题。对这七个问题本身及问题背后的问题的认识，构成了他自我管理理论的基本框架。在下面的小节中，将详细展开他的这些问题。他提出的问题主要有：

· 我的优势是什么？怎样才能发现自己的优势？

· 如何做事才能取得绩效？

· 我的价值观是什么？我的职业归宿在哪里？

· 我该作什么贡献？我能作什么贡献？

· 我在人际关系上承担什么责任？

· 我如何管理自己的时间？

如何发现你的优势

为什么要发现你的优势

德鲁克认为，在我们的社会中，多数人总以为知道自己的优势，其实事实恰好相反，人们往往花更多的精力改善自己的劣势。而即使如此，人们也经常把自己的劣势搞错。问题的关键在于，人们只能凭借自己的优势来获得绩效，而不能把绩效建立在自己的劣势上，更不用说通过做自己根本无法胜任的事来取得绩效。

德鲁克的这一观点，极其深刻地揭示了人们日常生活的细节问题。环顾我们生活的世界，又有几个人真正意识到发现自己优势的重要性？我们在不断地弥补自己的短处，期望通过改变劣势来适应社会的需要，而一个显然的逻辑是：任何一个行业都需要发挥人的优势，如果你都不能依靠你的优势取得成功，又如何能寄希望于你的劣势呢？

德鲁克敏锐地感觉到这个问题的重要性。他认为，我们社会的大多数人其实在学习自己并不擅长的东西，学校教育也如同生产流水线一样，忽视了个体差异，一味蛮干。我们总是把一些没有能力的人培养成低能力的人，同样的事情在企业中也广泛地存在。比如，让一个销售方面的天才去做芜杂的行政工作，并美其名曰"接受磨炼"，这其实是对人力资源的最大浪费。让正确的人在正确的时间做正确的事，这是管理用人中的铁律。

我们每个人，作为个体，并不是真正了解自己的优势，而是花大量的精力去修改自己的"个性"。而问题在于，人的天赋和个性并不能轻易改变。我们处于一个"唯一的不变就是变化"的时代，花大量时间去做自己不擅长的事，既不能充分展示自我优势，也不能更好地适应时代的需要。这样的逻辑非常容易得到证明。当今时代，获取知识的渠道非常广泛，让一个资质中等的人专注于某一领域，10 年内他完全可以成为这方面的专家。可是问题在于，首先，我们如何才能确定其所投身的领域在未来的社会会被广泛接受，况且观念、思想、技术更新的速度已远远超出了我们的想象。未来社会的需要，对于生活在今天的人而言，并不是最为迫切的问题。其次，又有谁能花费足够的精力去专注于自己不熟悉的领域达 10 年之久？

德鲁克所倡导的发现自身的优势，并不是说你可以不具备其他方面的知识，而是综合个人的基本情况来看。在我们所处的这个时代，知识更新、变化的速度太快，每个人都应该"以不变应万变"，准确地发现自身优势，并坚决地不在自己不擅长的领域浪费精力，更不要在你无法胜任的领域奢望获得成功。所以，任何人——无论是知识生产者还是普通劳动者，无论是企业中的管理者还是一般员工，都必须首先在观念上给自己重新定位，进而改变思维方式，专注于自身的优势。若要专注于自身优势，就必须知道怎样发现自身优势。

如何发现你的优势

德鲁克认为，若能认识到发现自身优势的重要性，那么下一步就该是如何发现自身优势。结合他自己的生活和学习经历，他认为，发现自己优势的最有效的方法是反馈分析法。任何人在面对关系到自身命运的关键决策或行动时，都首先要把自己预期会发生的结果记录下来。9 ~ 12个月后，按照预期对结果进行反馈分析。

运用同样的方法，不断地给自己设定目标，并用实际达到的效果进行比对，此时，我们会发现，这个简单的方法非常有用。首先，它告诉我们自己的优势在哪些方面，这是进行自我了解的重要途径。其次，这种方法将会向我们显示应该做什么或应该放弃什么。

德鲁克所讲的反馈分析法尽管简单却非常实用，任何人都可以用这种方法去发现自身的优势。这种方法的优点就在于它用简单的方式告诉你该怎么去做，在行动中发现自己的优势，同时在行动中发现自己的劣势，以及发现你根本无能为力的方面。

任何方法都在于能不能有效地解决问题，当然，德鲁克所讲的这个方法也有其隐含的前提。首先，运用这个方法，必须是在进行关键的决策或行动时。日常生活中那些琐碎的事情并不适用于这个方法。因为运用这个方法的目的是为了发现你的优势，而解决零碎的事件需要的不是你的优势，只要有一些基本的生活经验就可以办到。其次，运用这个方法，你必须首先有一个预期，并根据实际情况设定目标。你所设定的目标应该相对超出你现有的能力。你设定的目标不能过于简单、缺乏挑战性，因为过于简单，你就会轻松地解决问题，从而掩盖你所具有的特殊的优势。你所设定的目标也不能太难，因为如果你认为你根本无法达到这个目标，你就会失去信心，中途放弃，那么你的计划也将随之失败。而要想把握设定目标的度，就必须从自身情况出发，综合考虑自己的能力。最后，为了使这种方法具有可操作性，你所设定目标的时间不能过长。德鲁克所提供的是他的个人经验，因为他从事的工作是写作、咨询、教学，其效果实现的周期相对较长。所以，当你设定目标时间时，应该从自身从事工作的性质及环境出发，或者三个月或者半年，能达到相应的效果即可。

德鲁克在提出反馈分析法后，接着指出反馈分析法的方法论，即反馈分析法如何指导我们的行为与决策。他由此得出了五个基本结论。

1. 集中精力发挥自己的优势

你具备什么样的优势，就应该把自己的事业定位在相应的行业。作为个体，我们必须明确：你的归属是由你的优势决定的。

2. 积极完善自己的优势

反馈分析法能告诉你你的优势是什么，但是这并不意味着你的优势可以决定一切。为了充分凸显你的优势，你必须补充必要的知识和技能，不断巩固优势。我们需要明确，反馈分析法只说明你具有某一方面的天赋。为了使这一天赋得到提升，你必须"锦上添花"。

3. 在哪些方面你缺少必备的知识

通过反馈分析法，你能快速地发现，在哪些领域你还缺少基本的知识和技能。你具备了某方面的优势，并不意味着你的事业就必然成功。你还需要一些通用的知识，不具备这些知识，会影响到你优势的发挥，会使你的绩效低下。大多数人，尤其是掌握某一领域高深知识的人，会轻视其他领域的知识，还有人则认为聪明的人远比掌握知识的一般人有优势，这两种观点都会影响我们发挥优势、提高绩效。

另外，我们也必须改正一些生活中的坏习惯，并且修正工作方法。因为，很多非智力因素比如沟通方式、个人性格、生活习惯等都会影响到工作效率，都会制约个人优势的发挥。有效地规避这些缺点，是提高绩效的重要方式。

4. 我们应该放弃什么

通过反馈分析我们立刻就能发现在哪些领域缺乏最起码的能力。对于大多数人来说，总是会存在于许多这样的领域。对于个体而言，掌握一流技能和知识的领域并不很多。而在很多领域，我们缺乏才干，即使达到一般水平的概率也非常小。显然，对于这样的领域，最明智的选择就是放弃。

5. 把精力集中在自己能力强或技能高的领域

这个道理很明显，但我们却常常乐此不疲地在自己缺少能力或根本不具备能力的领域辛苦耕耘。所以德鲁克才说："从低能力提高到一般能力所耗费的精力和努力，远远多于把一流的绩效提高到卓越的绩效的精力和努力。"

综上所述，反馈分析法给我们的方法论意义可以总结为：集中自己的优势，并努力完善自己的优势；掌握足够的知识，提升自己的优势；放弃应该放弃的，坚持应该坚持的，并且牢牢记住：发现自己的优势，就是要不断地"锦上添花"，而不是无谓地"雪中送炭"。

拓展你的优势

通过上面的分析，你或许已经相对全面地理解了德鲁克关于发挥自我优势的思想。德鲁克认识自我管理问题，运用最浅显的方式，分析并得出了最实用的方法。我们发现了自我优势，就需要进一步地整合自我优势，推演自我优势，拓展自我优势，并达到应用自我优势的目的。

首先，整合自我优势。你所擅长的领域，必然还有与之接近的领域，比如营销领域就密切结合着广告、策划、销售等其他领域。将某一方面的才能迅速地转化，并密切结合其他领域，将迅速提高你的绩效。作为职业经理人，甚至最普通的人，都必须有这样的意识。你需要补充相应领域的知识和经验，并且永远面向市场，不断地发挥你的天赋所爆发出的灵感和创造力。

其次，推演和拓展自我优势。你要善于运用类比思维，如果你具备某方面的优势，那就意味着你的优势在其他方面也可以表现出来。这一点对于企业家和管理者尤为重要。因为企业家在某方面的才能会通过他的思维方式迅速地体现在他的企业运营方式上，甚至会折射到企业的战略方针上。我们也可以这样说，如果一个企业家发现了自身优势，他可以以同样的思维方式去经营企业，并且迅速发现企业的优势所在。

在这方面，杰克·韦尔奇的"数一数二"理念充分地印证了这一推论。有趣的是，韦尔奇的"数一数二"战略正是在德鲁克的启发下形成的。

20世纪80年代中后期，由于美国政府的高利率以及财政赤字政策，全球经济增长放慢。但是，随着技术加速进步、市场急剧变化，竞争更加严峻。在那种环境下，胜败立现。对企业来说，没有足够的实力，就没有机会生存下去。

通用电气公司当时面临着严峻的竞争压力。一方面，日本企业的产品大量进入美国，通用公司的市场份额大为减少，利润下降；另一方面，通用公司是推行多元化战略的企业，很多领域，通用公司已经不具备优势。韦尔奇接任通用公司CEO的时候，通过雷吉·琼斯的介绍，韦尔奇和德鲁克见了面。德鲁克问道："如果你当初不在这家企业，那么今天你是否还愿意加入进来？"言外之意，通用公司虽然还是美国排名第10的大公司，但它已经面临着来自全球特别是日本的竞争压力，利润已经开始萎缩，一些业务处于疲弱不堪的状态。德鲁克接着问道："那么你打算对这家企业采取什么措施？"问题十分简单，也非常深刻，发人深省。

在德鲁克一系列严峻问题的启发下，韦尔奇认识到，必须发现并把握通用公司的优势，并且不断地完善通用的优势。于是，他"数一数二"的理念得以清晰化、明朗化，也就是说通用公司如果要成为世界上最强大的企业，就要使所从事的业务在各自的市场上成为第一或者第二。对不是这样的业务，或者关闭，或者出售。

很显然，通过德鲁克的启发，韦尔奇马上意识到，对于面临严重危机的通用公司而言，必须充分发挥自身优势，必须在自己有优势的业务中做第一或第二，不把精力和努力放在那些没有优势的业务上。不难看出，韦尔奇将发现自我优势的那种思维方式迁移到了"数一数二"战略上，并且迅速整合了通用公司，使通用公司很快摆脱了困境，走向了成功。

由此可见，任何一种思维方式，只要善于运用，其边际效应都将迅速增大。发现你的优势固然重要，推演并拓展你的优势则更有意义。作为企业家或经理人，从上面的例子中，你能否吸取到相应的经验呢？

国内当下很多企业之所以做不大、做不长、做不强的原因也正在于此。他们的发展方式是：衣帽厂建了一半，发现纺织更赚钱，于是转而投资建纺织厂；纺织厂刚筹备了一半，又发现种棉花更来钱，于是又买地办农场；农场还没办，又发现办技校更有前途……最后，一事无成。这些企业家的投机心理太重，他们不是在发现并拓展自己的优势，而是在投机游戏中不断地腾挪转移。这将注定他们无法把握自身优势，成为卓越的企业家和经理人。如何拓展自己的优势并应用自己的优势，是每个人都必须重视的问题，因为我们的未来只能由我们自己来决定。

如何做事才能取得绩效

反馈分析法告诉了我们如何发现自身的优势和劣势，以及如何强化自己的优势。当我们发现我们在工作过程中存在很多误区时，我们必须修正或者放弃固有的习惯和思维方式，因为这些习惯和思维方式不利于发挥我们的优势，并影响工作的绩效。因此我们必须深入发现抑制绩效有效发挥的因素，并进而提高工作绩效。

德鲁克认为，获取信息的方式、学习的方式以及沟通方式都会影响工作效率。

你如何获取信息

德鲁克认为，就像发现自身的优势一样，如何做事也是很个性化的问题。因为人的个性无论是先天还是后天形成的，都不可能轻易改变，而且在工作之前，这种状态已经形成。既然每个人做事的方式是既定的，那么我们就必须了解自己做事的方式。如同我们要通过做自己擅长的事来取得成效一样，我们也要按照自己做事的方式来取得绩效。

在我们的生活中，充斥着各种表现个性的观念，或者要求我们改变自己的习惯，或者要求我们与众不同、追求个性。其实，这些看法都只是表面现象。一个人的个性或者是与生俱来的，或者是生活经历铸就的，并不会轻易改变。所以，管理者不要指望通过改造人的个性来提高绩效。

在知识经济时代，明确自己如何获取信息对于提高效率极为重要。关于个人获取信息的方式，德鲁克认为有两种，一种是善于阅读，一种是善于倾听。但是，令人惊异的是，很少有人知道善于阅读和善于倾听的区别，而且很少有人既善于读又善于听，甚至只有更少的人知道自己属于哪种类型。

在德鲁克看来，一个人善于阅读还是善于倾听，体现在他的做事方式上。因为任何人都需要通过阅读或倾听来获取信息，从而进行决策。从这个意义上讲，阅读或倾听体现了不同人的不同禀性。善于阅读的人，借助阅读能有效地整理思维，并有效率地做出正确的决断；而善于倾听的人，能够借助和别人的交流来发现问题，并快速反应，形成决策。为了证明这一观点，德鲁克以艾森豪威尔和约翰逊为例，说明了解自己是哪种类型人的重要性。

艾森豪威尔是个善于写作和阅读的人，他曾为麦克阿瑟做秘书工作。在他担任将军的时候，每逢遇到记者招待会，助手都事先将记者的提问以书面方式提供给他，所以他的回答总是贴切而生动、游刃有余。而当他成为总统时，他需要直接面对记者的提问，因此他的回答就变得模棱两可、不知所云，情况变得非常糟糕。约翰逊也是美国总统，他和艾森豪威尔恰好相反，善于倾听而不善于阅读。他的助手给他起草的稿件根本没有起到作用。

德鲁克用他超乎寻常的洞察力，敏锐地发现了人和人在做事细节上的差别。对于处于知识经济的每一个人而言，了解自己属于何种类型至关重要，因为你不懂自己的做事方式就如同你不了解自己的优势一样可怕。其实，我们也可以这样认为：你的做事方式其实与你的优势一样重要。你的优势是你的天赋，而善于倾听还是善于阅读则体现了你获取信息的方式及能力，这决定了你能不能发挥优势。

你如何学习

在知识经济时代，了解自己如何学习显得尤为重要。因为无论是提升我们自己的能力，还是改变自己的处境，都需要不断地充电、不断地完善自我。然而很多人并不了解自己学习的方式，甚至我们一直在用错误的学习方法来获取知识。德鲁克认为，正是因为人们不懂得学习的方式，所以很多学校都用一种方法教育所有的学生。

然而事实是，许多一流的作家在学校时学习成绩平平，并且在他们的记忆中学校学习是一种纯粹的折磨。而与之相反的是，他们的同班同学很少有人对同样的学校和老师有这样的记忆。这就说明一流的作家通常不是通过读和听来学习，而是靠写来学习的，由于这不是学校允许的学习方法，所以他们的学习成绩很差。

同样的事情还发生在贝多芬身上。

贝多芬一生留下大量草稿。但是，据他自己说，他真正作曲时从不看草稿。原来，他只有把自己的灵感记录下来，他才能永远记住。对贝多芬来说，写的过程就是学习，而看草稿对他根本没有价值。

这些天才式的作家和艺术家，他们都具有超乎常人的天赋，他们学习的方式也非常特别。这或许可以解释他们之所以能取得那么多伟大的成就的原因。通常的教育理念是"见贤思齐"，让我们完全向这些传奇人物学习。然而问题的关键却在于，任何人的学习方式可能都不尽相同，我们如何向天才们学习？天才们的成功，恰恰是个性化学习的成功，因而如果要学习的话，还应该学习如何找到自己的学习方式。由此来看，学习方式的优劣不在于你用了哪一种形式，而在于是否适应你自己。

德鲁克认为，人们的学习方式是多种多样的，有的人通过记笔记来学习，有的人通过回忆来学习，有的人通过向别人讲来学习，有的人通过写来学习，有的人通过做事学习。所以，重要的是，你要找到适合自己的学习方式。这个问题通常比较简单，怎样学习使你记忆深刻、理解深入，那么这种方法就最适合你。

同时，德鲁克特别强调，学习本身并不能带来绩效，只有将学习的知识运用到实践中，学习才能完成。其实，我们常把"学以致用"挂在嘴上却并未落实到行动中。任何人如果试图实现良好的自我管理，都不能忽视学习方式的选择，更不能放弃对学习目的的追问，实践、行动是学习的一贯目的。

总之，在德鲁克看来，做事的方式会影响你的绩效，你如何获取信息与你如何学习同等重要。当然，还有很多因素也会影响绩效，比如有的人在压力下可以取得绩效，有的人作为下属时工作成效最好，有的人只有在组织中才能发挥自己的能力……不一而足。所以作为管理者或者员工，了解影响自己绩效的原因并着手改变最为重要。而作为个体，我们必须明确，改变自己并不能提高绩效，重要的是如何尽可能地适应自己取得绩效的工作方式，而放弃那些绩效低下或不能取得绩效的工作方式。

寻找你的职业归宿

当我们发现了自己的优势、了解了自己的做事方式后，我们还必须明确自己的价值观，因为价值观是一切行为的最终检验标准。

了解你的价值观

哲学家们认为，人类自我发展的过程，既是个人的独立化过程，也是个人的社会化过程。人具有追求意义和价值的自我意识，无论是认识自己，还是认识世界，都需要不断地自我体验、自我分析、自我塑造、自我评价和自我超越。人认识自我和认识世界都需要依据一定的标准，这种评价尺度就是价值观。

价值观是个人对客观事物的重要性及意义的总评价和总看法。作为一种内心尺度，价值观决定人们的行为取向和价值取向。价值观与家庭环境、学校教育及个人阅历密切相关，一旦形成，就具有稳定性和持续性的特点，一般不容易改变。

价值观不仅影响个人的行为，而且影响群体行为和组织行为。企业之所以要建立自身目标和文化，就是为了使个人价值观与企业价值观相契合。由于个人价值观不同，在同等条件下，对于同一事物，人们会产生不同的价值选择和行为方式。比如在企业中，有人注重工作成就，有人看重金钱报酬，有人重视权力地位，有人热衷技术发明，有人迷恋人际沟通……显然，为了自我管理，个人必须了解自己的价值观。德鲁克认为，作为个人，必须规范自己的价值观，重视道德标准。道德标准是社会对个人的要求，是大家共同遵守的规则。他认为，检验道德标准的方法就是对镜自测法。我们要自己追问自己："我想成为一个什么样的人？"这类似于中国传统文化中"每日三省"的文化态度，同时也是用扪心自问的方式来叩问自己的道德和良心。当然，道德标准仅仅是价值观中的一部分。

了解自己价值观的意义在于你知道自己以什么样的方式评价人和事，因为这会影响到你的工作热情。

有一位才华横溢的主管经理，他在一个电脑公司工作。在他原来的公司被一家更大的公司收购后，他发现自己的工作热情迅速降低。实际上，他的职位很高，而且是他擅长的人力资源工作。他坚信，在聘用担任重要职位的人选时，企业应先从内部竞选人才，然后再从外部选择适当的人选。然而，公司却认为，在某个重要职位出现空缺时，应首先考虑外部人才，以便"补充新鲜血液"。他和公司的矛盾使他的工作热情受到了很大损害，工作简直变成了一种煎熬。最后，他不得不递交了辞呈。

显然，这位主管经理和公司之间的矛盾并不是政策上的，而是价值观的矛盾。当你的价值观和企业的价值观发生冲突时，你该如何自处？比这个问题更严重的是，很多人并没意识到价值观的作用，并不了解自己的价值观，他们往往把一些属于价值观冲突的问题当成是工作方式的差别。所以，你要首先了解自己的价值观，在明确自我价值观后再做出选择。

不值得做的就放弃

德鲁克认为，企业必须有自己的价值观，而企业的成员也是如此。为了能够在企业中发挥绩效，企业成员的价值观必须与企业的价值观相契合，但不必相同。两者的价值观必须紧密相关、和谐共存。否则，企业的成员就会有挫折感，而且会缺乏成效。

通常情况是，一个人的优势与自己取得绩效的方式之间很少会发生冲突，两者一般为互补关系。但是，一个人的价值观与自己的优势会发生冲突。一个人即使工作很有成效，但是如果工作不能符合他的价值观，那他也很难从工作中获得成就感。

所以，当你的优势不能与你的价值观相吻合时，要毫不犹豫地放弃你的工作，维护你的价值观。在德鲁克看来，那些损害你的价值观的工作成果一文不值。因为，尽管你通过自己的优势获得了相当优秀的工作绩效，但是这种工作使你失去了热情和信心，损害了你的价值观，进而剥离、分裂了你的优势，所以放弃才是你最明智的选择。

管理学中有个定律叫不值得定律。这一定律最直观的表达为：不值得做的事情，就不值得做好。

这个定律反映出人们的一种价值取向，一个人如果从事的是一份自认为不值得的工作，往往会敷衍了事。这一定律的启示就在于：对个人来说，应在多种可供选择的价值观中挑选一种，选择你所爱的，爱你所选择的，才可能激发我们的工作热情。而对一个企业来说，则要很好地分析员工的性格特征，合理分配工作。如让成就欲较强的职工独立牵头完成具有一定风险和难度的工作，并在其完成时给予及时的肯定和赞扬；让依附欲较强的职工更多地参加到某个团体中共同工作；让权力欲较强的职工担任与之能力相适应的主管一职等。同时要加强员工对企业价值观的认同感，让员工感觉到自己所做的工作是值得的。

寻找你的职业归宿

当我们明确了以上三个问题（即：我们优势是什么？我如何做事才能提高绩效？我的价值观是什么？）后，我们应该确立自己的位置，我们的职业归宿在哪里？我们属于哪里？我们又不属于哪里？也就是说，通过上述三个问题的追问和不断反思与行动，我们必须明确我们应该到哪里去，我们必须给自己定位。

对于绝大多数人而言，在开始自己的职业生活时，并不能马上确定自己的位置，但是我们可以通过不断的实践来明确自己的方向。我们必须做符合自己价值观、能发挥自身优势并能提高工作绩效的工作，如果不符合我们自身的条件，我们就应该勇敢地拒绝。但现实中，我们经常发现，很多人在从事自己并不感兴趣的工作，原因只是这份工作可以带来比较高的薪水。对一个严格执行自我管理的人而言，这是非常不明智的。因为，短期的眼前利益会抹杀其核心竞争力，影响其成为一个优秀的人、一个卓越的人。

德鲁克总结道，成功的职业生涯是不能规划的。只有坚守原则并善于捕捉机会的人才会有成功的职业生涯，因为他们了解自己的优势、适合自己的工作方式和自己的价值观。任何人在知道自己应该有什么样的职业归宿以后，只要胜任工作，恪尽职守，不辞辛劳，就能取得显著的成就。

问问自己的贡献

走自己的路，让别人去说吗

德鲁克认为，要进行自我管理，并且确定自己的职业归宿，就需要明确自身与组织的关系。个体需要建立目标，需要自问："我工作的目的是什么？"这就需要把自己的工作绩效定位在为组织做出最大贡献上。

我们很容易把贡献、责任当作是一种道德要求，实际上，强调贡献是个体的一种内在要求；我们也很容易把贡献、责任误解为一种社会与组织的规范、强制，事实上，强调贡献是知识经济时代的一种必然。因为，作为组织中的任何人，首先都要自我管理、自我设定目标。这意味着每个人都在进行一种积极的、主动的能力的管理，责任是自我选择并承担的，贡献则是建立在责任基础之上的。所以，德鲁克说，我们不能问"组织要我做出什么贡献"，不能问"我想做出什么样的贡献"，而要问"我应该做出什么样的贡献"，"我能做出什么样的贡献"。如何解决这四个问题，是每个人都必须明确和深思的前提。

"组织要我做出什么贡献"这种思维是被动的，是以组织或企业为中心的。在这种意识下，个人没有能动性可言，个体成为组织中"会说话的机器"，人的需要、人的个性、人的发展、人的成长被刻板、机械的组织淹没了。个体以这样的思维面对组织和个人职业生活时，意味着个人的能动性、创造性将被剥夺。这种思维在落后的制造业和专制的企业中广泛存在，而其实质是把人变成机器。故而，反对这种思维方式几乎不需要任何证明。

"我想做出什么样的贡献"这种观点还在广泛地流行，并已被多数人所接受。表面看来，这样的问题充满了主动性和创造力。而实际是，想法不能转变为行动，想法就一文不名。更让人忧虑的是，持这种观点的人完全把自我置于中心，没有组织，也没有社会。而人的个性一旦脱离组织和社会，其价值就会变成空洞的"乌托邦"。这种观点用最流行的话语表达便是："走自己的路，让别人去说吧。"但丁的这句名言，其实质在于解放人、推崇人的个性。但是，如果这一理念在实践中被极端化地理解为追求绝对的个性和自由，结果恰恰是失去自由。每个人对组织的贡献都不能由个人来决定，也不能由你的想象来决定，只能由顾客来决定，由你提供的产品和服务来决定。

所以，"走自己的路，让别人去说吧"的时代已经结束了。知识经济时代的每个人都不应该在一种褊狭的追求个性的过程中让自己成为殉难者，而是要定位自己的贡献，定位自己的责任，并从中发现自己的贡献在何处及如何实现。

我该做什么和我能做什么

"我该做什么"体现的是一种责任、一种对自身使命感的追索、一种定位在自我基础上并充分考虑组织需要的责任意识。"我能做什么"则是对自我能力的评定，我具备什么样的优势、我如何发现自己的优势以实现目标、我应该怎么做才能创造不同凡响的业绩等诸如此类的问题都是对这一问题的进一步延伸。

德鲁克认为，只有明确了这两个问题，我们才能理解为什么自我管理要找出自己应该做的适当的贡献。知识工作者要将知识转化为行动，并且据此来分析机遇。德鲁克认为，真正意识到这两个问题并获得巨大成就的是杜鲁门总统。

第二次世界大战后期，罗斯福突然与世长辞，杜鲁门继任总统。杜鲁门当时关注的是国内问题，对外交从来就不感兴趣，而且也一无所知。几个星期后，当他出席波茨坦会议时，他的全部精力仍旧放在国内事务上。在这次会议上，他与丘吉尔、斯大林坐在一起。这时，他不仅认识到外交是整个会议的主题，而且还发现他在外交上完全是外行，这令他感到非常可怕。从波茨坦返回国内后，他知道他该做什么以及怎么去做——他立即要求马歇尔将军和迪安·艾奇逊担任他的老师。在几个月内，他就成为了一个外交专家，而且成功地缔造了战后新格局。

由此可见，明确自己该做什么和能做什么，对我们每个人都非常有意义。尽管取得成果很重要，但是设定目标并给自己正确定位是更紧要的事情。

责任是实现贡献和自由的前提

德鲁克立足个人与组织的关系，充分阐释了"我该做什么"和"我能做什么"的重要性。当你确定你该作什么贡献时，就需要反思三个问题：其一是"现在，你需要做什么"，明确了自己的责任就应该马上行动；其二是"我做出贡献的目的是什么，如何做出最大的贡献"，反思自己做出贡献所要具备的能力和目的；其三是"我需要取得怎样的成效"，只有给自己设定目标，行动才能有指南。

总之，必须明确你做什么、从哪里做、如何做、设定怎样的目标及何时完成目标。

艾柯卡的传奇经历可以让我们认识到如何在责任的基础上实现贡献。艾柯卡在担任福特汽车公司总经理期间，成就斐然。由于功高盖主，董事长福特二世把他看成是威胁家族事业的眼中钉，并解除了他总经理的职务，还特意给他难堪，让他只作为普通职员去管理一间库房。艾柯卡跌入了人生的最低谷。

后来，艾柯卡赌气来到克莱斯勒汽车公司，担任总经理。在这之前，他对克莱斯勒的状况了解得并不清楚，上班后他才发现实际状况比他想象的要困难得多。当时，克莱斯勒汽车公司负债累累，濒临破产。他开始反复思考：他该做什么来挽救公司，他需要采取什么手段渡过危机。

艾柯卡经过调查，了解到克莱斯勒的领导班子非常糟糕，部门之间严重扯皮，管理层缺少责任心和明确的目标。这正是克莱斯勒的症结所在。为此，艾柯卡下决心让管理者明白自己的责任，并且打算用三年的时间改变克莱斯勒的面貌。

第一步，下决心"大换员"。他先后革掉了33位副总，只留下经营和财务两位副总；对无所事事的员工坚决辞退，同时提拔被埋没的人才，招聘有进取心、有经验又勤快的新职工入厂。第一年，艾柯卡就裁掉了1000人。

第二步，高薪聘请在汽车行业有谋略、有头脑的退休"老将"当顾问，认真听取他们的意见，并对公司进行准确的定位。

第三步，改变公司形象和作风。实行"全员管理，人人有责"，为降低成本、提高质量共同努力，改变懒散风气。

第四步，用对手汽车的价格、质量、设计来挑战员工，激发员工斗志。

第五步，不惜一切代价（用1.5亿美元）做广告，使用户震惊，让对手愤怒。

第六步，向用户做出许诺：汽车售出后，先试用三个月，对于仍决定买其他公司汽车的顾客，除退还全部费用外，还赠送50美元。结果，只有0.2%的人退车。

第七步，管理层每人每月1美元工资，还要拼命工作，从而强化自身的责任意识和危机感，并带动全体员工自动减薪，同舟共济。

经过两年苦战，克莱斯勒终于扭亏为盈。艾柯卡立即召开新闻发布会，宣传企业的成就。第五年，克莱斯勒2600万增发股票被一抢而光，其融资也达到了4.3亿美元，这在美国股票市场上前所未有。

艾柯卡的成功源于他强烈的责任感。只有以责任为原点，把自我责任纳入行动的每一个细节中，才能实现个人贡献，才能真正地解放自我，拥有自由。

善于沟通并了解他人

主动了解他人

我们处于一个沟通的时代，每个人都有自己的优势和工作风格。为了提高工作效率，我们必须主动和别人沟通，主动了解他人。德鲁克认为，道理总是浅显的，关键在于我们怎么去做。只有充分了解你的同事、你的客户，了解他们的行为方式、他们的需要，我们才能充分发挥自身能力。

松下幸之助非常善于与员工沟通，他经常以各种方式主动与员工交流。

松下幸之助经常问他的下属管理人员："说说看，你对这件事是怎么考虑的？要是你干的话，你会怎么办？"一些年轻的管理人员开始还不怎么说，但当他们发现董事长非常尊重自己、认真地倾听自己的讲话，而且常常拿笔记下自己的建议时，他们就开始认真发表自己的见解了。

此外，松下幸之助一有时间就要到工厂去转转，一方面便于发现问题，另一方面有利于听取一线工人的意见和建议。他认为后一点更为重要。当工人向他反映意见时，他总是认真倾听。不管对方有多啰唆，也不管自己有多忙，他总是认真地倾听，不住地点头，不时地对赞成的意见表示肯定。他总是说："不管谁的话，总有一两句是正确、可取的。"

在松下的头脑里，从没有"人微言轻"的观念。他认为，只有主动了解别人，认真地倾听哪怕是最底层员工的正确意见，才能真正管理好企业。松下公司无论管理层还是员工，都很尊重松下幸之助，并且能畅所欲言，这是松下公司成功的重要原因之一。

松下幸之助有句管理名言："企业管理过去是沟通，现在是沟通，未来还是沟通。"管理者主动了解别人，本身就是自我管理的一种方式。当我们的工作方式与别人的工作方式发生冲突时，我们更应该主动承担沟通中的责任。

沟通从责任开始

德鲁克认为，主动和别人沟通，是我们提高绩效的一种方式。沟通需要承担责任，每个人都要明确自己的责任，并且要能在沟通出现问题时主动承担责任。这不仅是一种责任心的表现，更是一种生活态度和操守。

杰克有一次因工作失误错发给一名请病假的员工全薪。当他发现自己的错误后，他立即通知那名员工，并解释说必须纠正这一错误，要在下个月发工资时减去这次多付的工资。那名员工说，如果这样的话，他下个月的生活就难以维持了。因此他请求分期扣除多领的薪水，但这样做必须经过总裁的批准。杰克知道，这样做会使总裁大为不满，但这都是自己的错误造成的，自己必须在总裁面前承认错误。

杰克走进总裁的办公室，如实向总裁作了汇报。总裁大发雷霆，说这应该是人事部的错误，但杰克解释是他的错误。总裁又责怪杰克办公室中的同事，但杰克坚持是他的错。最后，总裁惊喜地看着杰克说："我刚才故意考验你，好，既然是你的错误，就按你的方案解决吧！"

问题就这样解决了。

勇于承担责任，敢于面对失误，在任何时候都是一种美德。每个人在工作中都可能因为一些细节问题而出现沟通中的失误，我们只有面对失误，主动沟通，才能赢得别人的信任。

信任是沟通的基础

传统企业的结构是金字塔形，而当代企业的结构逐渐变为扁平形。企业结构的简化，使企业对沟通的需要大大增加。所以德鲁克说，组织存在的基础不再是权力，而是责任、信任，信任意味着大家可以相互依赖。人们只有相互了解才能彼此信任，只有彼此信任才能有效沟通，信任是沟通的基础。

论语中讲："人而无信，不知其可。"一个人一旦失去他人的信任，不但会增加沟通成本，而且会使对方对你的人品产生怀疑。

百事可乐总裁卡尔·威勒欧普有一次去科罗拉多大学演讲，有个名叫詹姆斯的商人通过演讲会的主办者约卡尔见面谈一谈，卡尔答应了。于是詹姆斯就在大学礼堂外面坐等。

卡尔兴致勃勃地为大学生们演讲，讲他的创业史，讲商业成功必须遵循的原则，不知不觉已经超过了与詹姆斯约定的见面时间。

正当卡尔继续兴致勃勃地演讲时，一个人从礼堂外推开门，径直朝台上走来，一言不发地放下一张名片后，转身离去。卡尔拿起名片一看，背面写着："您和詹姆斯在下午2点半有约在先。"卡尔才猛然想起。一边是需要他说服并且灌输百事可乐思想的大学生们，他们是企业发展的动力，而另一边只是一个名不见经传、向他请教的商人……结果卡尔毫不犹豫地对大学生们说："谢谢大家听我的演讲，本来我还想和大家继续探讨一些问题的，但我有一个约会，我不能失约，所以请大家原谅，并祝大家好运。"

在雷鸣般的掌声中，卡尔快步走出礼堂。他在外面找到了正在等他的詹姆斯，向对方致歉后，他告诉了詹姆斯想要知道的一切。结果原定的15分钟的交谈时间延长到了30分钟。

詹姆斯后来成为一名成功的商人。他把这一经历告诉别人，大家对卡尔的做法十分欣赏，并且由此钟爱百事可乐的产品。试想一下，如果卡尔放弃自己的承诺而使别人对他失去信任，那么结果必然既不利于沟通，也会大大影响公司的形象。

我们每个人都要在沟通中承担责任，我们必须信任企业中的每个人，也要信任我们的供货商、销售商乃至与我们沟通的每个人，只有在互动和信任中的沟通才是有效的。

把握自己的时间

成功学家卡耐基说过，只有善于把握时间的人才能走向成功。德鲁克根据他的观察和经验，认为讲效能的管理者非常注意管理自己的时间，因为时间是个人最重要也是最基础的资源。然而很多人并不认为浪费时间就是在增加成本。其实，关于时间的认识是最基本的，每个人的时间都是有限的且具有不可逆性。因此，我们能做的只能是珍惜时间，并使之产生最大的效能。

德鲁克认为，只有了解时间并善于管理时间的人，才是卓有成效的管理者。他认为要想做到有效管理时间，必须会计划时间、简化工作以及授权于人。

计划你的时间

一个成功者往往懂得计划时间。时间的价值非比寻常，它与我们的发展和成功关系非常密切。同样的工作时间，同样的工作量，为什么有时候我们总不能像别人那样在第一时间完成？计划时间就是要制订目标，使自己明白自己是如何利用时间的。

我们先看一个计划时间的案例。

1976 年冬天，19 岁的迈克尔在休斯敦大学主修计算机。他是一个音乐爱好者，同时也具有一副天生的好嗓子。对他来说，成为一个音乐家是他一生最大的目标。因此，只要有多余时间，他就把它用在音乐创作上。

不久，迈克尔又找了一个名叫凡内芮的年轻人来合作，凡内芮了解迈克尔对音乐的执着。然而，面对那遥远的音乐界及陌生的唱片市场，他们无计可施。

有一次闲聊，凡内芮突然从嘴里冒出了一句话："想象你五年后在做什么？"迈克尔还来不及回答，他又说："别急，你先仔细想想，完全想好，确定了再告诉我。"迈克尔想了想，开始说："第一，五年后，我希望自己能有一张唱片在市场上发行，而这张唱片很受大众欢迎；第二，五年后，我要能天天与一些世界一流的音乐家一起工作。"

凡内芮听完后说："好，既然你已经确定了，我们就把这个目标倒过来看。如果第五年，你有一张唱片在市场上，那么第四年，一定要跟一家唱片公司签约。那么第三年，一定要有一个完整的作品，可以拿给很多很多的唱片公司听，对不对？那么第二年，一定要有很棒的作品开始录音了。那么第一年，就一定要把你所有准备录音的作品全部编曲，排练好。那么第六个月，就是要把那些没有完成的作品修饰好，然后让你自己可以一一筛选。那么第一个月，就是要把目前这几首曲子完工。那么第一个礼拜，就是要先列出一个清单，排出哪些曲子需要修改，哪些需要完工。"

凡内芮一口气说完，停顿了一下，然后接着说："你看，一个完整的计划已经有了，现在你所要做的就是充分利用时间，并按照这个计划去认真地准备每一步，一项一项地去完成。这样到了第五年，你的目标就实现了。"

说来也怪，恰好在第五年，迈克尔的唱片开始在北美畅销起来，他一天24小时几乎全部都忙着与一些顶尖的音乐高手在一起工作。

这个故事给我们的启示是：制订详细的计划利用时间固然重要，但如何最大化地利用你的时间呢？运用逆向思维，将目标倒推，将你的时间完全置于目标中，你就会取得最大化绩效。你可曾想到，制订目标、给自己计划时间有多么重要。我们总是抱怨当今社会竞争激烈，然而，我们是否想到给自己的生活制订一个详尽的计划，并且不断地充分按照计划的要求去执行呢？我们把时间浪费在没有用的争吵、抱怨、牢骚中，唯一缺少的就是管理自己的时间，制订自己的计划。为什么别人可以在同样的时间内做出成就，我们却还在庸庸度日、碌碌无为呢？行动起来吧，给自己目标！

简化你的时间

很多人每天忙得不可开交，他们总是行色匆匆，总是有做不完的工作、开不完的会、吃不完的宴席。为什么会出现这种情况呢？德鲁克认为，很多人根本没分清楚哪些事情该做、哪些事情不必做、哪些事情纯粹是在浪费时间。所以，作为管理者，必须剔除那些浪费时间的事情，简化你的时间表，让自己做最有用、最有价值的事。

露茜发觉自己起床越来越早，睡觉越来越晚，只不过是为了应付日常生活所需。露茜是贤妻良母，也是称职的眼科医生，却老是感到时间不够。露茜于是和她的律师丈夫吉姆寻求简化生活之道。露茜说："我们必须先确定人生哪些事情最重要。"他们知道，应该多腾出点儿时间陪三岁的儿子玩耍，也要多做些运动，均衡饮食，多与朋友来往。夫妇二人决定从此过朴素的生活。

"我还是很勤快，不同的是现在我能完全支配自己的时间。"她说，"我现在可以腾出时间带孩子逛动物园，陪他打篮球。过去我因为精神紧张，常常头痛，现在头痛消失了。我们简化生活，抛弃了那些浪费时间的杂事，其实获益更多。"

要学会管理自己的时间，必须尽量少做浪费时间的事。我们每个人都要有简洁的生活，浪费精力的事情既损害我们的生命质量，也降低我们的工作效能。所以作为管理者，应该时刻警醒，明白什么事是我们应该做的，什么事只会浪费我们的精力，然后选择重要的事去完成。

学会授权于人

德鲁克认为，任何一个管理者都没有足够的时间完成他想完成的事情。所以，管理者应该学会如何授权让别人去完成一些事情。管理者没必要事必躬亲，尽量减少管理、放手让别人干，才是明智之举。然而，很多管理者并不明白授权给别人是多么重要的事。

有一家公司的某部门经理，工作认真负责。上司很赏识他，提拔他做一个 14 人小组的主管。可他上任才两个星期，大家便发现：这位经理每天都好像很累的样子，总是眉头紧锁。他的上司决定要好好问一问是怎么回事。

经过约谈三四位员工及其他与他一起合作的主管后，精明的上司终于发现了问题的症结。因为这位经理做事很负责，所以大部分重要工作他都一手包办。就算剩下的"残羹"分给手下去做，他也要全程过问，大小细节都在他的严格控管之下。最后的结果是他的下属都在"游手好闲"，而他自己却疲于奔命。

事必躬亲者凡事不假外求，他们总是担心别人做不好工作，结果却只会使自己忙乱不堪、疲惫不已。其实，管理者只要注重重点，然后汇集群力共同完成工作中的细节问题就可以了。

管理者通过授权，既节约了自己的时间，大大改善了自我效能，也能让下属找到工作的自信。可见，善于自我管理者必是善于授权之人。

在授权时，管理者应彻底对下属授予实权，从而增加领导人员的可控制时间。但你还必须认识到，即使授权给下级，自己仍然负有责任。

国内的很多管理者还没有意识到节约时间的意义。你要静下心来反思：我有多少时间消磨在觥筹交错中？有多少时间耗费在毫无意义的闲谈中？有多少时间耗费在自己并不擅长的杂事中？当你有这些困惑时，你就该思考：管理的目的是为了少管理，因而授权于人，这样，管理的效率和质量才会迅速提高。管理者既不是神仙也不是超人，他的精力和能力都是有限的。因而，管理者只能想大局、议大事，而不必事无巨细，，事必躬亲，更不必大权独揽。放手让你的下属去干吧！

第四章
决策管理
——从源头上做好正确的事情

　　管理学家西蒙说：管理就是决策。德鲁克从不同的侧面论述了应如何进行有效决策。他认为，决策是管理者特有的任务，真正的决策者一定会在决策时避免混乱，他们不会同时进行多种决策，而会将精力集中到重大决策上来。决策很重要，但更重要的是进行有效决策。任何决策都必然涉及利益诉求，而任何利益诉求背后都隐含着价值诉求。决策必然会遇到妥协，妥协是决策的常态。决策者必须要作必要的决策。

为什么而决策

决策的重要性

　　诺贝尔奖得主赫伯特·西蒙认为：管理就是决策。任何一个层面上的经理人每天都要参与制订和执行关系到企业生死存亡的各类决策，决策是管理活动中最关键的一环。我国古代兵法上说："用兵之妙，惟乎一念。"

决策者能否把握这关键的"一念"呢？这就需要决策者认识决策、研究决策、整合决策、有效决策。

一个优秀的决策者，可以从一闪的灵光开辟一个崭新的市场，可以从一个绝妙的主意开创一份事业，可以从一个微妙的细节救活一个企业，可以从一次握手聚拢一批人才。决策伴随着企业家和经理人管理生涯的始终。无论是在企业发展的哪一阶段，决策者都必须明确自己想要达到的目标及实现的可能，都必须审慎地认识到决策的有效性及可操作性。当企业高歌猛进、一路狂飙时，决策者应该冷静地思索可能出现的危机，而不是妄自尊大地冒进；当企业低迷困窘、阻滞不前时，决策者应该理性地认识现实和市场，而不是盲目地撤退；当企业面临转型、犹疑不决时，决策者更应该全面地权衡得失，不图一时之利，而谋长远发展。决策无处不在，决策成则企业荣，决策败则企业亡。

由此可见，决策关乎企业的生死存亡，决策系于市场的风险变幻，决策决定了企业是前进还是撤退。决策的艰难转折，往往就是企业的痛苦转型。决策者没有理由不重视决策，没有理由不为企业选择最有利的、最具执行力的行动方案。

德鲁克认为，决策是管理者特有的任务，决策需要注意五方面的问题：

（1）必须明确所要解决问题的性质。有些问题属于常规问题，有些问题则是偶发问题。决策者常犯的错误在于，把常规问题当作一连串的偶发问题，或者是把一个新的常规问题当作是偶发问题。决策者必须根据情况变化敏锐地把握市场，真正搞清楚你所面临的是什么性质的问题。

（2）要明确所要解决问题的"边界条件"。即决策的目标是什么？决策想达到什么样的目的？达到这个目的需要哪些基本的条件？市场的变化能不能实现这些条件？企业自身的状况能不能解决所面临的问题？

（3）弄清解决问题有哪些方案。这些方案需要具备什么样的条件？如果要实现自己的方案，可能遇到哪些阻力？应该做出哪些必要的妥协？要怎样沟通才能达成共识？

（4）有效的决策必须能够执行和操作。

（5）在执行决策过程中，还应该重视反馈，以便印证决策的正确性和有效性。

确定决策目标

卓有成效的决策者都能弄明白所要解决问题的性质，对于更多的决策者而言，决策是为了什么则更具有启发价值。很多人认为决策就是为了赚钱，这似乎并没有问题，然而这种意识最容易产生投机行为，即什么赚钱干什么。在一个市场发育完整、经济活动相对理性的环境中，这种行为会被彻底地挫败。中国当代的企业家和经理人必须明白，我们已经告别了短缺经济时代，任何一个市场都存在很大的风险，谨慎决策至关重要。

由于市场同质化、产品趋同化越来越明显，决策者面对未来，会充满各种各样的迷惑，决策者必须对市场的不确定性做出回应。这就要求决策者明确决策的目的，明确了目的就明确了决策需要实现什么、需要满足什么。

万科集团是国内房地产界的翘楚，其发展过程中的迅速转型为我们提供了明确决策目的的绝佳案例。

1984年，王石在深圳创建了万科公司。面对政策松绑的巨大市场空间，万科抓住机会，多元化发展，迅速取得了成功。公司创办后的前7年，万科的业务涉及进出口、零售、投资、房地产、影视文化、广告、饮料、印刷、电气工程等13类，可谓什么行业赚钱就做什么产品。这时候的万科坚持"做加法"。

1992年，中国开放房地产业。万科公司认为这是公司发展的大好机遇。于是，王石亲自带人到某房地产热点城市考察。当时该市的房地产市场正在热炒地皮。由于万科公司在房地产业已运作了几年，在全国也有一定的名气，市领导便很重视。该市市长说："市区的地已被圈得差不多了，你们要的话，还可以给一点，但都不大。这样吧，市区外围有一片40平方千米的土地，地价可以象征性地付一点，就算送给你们。"王石大喜过望，回到深圳后，到处扬言说万科要干大事业了。好在王石没有马上投资，否则今天的万科也许是另一番景象了。王石请了两位专家：一位是香港的投资分析专家，一位是新加坡的城市规划师，到该市给市领导讲课，意思是看怎么建设这 40 平方千米的土地。专家讲：1 平方千米的土地，七通一平需要 3 个亿，40 平方千米共需要 120 亿。按照投入产出的规律，投入 1 个亿，产出 1.3 个亿，才能成为有效投资，使其投入不会闲置。按 1：1.3 的比例，120 亿就要有 156 亿的国民生产总值。当时，该市 1 年的国民生产总值才 15 个亿。也就是说，万科要以当时年营业额不过三四个亿的力量，在这里造出 10 个城市来。领导们越听越出神，而王石却越听越坐不住了。课一讲完，他便逃似的回到了深圳，从此再也不提 40 平方千米的事了。

通过这件事，王石便开始反省：身为决策人，对这么一件天方夜谭的事情，居然没有看出它的荒谬性，而当时类似于这样以平方千米为单位的开发计划，又何止这一起？

王石意识到，必须明确万科公司的发展方向，并以此明确决策目的。没有论证的盲目投资，会给万科公司带来灭顶之灾。

于是，在 1993 年以后，万科公司开始全面收缩业务，并且其力度之大为企业改造所罕见，在当时的决策者看来也不可思议。首先，在涉足的多个领域中，万科公司提出以房地产为主业，从而改变过去摊子铺得过大而主业不突出的现象。其次，在房地产经营的品种上，万科提出以中档城市民居为主，从而改变过去的公寓、别墅、商场、写字楼什么都干的做法。再次，在房地产投资地域上，万科提出回师深圳，由全国 13 个城市转为重点经营北京、天津、上海、深圳 4 个城市。最后，在股权上，万科公司对持有的全国 30 多家公司的股票开始转让。

王石通过反思企业的发展方向而敏锐地认识到明确决策目的的重要性，并以此为根据，使万科公司改变了多元发展、尾大不掉的局面，从而摆脱了中国民营企业发展初期普遍存在的"短视导致短命"的悲剧宿命。

作为企业家，如果是不懂技术、不了解创新产品性质和特点的非专业人士，往往以短期投机为目的，他们总是想赚一把就走，结果导致决策的随意和混乱。他们所造成的一幕幕巨人崛起和陨落的悲喜剧，值得决策者警惕和反思。如果公司要成为一个有竞争力的长寿公司，就不能仅仅依靠决策者的个人判断，而需要建立一种决策优化的机制。因为一个不懂得有效决策的决策者，就不是一个卓有成效的企业家。

决策应避免混乱

决策是管理生活中的一个重要组成部分。决策者即为负责作判断之人，他们通常要在两个以上的选择中，做出关键性的判断。德鲁克认为，真正的决策者一定会在决策时避免混乱，他们不会同时进行多种决策，而只会将精力集中在重大决策上来。同时进行多种决策，会影响到对重要决策的思考深度及对其目的的深入把握。混乱的决策、不加选择的决策、快速的决策都是值得怀疑的决策，因为这些决策都没有深入分析市场信息，从而陷入"决策陷阱"。

决策必须避免混乱，因为对于决策者而言，不能将眼光仅仅放在简单解决问题的层面上。倘若如此，那么决策者将陷入无穷的具体问题中而无法自拔。混乱的决策往往会造成决策力量的分散，使管理者忽视重要的战略决策。决策者应该摆脱"决策陷阱"，摆脱决策中的混乱局面。不要迷信直觉，而是应该冷静地分析现实、面对现实。决策者需要明白，自己不是消防队长，哪儿有火就要奔到哪儿，自己的职责就是防止火灾发生，预防才是决策，而行动仅仅是在执行决策。如果决策者不能冷静下来分析决策的前提和现实的话，那么就谈不上决策的有效性。

为了避免决策混乱，决策者首先应该对决策进行分类。要按照优先原则，确定哪些是必须解决的战略决策，哪些是一般性的决策。决策者要高屋建瓴地理解企业发展所处的阶段，明确未来市场的需要以及目前企业自身所具备的条件，然后全面权衡利弊，从而理性做出决断。

其次，还必须防止决策中的随意性，要尽量制订决策计划，既不能轻易决策，也不能轻易改变决策。企业的生存与发展，决策是主要因素，有时甚至是决定性因素。同样的企业，同样的条件，因为决策者决策风格不同，企业的经营情况就会出现明显的差异。巨人集团的陨落充分说明了这一论断。

巨人集团创始人史玉柱，有着传奇般的创业历史。通过广告策划，史玉柱用他的 4000 元钱迅速打开市场，并获得了第一桶金。不久，史玉柱在珠海成立巨人高科技集团公司。巨人公司一开始就在电脑业运作，他们当时开发的汉卡比联想汉卡还畅销。随着巨人的迅速崛起，巨人集团广泛涉足其他领域。

1992 年，巨人集团在国内电脑业所向披靡、占尽风光，同时开始实施多元化发展战略，先后涉足金融、房地产、保健品、医药行业。1993 年，在全国房地产热的高潮中，巨人集团斥资上马巨人大厦项目。起初，史玉柱是打算盖一幢 18 层的自用办公楼。但是在房地产业中大展宏图的欲望使史玉柱一改初衷，设计一再改变，楼层节节拔高，由原来的 18 层增至 38 层。后来，当地政府的一些领导建议巨人集团为珠海建一座标志性大厦。因此，巨人大厦又由原来的 38 层改为 54 层、64 层，最后决定盖个 70 层的大厦，预算也因此从 2 亿元增至 12 亿元。这个项目方案的一改再改完全由史玉柱一人决定，决策的合理性暂且不论，决策计划随个人意愿而不断改变，导致决策盲目本身就是一大隐忧。这种决策的混乱局面，充分反映出中国民营企业决策机制的严重缺陷：没有明确的决策目标，决策者个人的喜好和素质直接决定着企业的兴衰存亡。在巨人集团的股权结构中，90%的股权由史玉柱个人持有，他不仅拥有所有权也拥有经营权。显然，这种股权结构使决策者权力过大了。因此，中国民营企业的脆弱性就体现在企业的一切问题由老板决定，在关键时刻，老板的一个决策就可能使企业陷入危如累卵的境地。

巨人大厦的开发是一个个人混乱决策的典型之作，单凭巨人集团的实力，根本无法承接这项浩大的工程。然而令人瞠目结舌的是，巨人大厦从 1994 年 2 月动工到 1996 年 7 月，史玉柱竟未申请过一分钱银行贷款，全凭自有资金和卖"楼花"的钱支撑。后来，由于资金不足，巨人大厦未能如期完工，已买"楼花"的人要求退款并赔偿，巨人集团无力赔偿，这直接导致了巨人财务危机的爆发。

进入生物工程领域是史玉柱的第二败笔。对巨人集团来说，生物工程是一个完全陌生的领域。由于不了解该市场的消费者特性，尤其不熟悉这一新领域的资金运作和营销策略，巨人集团越陷越深。尽管 1994 年至 1996 年，巨人集团在保健品方面异军突起，但其整个生物工程却出现全面亏损，债权债务相抵净亏 5000 万元。生物工程业务萎缩的重要原因还包括受巨人大厦的拖累。在决定进入房地产和生物工程领域之前，史玉柱曾设想了一个绝妙的财务运作机制：先用开发巨人大厦卖"楼花"的钱投入生物工程，再用生物工程产生的利润反过来支持巨人大厦。然而，该计划在实际运作中出现了偏差。由于巨人大厦预算的不断攀升，史玉柱不能为生物工程注资，反而不断从生物工程中抽资去支撑巨人大厦。结果巨人大厦一蹶不振，生物工程也白白葬送。

史玉柱的决策混乱，终于导致巨人集团轰然倒地。其决策过程中的问题值得所有企业家反思。一方面，决策者对决策目的不明确，并且没有区别重要决策和一般决策，以至于决策的科学性和可行性缺少论证；另一方面，决策者的主观因素导致其随意更改决策方案，狂热的赚钱热情替代了冷静的思考，使决策盲目而混乱。

相似的问题在太阳神集团发展的历程中也出现过。

太阳神集团成立于 1988 年。1990 年，太阳神的销售额达到 2.4 亿元，太阳神引入了当时颇为先进的 CIS（企业形象识别系统）战略。大规模的广告和品牌推广，在一定程度上催熟了当时还很弱小的中国广告产业。1992 年，太阳神红遍大江南北，成为中国保健饮品行业的一面旗帜，市场份额占到 63%。

1993 年，国家宏观经济出现过热局面。太阳神集团接连上马了包括房地产、石油、边贸、酒店业、化妆品、电脑等在内的 20 多个项目，在全国各地进行大规模的收购和投资活动。短短 2 年间，太阳神投入到这些项目中的资金高达 3.4 亿元。由于盲目乐观地估计了经济形势，决策者又没有意识到市场风险,这些投资全部有去无回。

1994年,太阳神产值跌至10亿元,到1997年只有2亿多元。但是,太阳神集团仍然在1998年投资经营太阳神足球俱乐部,结果3年又赔了4000多万元,致使公司的财政状况迅速恶化,入不敷出。伴随着太阳神的盲目决策,其多元化之路也逐渐终结。

2002年,太阳神的股票以每股0.072港元的超低价格出售给香港曼盛生物科技有限公司。一度辉煌的民营企业,面对剧变的市场环境不能准确定位,决策者又不能认真反思决策中的问题,其失败不言而喻。

其实,鸡蛋放在一个篮子里未必就正确。但是,如果决策者仅仅奢望得到更多鸡蛋、更多的篮子,而不仔细反思应该怎样将鸡蛋放到篮子里去这样基本的决策问题,那么失败就是其注定的命运。

管理就是决策,决策就要谨慎,而且要慎之又慎。大多数民营企业家都将企业视为个人的成就,习惯个人决策,因此格外重视对企业决策权的控制。但企业要做大、做强、做久,就一定需要建立集体决策的机制来规避个人错误决策的风险,同时也避免决策混乱所带来的严重后果,因为企业家个人的能力和视角总是有限的。面对决策中的混乱局面,中国的决策者们,你们想到了什么?

有效决策的基本要求

管理学界有一个有名的寓言故事。

某地的一群老鼠,深为附近一只凶狠无比、善于捕鼠的猫所苦。这一天,老鼠们群聚一堂,讨论如何解决这个心腹大患。老鼠们颇有自知之明,并没有猎杀猫儿的雄心壮志,只不过想探知此猫的行踪,以便早作防范。有只老鼠的提议引来满场的叫好声,说来也无甚高论,它建议在猫儿身上挂个铃铛。如此一来,当此猫接近时,老鼠们就能预先作好逃遁的准备。

在一片叫好声中,有只不识时务的老鼠突然问道:"那么,谁来挂铃铛?"

很显然，老鼠们的建议非常有"创意"。然而，谁见过老鼠给猫脖子上挂铃铛呢？这个寓言告诉决策者，决策很重要，但更重要的是进行有效决策。有效的决策就是便于执行、能够操作的决策。德鲁克认为，尽管决策本身是决策者高度个人化的理性认识，但是决策必须被落实，必须得到执行，否则决策就没有任何价值。有效决策最基本的要求就是尽可能地贴近执行层面，尽可能地简便且容易操作。道理很简单：最复杂的理念，总是需要落实在简单的行动上。

然而，很多决策者却是理念多于行动，想法高于现实。很多决策者忙于营销策划，忙于造势宣传，忙于传播新思维，却不能真正贴近企业的现实，不能贴近市场的真实。这样的决策和老鼠给猫脖子上挂铃铛一样"浪漫"得幼稚。

我们来看一个案例：

爱多公司是中国早年经销 VCD 的一个著名公司，在成功突施其"阳光行动 A 计划"后，由于盲目依赖营销，其继续推出了 B 计划。但这一决策几乎使爱多公司陷入绝境。

"阳光行动 B 计划"是一个具有超前思维的策划案例。爱多公司充分运用了各种营销手段，为消费者提供更加全面系统的服务。其核心内容是增值服务，通过"阳光行动 B 计划"，使消费者购买爱多产品的一次性消费支出转化为一种消费投资，并通过强化"我们一直在努力"的信念来构筑企业与消费者的利益共同体，从而使爱多公司由产品经营转向包含服务经营在内的经营模式。

"阳光行动 B 计划"的增值服务方案有三方面内容：

（1）立即实现的增值。自 1997 年 11 月 1 日起，爱多公司以更有竞争力的价格为消费者提供更好的产品，全面调低价格，最高降幅达 500 元。

（2）即将实现的增值。爱多公司将建立"爱多阳光服务网络"，自1998 年起，陆续向广大爱多 VCD 产品用户推出三大系列服务工程，即：

①"千店工程"。1998 年爱多公司在全国组织上千家影音制品商店为"爱多阳光服务网"用户提供优惠打折服务，节省爱多用户在购买软件

时的支出。

②"金蝶工程"。爱多VCD的用户可以时刻把握世界影音的动态，获得更加超值的享受。

③"宝典工程"。"爱多阳光服务网"的用户每两个月会得到一份爱多公司赠送的精美影视资料。

（3）持续不断的增值。爱多人本着"我们一直在努力"的执着信念，还将持续不断地创造服务契机，为爱多用户提供更多的实惠和尊荣。

爱多公司认为，"阳光行动B计划"将逐步改变"消费就是支出"的传统观念，实现由消费支出到消费投资的转变，并得到持续增值。在这一经营模式下，将使消费者获得更多、更长远的实惠，爱多公司因此也将变得更具竞争力。

当你看完爱多公司的经营策划方案后，你或许会欣赏其理念的超前性，这个理念的中心就是使消费者将消费活动转变为一种投资活动。然而最大的问题也正在于此，这个策划方案的各个环节大多无法实现，所以在实际操作层面出现了严重阻隔。结果，一方面是爱多公司的"浪漫"承诺，另一方面是消费者的抱怨。这种看上去很美的计划由于缺乏操作层面的支撑，造成爱多公司的信誉透支，最终致其经营陷入困境。

有效的决策应该是也必须是可以执行的决策，如果不能贴近执行层面，这个决策就无效。广东爱多公司的教训应该引起决策者的重视。

无独有偶，可口可乐公司也曾经遇到类似的问题。

几年前，可口可乐公司就预期到中国市场会出现一股果汁饮料的热潮，并在饮料厂商中率先推出果汁饮料品牌"天与地"。但令可口可乐公司沮丧的是，中国消费者对"天与地"果汁饮料并不买账，其产品销量一直处于低迷状态。

其实可口可乐公司失败的原因很简单：由于没有仔细研究消费者的需求，以至于在错误的时机推出了正确的产品。

当初，由于"天与地"销售量低迷，可口可乐加大投入，拼命推广。但问题的关键在于，消费者不是对"天与地"不感兴趣，而是对果汁饮料不感兴趣。因此，大量的投入反而引发新一轮的恶性循环。最终，"天与地"遭受了重创，可口可乐公司不得不放弃该品牌。

可口可乐公司的决策从另一个层面向我们表明：有效的决策并不意味着可以立即实施。即使你已经明确某个市场在将来必定有很强的爆发力，但是这并不能说明这个市场现在就能够操作。消费者的喜好、市场的变化是影响执行层面的关键因素。决策必须全面考察市场，必须关注哪些因素影响到决策的执行，必须认真核对信息的真实性。

决策必须能够执行。即使最优秀的理念，没有实践的支持，也必然如同雨后的彩虹一样，尽管美丽，却很遥远！决策必须能够立即执行，因为我们虽然不能拿未来赌现在，却能用可把握的今天去逼近充满希望的明天！

重视别人的意见

决策者需要了解不同的信息，需要对企业经营中的不同情况进行有效判断，但是任何决策者都不可能掌握全部的信息和资源，所以决策者必须重视别人的意见。尽管某些意见不能被采纳，但至少可以作为决策的参考。即使是那些反对的意见，也可以提醒决策者需要规避决策中的风险。

因而德鲁克认为，卓有成效的决策者总是很重视不同的意见。这样做，一方面可以防止决策变成"片面的深刻"，即决策者尽管看到了市场发展的方向，但未必能实现决策目标；另一方面，重视不同的意见，可以使决策者处于一种主动的地位，一旦某些决策被证明有缺陷，决策者不至于盲目应对。也就是说，重要的不是决策者怎么做，而是引导别人怎么做。

决策者重视别人的意见，还必须使自己在决策中处于主动地位，这就要求领导者必须引导员工参与到决策中来。同样的问题有没有员工参与会使决策执行的效果截然不同。

索罗门是一家公司的部门主管。最近部门业绩下滑，他和下属的沟通也出现了问题。索罗门决定赋予办公室一个新面貌，改变部门的气氛。虽然索罗门对办公室的新摆设的构思感到兴奋，但他决定先保守秘密，以便给大家一个惊喜。

周末，索罗门花了很长时间改变了办公室的陈设，每张桌子和椅子都移动了位置，每个文件柜和盆景都挪了一遍。他对自己的表现十分满意，以为只需要等到星期一聆听下属们的赞美就可以了。

周一早晨，索罗门刻意提早到办公室看看大家的反应。但他很失望：第一个到办公室的人一言不发，陆续到达的其他人也概莫能外。索罗门非但没有得到一句赞美之辞，反而备受埋怨。他费了九牛二虎之力企图说服下属，新的办公环境会使大家更有活力，但他的努力毫无意义。下属们抱怨了一周，办公室并没有焕发活力。

到了周五，索罗门召集下属开会，承诺在周一早上一切都会恢复原样。

于是索罗门又花了一个周末的时间物归原位，大家似乎对这种结局都感到满意。但索罗门始终耿耿于怀，他觉得必须要做一些改变，于是他向下属们不厌其烦地解释。

中午，几名下属走进索罗门的办公室说："我们已经讨论过了，您说得有道理。改变工作环境可能会给我们带来新鲜的气息，并提升大家的积极性和工作效率。"索罗门建议让所有的员工共同设计办公室的陈设方式。当天下午，下属们就把新的办公室配置图画好了。

在接下来的一周中，大家忙着安排办公室的空间。周五的时候，大家达成共识，每个人似乎都很兴奋。周末的时候下属们都过来了，大家帮忙搬东西，一起调整办公室的陈设，忙得不亦乐乎。

周一，布置得焕然一新的办公室受到大家的肯定。办公室的新面貌似乎真的为该部门注入了一股新气息，每个人都显得精神抖擞、士气高昂。

除了一两个桌子之外，下属们决定的配置图和索罗门在几个礼拜前自己决定的差不多。但两者受到的待遇如此大相径庭，实在耐人寻味。

索罗门为了提高部门业绩，只想做一点小小的变动，然而前后两次的结果却迥然不同。原因很简单，他的决策方式前后有别。当他一厢情愿地试图改变时，吃了闭门羹，因为下属在决策过程中是被动的；当他让下属参与决策时，却意外地达到了目的。这就说明，决策者的任何决策都需要一种决策艺术。决策者必须要重视别人的意见，必须善于把自己的决策通过员工参与的方式体现出来，因为所有的人都愿意当主人，而不想做奴仆。通过这样的方式，决策者处于决策的主动地位，并能积极地引导员工参与决策，以提高绩效。

决策者明白了决策不是一个人的事，还必须明确为什么决策不是一个人的事。古人云："兼听则明，偏听则暗。"决策者要主动听取下属的意见，这样才能全面、客观地了解事物，做出正确的决策。从管理角度来说，决策者全面听取各方意见，尤其是听取下属的反面意见，可以团结有不同意见的下属，也能赢得下属的尊重和信任，提高组织的凝聚力。对于有能力的下属而言，领导乐于听取不同意见会提高他们的工作绩效。因为他们有自己的纳谏之门，就会更积极、更大胆地献计献策，会更勇敢地纠正领导的过错，更自觉地提出改进工作的建议。

反之，如果领导一听到反面意见就心存不悦，甚至对献策者假以辞色乃至打击报复，不接受部下的建议或批评，势必会失去下属的信赖和拥戴。

秦始皇执掌大权后，除掉了原来垄断朝政的吕不韦，并将吕氏门下的3000多名门客全部驱逐出境。紧接着，他又下了一道命令：凡是从别的国家来秦国的人都不准居住在咸阳，在秦国做官任职的别国人，一律就地免职，三天之内离境。他这样做，主要有以下几方面的原因：一是担心从别国来秦的人太多、太复杂，会对秦国有所损害；二是认为自己英明无双，有能力治理好秦国，不需要其他国家所谓的人才；三是某些大臣为了排挤别国来做官的人，进谏秦始皇，劝其驱逐别国人，以争权夺利。

驱逐人才是历代君主的大忌，秦始皇草率做出如此决定，势必引起一些有见识的大臣的不满。李斯是当时朝中的客卿，来自楚国，也在被逐之列。他认为秦始皇此举实在是亡国的做法，因此上书进言，详陈利弊。他说：从前秦穆公实行开明政策，广纳天下贤才，从西边戎族请来了由余，从东边宛地请来了百里奚，让他们为秦的大业出谋划策；而当时秦国的重臣蹇叔来自宋国，邳豹和公孙枝则来自晋国。这些人都来自于异地，都为秦国的强大做出了巨大贡献，收复了20多个小国，而秦穆公并未因他们是异地人而拒之门外。

李斯又举出大量历代有作为的王广招贤才、多方纳谏的事例，并直言指出，秦始皇的逐客令实在是荒唐之极。把各方贤能的人都赶出秦国就是为自己的敌国推荐人才，帮助他们扩张实力，而自己的实力却被削弱。这样不仅统一中国无望，就连保住秦国不亡也是一件难事。

这一系列的肺腑之言虽然尖锐刻薄，但都是逆耳忠言，秦始皇如醍醐灌顶，恍然大悟。他意识到自己是由于听了某些狭隘大臣的愚见，更是出于自己的骄横，做出了这样错误的决定。自己如此的不明事理，哪里还能得到其他贤能之士的辅佐呢？于是秦始皇立刻传令四方，告知众人，秦王收回了逐客令，挽留各方的人才；同时派人请回李斯，为其复职，当面谢罪，同他共同商讨统一六国的大业，并决定此后要广招各方志士，争取他们为秦国的强大做出贡献，为自己效力。

正因为秦始皇听取了李斯的建议，所以不仅留住了原有人才，而且吸引了其他国家的人才来投奔秦国。秦国的实力逐渐增强，为实现统一奠定了雄厚的物质基础。李斯见秦始皇善于纳谏，知错即改，实为明君，值得辅佐，也献计献策，为他统一天下而效力。这样，秦国君臣上下同欲，一心一意发愤图强。10年之后，中国历史上第一个中央集权制的封建国家终于形成。

古往今来，成功的决策者都非常重视听取下属的意见。尤其在现代企业管理界，这种现象更为常见。卓有成效的决策者应该认真听取员工的建议和看法，积极采纳员工提出的合理化建议。员工参与管理会使工作计划和目标更加趋于合理，并且还会增强他们工作的积极性，提高工作效率。

1880年，柯达公司创始人乔治·伊士曼首先研究成功一种新的感光乳剂。这一发明引起人们的重视，他的研究开始得到别人的赞助。经过六年时间，他终于研制出卷式感光胶卷，即伊士曼胶卷。新型感光胶卷的出现结束了用湿漉漉的、笨重易碎的玻璃片做底片的历史。又过了两年，他又研究出手提式小型照相机，这种照相机被命名为"柯达一号"。摄影爱好者从此结束了用马车装载照相器材的日子。

伊士曼的一系列发明，为他赢得了可观的财富。这时，他成立了伊士曼－柯达公司，专门生产照相器材。

为了改善公司的经营管理，伊士曼很重视听取员工的意见。他认为公司的许多设想和问题都可以从员工的意见中得到反馈或解答。为了收集员工的意见，他设立了建议箱，这在美国企业界是一项创举。公司里任何人，不管是白领还是蓝领，都可以把自己对公司某一环节或全面的战略性的改进意见写下来，投入建议箱。公司指定专职的经理负责处理这些建议。被采纳的建议如果可以替公司省钱，公司将提取头两年节省金额的 15% 作为奖金；如果可以引发一种新产品上市，奖金是第一年销售额的 3%；即使未被采纳，建议者也会收到公司的书面解释函。除此之外，这些建议还都被记入本人的考核表格，作为提升的依据之一。

柯达公司的建议箱制度从 1898 年开始实施，一直沿用到现在。第一个给公司提建议的是一个普通工人，他的建议是软片室应经常有人负责擦洗玻璃。他的这一建议得奖 20 美元。设立建议箱 100 多年来，公司共采纳员工所提的 70 多万个建议，付出奖金达 2000 万美元。这些建议减少了大量耗财、费力的文牍工作，更新了庞大的设备，并且堵塞了无数工作漏洞。例如，公司原来打算耗资 50 万美元兴建包括一座大楼在内的设施来改进装置机的安全操作系统，可是，工人贝金汉提出一项建议，不用兴建大楼，只需花 5000 美元就可以办到。这建议后来被采纳，贝金汉为此获得 50000 美元的奖金。

进入 20 世纪 80 年代以后，柯达公司的员工向公司提建议更为积极。1983、1984 两年有 1/3 以上的员工提过建议。公司由于采纳员工建议而节省了 1850 万美元的资金，为提建议的员工付出了 370 万美元的奖金。柯达公司设立建议箱所取得的成果，吸引了美国不少企业。目前，相当多的企业已仿效柯达设立建议箱来吸收员工意见、改善经营管理。

决策者必须多利用别人的智慧来减少决策中的风险，降低成本，提高企业的整体绩效。决策者必须客观、冷静地分析问题，必须考虑别人的意见。启蒙运动的干将伏尔泰曾说过："虽然我不同意你的观点，但我誓死捍卫你说话的权利。"即使别人的意见是错误的，决策者也应该给他们表达意见的机会。这既是对别人的尊重，也能使决策更科学和实际。

坚持是非标准

决策必然需要和别人沟通，必然要落实到执行中去。一项决策获得成功，需要团队合作和支持，但是这并不意味着你要盲目从众。孔子说："众恶之，必察焉；众好之，必察焉。"（《卫灵公》）意即要坚持是非标准，而不可简单、盲目地从众。任何领导者都明白一个道理：群众的眼睛未必是雪亮的。经常的情况是，群众往往看不到长远利益而缺乏必要的战略眼光，所以决策者要重视别人的意见，更要有自己的主见。

决策就是做正确的事，所以决策必须坚持是非标准。坚持是非标准就是要坚持你的价值观，也就是说决策必须坚持做正确的事情。

下面这个故事告诉了我们坚持做正确的事情的重要性。

某一年冬天，美国发生了一起严重的矿难事故。一位神父在寒风中带领家属在矿井边祈祷。美国CBS电视台记者看到后想立即抓拍，但其照相机电池没电了。等电池换好后，这位记者恳请牧师："你再祈祷一次吧！我会请他们再唱一遍圣歌，全美国都会听到你的声音，都会感受到上帝的伟大。"

"问题是我已经祈祷过了呀，孩子。"神父说。

记者觉得他有点迂腐，于是重复道："我是CBS的电视记者，今晚CBS联播的200多个电视台会把你的声音传遍全美国。全国的观众都会聆听你的祈祷，与你一起乞求上帝拯救这些受难的矿工。"

"我知道，孩子，但我已经祈祷过了。对上帝的誓言，绝不可以再来一次。"

是啊，"对上帝的誓言，绝不可以再来一次"。我们的决策可以失败，但是我们不能丧失原则，不能放弃自己的价值观，更不能没有是非标准。决策一旦失去了道德准则的检验，就会变成利益的游戏。而只在意利益的企业，永远不可能基业长青。

任何决策都必然涉及利益诉求，而任何利益诉求背后都隐含着价值诉求。决策者必须站在企业的角度思考决策，而企业的目的是为了服务顾客，为社会提供有价值的产品。决策者任何一项决策，都必须接受企业价值观的检验。国内很多企业从创始到发展壮大不过 20 多年时间，企业文化和价值理念都在不断地完善中。作为决策者和管理者，就是要通过决策向企业内部以及社会传达企业的理念和价值观。任何一个失去原则的决策，都可能伤害企业的价值观。

下面这个故事，我们可以把它作为一个寓言。

美国曾做过一次人如何成功的调查，调查对象是 50 名公认的成功人士和 50 名在押的犯人。调查内容之一是：记忆里对自己影响最大的一件事是什么。有两个人的答案引起了调查者的重视，一名进入白宫的成功人士和一名重犯所填的竟然是同一件事：分苹果！

那名重犯写道，小时候，有一次看到妈妈端着一盘苹果走进来，他特别想要那个最大最红的苹果，但没敢说出口。结果弟弟抢先叫起来："我要最上面那个！"这时妈妈就弯下腰对弟弟说："做人应该谦虚一点……"为了迎合妈妈，他说："那我要最小的那个……"妈妈马上对弟弟说："你看你哥哥多好啊！你应该向他学习！"接着，妈妈就把那个大苹果奖给了他。这时，他开始明白："原来说谎能够带来利益！"

而那名白宫官员回忆道，小时候，有一次看见妈妈端着一盘苹果走来，他们几个兄弟姐妹都伸着手嚷嚷着要上面最大最红的那个苹果。妈妈就对他们说："你们都想要最大的，可最大的只有一个。这样吧，你们看咱们家院里有一块草坪，我把它分成三块。你们一人一块，最后谁把草坪修剪得最快最好，我就把这个最大的苹果奖给他！"结果那次，他得了第一。从此，他就意识到："原来勤奋就能换来利益！"

这个故事我们可以从不同的角度去理解。我们把分苹果理解为决策，那么故事中的母亲就是决策者，孩子都是决策者的下属。同样是分苹果，决策者的价值理念不同，对孩子的影响截然相反。这就告诫决策者，千万不要忽略决策过程中的价值问题：你的决策在向下属传达什么样的信息？是鼓励他们说谎还是激励他们努力争取利益呢？

所以，决策过程中必然包含是非标准，决策者用什么样的方式呈现其价值标准，就会对企业的发展形成什么样的影响。中国文化传统就很重视处理利和义的关系，"君子爱财，取之有道"，这里的"道"，就是决策中的是非标准。

李嘉诚是典型的儒商，其从商的价值理念和决策中的独特思维方式，可谓是中国文化在现代商人身上最有力的体现。

有一次，一名清洁工在扫李嘉诚的办公室时，不小心将一只非常昂贵的唐三彩打碎了，现场的秘书气得暴跳如雷，这名清洁工更是吓得体如筛糠。李嘉诚却没有大发雷霆，甚至没有对该名员工进行任何形式的处罚，而只是要求这名员工以后工作时一定要小心。事后，李嘉诚解释说："因为我知道他不是故意的。"在李嘉诚看来，是否故意是判断一种行为性质的重要标准。

李嘉诚旗下企业的员工忠诚度很高，因为他总是付给他们全香港最高的薪酬，是为"高薪养廉"。那么，如此宽厚、如此大方的李嘉诚有没有炒过员工的鱿鱼呢？"有。"李嘉诚斩钉截铁地说，"有一次我炒掉了一名高管人员，因为他将几支公司的铅笔拿回了家。我认为他的行为与公司付给他的报酬是不相匹配的。"

在李嘉诚看来，德为先，利次之。决策者作任何决策，都首先要把德作为评价标准。因此，清洁工虽然打碎了昂贵的唐三彩，却没必要处罚他；高管虽然只拿了几支铅笔，却违背了职业道德。他作决策的焦点都不是利，而是一个人的德。

由此可见，对于决策者而言，决策过程中必须有是非标准，必须以德为先，以人为本，而不是只强调利益。企业的决策者都必须仔细反思这一问题。因为我们所见到的往往是利益高于一切，决策完全倾向利益，资本玩转一切，这都是非常危险的误区。卓越的决策者都是坚持原则的人，他会认真考虑成功决策的基本原则，并且按照他的价值观发展出他本人的决策方式。此种决策方式在其管理生涯过程中，会随时提醒他如何做出正确的决策。

决策需要转化为行动

决策需要行动，决策更依赖于行动。没有行动的决策只能是一种想法，不能借助于行动的决策等于没有决策。在我们的管理生涯中，有多少决策胎死腹中，有多少决策无疾而终，有多少决策不了了之，有多少决策痛失良机，有多少决策夭折在我们的争论中，有多少决策消磨在我们的等待中，有多少决策葬送在我们的迟疑中……

有了决策就马上去执行，有了决策就马上去行动，决策必须转化为行动，因为只有行动可以证明决策的价值。

美国麦当劳创始人雷蒙·克罗克的行为准则是"一旦决定了就赶快行动"，他的创业历程充分证明了这一理念。

1954 年的一天，克罗克驾车去一个叫圣贝纳迪诺的城市。他看到许多人在一个简陋的麦当劳餐馆排队，他也停车排在后面。

人们买了满袋的汉堡包，纷纷满足地笑着回到自己的汽车里。克罗克上前看个究竟，原来该餐馆是经销汉堡包和炸薯条的快餐店，生意非常红火。

此时，克罗克已经 52 岁了，还没有自己的事业，他一直在寻找自己事业的突破口。他发现，快节奏的生活方式就要到来，这种快餐的经营方式代表着时代的发展方向，大有可为。于是他毅然决定经营快餐店，他向经营这家快餐店的麦当劳兄弟买下了汉堡包摊子和汉堡、炸薯条的专利权。

克罗克搞快餐业的决策遭到家人及朋友的一致反对，他们说："你疯了，都50多岁了还去冒这个险。"

然而，克罗克一旦决定就毫不退缩。在他看来，决定大事，应该考虑周全；可一旦决定了，就要一往无前，赶快行动。行与不行，结果会说明一切，最重要的是要有行动。

克罗克马上投资筹建他的第一家麦当劳快餐店。经过几十年的发展，克罗克取得了巨大的成功，人们把他与名震一时的石油大王洛克菲勒、汽车大王福特、钢铁大王卡内基相提并论。

倘若克罗克在亲友的劝说下，放弃了他的决策，我们今日怎么可能见识到辉煌的麦当劳帝国呢？这个世界并不缺少好点子，唯独缺少行动。克罗克的创业历程告诉我们，如果你相信你的决策，那就马上去行动，等待只会丧失机遇，而犹豫则会失去勇气！

行动就要坚持，就要百折不挠，就要不畏艰险，就要勇往直前！比尔·盖茨一再要求他的下属，行动必须快速，要像圣战一样去工作！如果说决策需要理性地面对，那么实现决策的行动就需要激情去点燃！

科学家们曾做过这样一个实验：

在只有窗户打开的半密闭的房间里，将6只蜜蜂和同样数目的苍蝇装进一个玻璃瓶中，把瓶子平放在桌上，瓶底朝着窗户。

然后，他们观察蜜蜂和苍蝇会有什么样的举动。

科学家们发现，蜜蜂们会不紧不慢地在瓶底徘徊，苍蝇们却在瓶中横冲直撞，在瓶中的飞行速度也明显高于蜜蜂。不到两分钟，它们便穿过另一端的瓶颈逃逸一空。

而蜜蜂们以为，囚室的出口必然在光线最明亮的地方，所以只要飞向那里就一定会找到出口。于是，它们不紧不慢地行动着，然而等待它们的结果却是死亡。苍蝇们成功地逃离了，这并不在于它们有什么特长，也不在于它们的智商水平高低。关键在于它们敢于不断地横冲直撞，在于它们懂得快速行动以求得生存。

行动才能出结果，要想取得成功，就必须付出行动，而且还必须要在第一时间付出行动。成功不能靠等待得来，而生命也不应该仅仅只是一个计划。蜜蜂之所以得到以生命为代价的死亡结局，完全是因为它没有立即行动而一味地拖延。美国独立战争期间，驻扎在特伦顿的雇佣军总指挥拉尔总督正在打牌时收到一份情报，情报的内容是说华盛顿的军队正在穿越德勒华，要向这里进攻。但他没有看就随手把信塞到口袋里，直到牌打完了才拿出来看。结果，等他仓促地把队伍集合起来时为时已晚，最后他全军覆没。"拖延带来致命的危险后果"，仅仅几分钟的耽搁便使他丧失了尊严、自由和生命！

埃克森·美孚石油公司是全球利润最高的公司之一，非常重要的一点是它拥有一支绝不拖延的员工队伍。这再一次告诉我们：克服拖延的毛病，培养一种简捷、高效的工作风格，可以使公司的绩效迅速提升，并使每一位员工的工作乃至生命都更富有价值。

有一次，李·雷蒙德和他的一位副手到公司各部门巡视工作。到达休斯敦一个区加油站的时候，已经是下午3点了。但李·雷蒙德却看见油价告示牌上公布的还是昨天的数字，并没有按照总部指令将油价下调5美分／加仑进行公布。他十分恼火。

李·雷蒙德立即让助手找来了加油站的主管约翰逊。

远远地望见这位主管，他就指着报价牌大声说道："先生，你大概还熟睡在昨天的梦里吧！要知道，你的拖延已经给我们公司的信誉造成很大损失，因为我们收取的单价比我们公布的单价高出了5美分。我们的客户完全可以在休斯敦的很多场合贬损我们的管理水平，并使我们的公司被传为笑柄。"

意识到问题的严重性，约翰逊连忙说道："是的，我立刻去办。"

看见告示牌上的油价得到更正以后，李·雷蒙德面带微笑说："如果我告诉你，你腰间的皮带断了，而你却不立刻去更换它或者修理它，那么，当众出丑的只有你自己。这是与我们竞争财富排行榜第一把交椅的沃尔玛商店的信条，你应该要记住。"

然后，李·雷蒙德和助手一起离开了加油站。从此之后，那位主管约翰逊做事再也没有拖拖拉拉了。

其实，没有人能阻挡我们去实现梦想，关键在于马上行动、坚持行动的毅力。对于任何决策者而言，行动都是最重要的。市场环境瞬息万变，决策者必须善于决策，更要善于行动！如果你不能马上行动，那就永远不会开始。所有成功者都是充满想象力的实践家，他们的行事准则是："立即下决定，现在就行动。"没有彻底的行动就不会有卓越的成就！

教你正确地妥协

所罗门王在位期间，有一天，两个妇女带着一死一活两个孩子来报案，说她们睡觉时压死了一个小孩，并都称活着的小孩是自己的。所罗门王听完了两位妇女的陈述，说："拿剑来，把这活着的小孩劈成两半，分她们每人一半。"这时，一位妇女大声号哭起来："陛下，把孩子给她吧，不要杀死这孩子。"可另一位妇女却说："把孩子切成两半吧，我们每人一半。"所罗门王说："把孩子交给不愿杀死孩子的妇人，这才是真正的母亲。"

这是《圣经旧约》中记载的所罗门王判案的著名故事，所罗门王是《圣经》中一位拥有极高智慧的国王。这个故事中，两个妇人做出不同的选择，不愿意把自己孩子杀死的妇人是真正的母亲。她的选择对决策者而言，有很大的启发意义。这位母亲意识到：与其得到半个死孩子，不如把孩子送给对方，这充分体现了决策中的妥协精神。如果决策者在决策中不能得到任何实质利益，不如放弃自己的利益，成全对方，这样反而能落个顺水人情。

德鲁克认为，决策必然会遇到妥协，妥协是决策的常态。决策者要学会妥协，不要把自己的决定强加给下属，必须争取他们的支持，减少决策的阻力，为决策执行营造良好的内部环境。一个不会服从命令的士兵不是一个好士兵，同样地，一个不会妥协的决策者不是一个好的决策者。

决策者必须明白，妥协不是服从，服从就是执行命令，妥协则是决策上的让步。优秀的决策者绝不会在涉及价值观等核心问题上让步。妥协是对对方的尊重，尊重对方的文化、价值观及利益。总之，妥协是决策中必要的让步，妥协是为了实现双赢、共赢。

决策者要学会正确地妥协，首先必须明白"半块面包总比没有面包来得好"。决策者不要试图100%达到决策目标，要知道能达到95%就已经非常成功了。决策者想要得到整块面包，就必须不耻下问，请教对方，尽量使对方参与决策，从而使决策者的目标转化为参与者的贡献。

美国前总统罗斯福是一位非常善于妥协的决策者。

罗斯福还是纽约州州长的时候，有一次，为了使各党派的首领们相互合作，完成他们最不赞成的改革行动，罗斯福就运用他的妥协技巧，非常成功地达到了决策目标。

当任命一些重要职务时，罗斯福请各党派推举候选人。最初他们所提的人选大都是各党派中令人瞩目的人物，但罗斯福知道这些人极难得到议会的同意。

于是他们又被请求做第二次推举，而这次选出的人仍然在各党派中各有其地位。于是，罗斯福仍然请他们考虑有没有更适当的人选，免得送交议会时被否定。

第三次他们推举出了比较合适的人。罗斯福向他们表示诚挚的谢意，感谢他们的协助，但请他们再仔细地考虑一下。第四次的人选和罗斯福心目中所预期的名单非常接近。罗斯福再一次向他们道谢后，就发表了候选名单，请议会行使同意权。这种决策方式的目的，就是让选举者参与决策，并使他们把决策视为自己的贡献。罗斯福对他们说："因为你们的缘故，我决定让这几位担当重任，我希望你们能对我有所交代。"

作为决策者，罗斯福充当了一个引导者的角色。为了达到自己预想中的决策目标，他尽量采取对方的意见，使对方认为决策是自己的贡献。这样，通过求同存异的办法，双方就意见一致而达到了决策目标。

决策者首先要学会正确地妥协，其次要学会理解对方，学会换位思考，学会站在对方的立场上进行决策。

有这样一个故事：

1929年美国经济大萧条时期，大多数中小企业都倒闭了，一个名叫西尔的人开的齿轮厂订单也是一落千丈。西尔为人宽厚善良、慷慨体贴，交了许多朋友，并与客户都保持着良好关系。在这举步维艰的时期，西尔想找那些老朋友、老客户出出主意、帮帮忙，于是就写了很多信。可是，等信写好后他才发现：自己连买邮票的钱都没有了！

这同时也提醒了西尔：自己没钱买邮票，别人的日子也好不到哪里去，怎么会舍得花钱买邮票给自己回信呢？可如果没有回信，谁又能帮助自己呢？西尔认为，只有先想到别人的困难，别人才会帮自己解决困难。

于是，西尔把家里能卖的东西都卖了，用一部分钱买了一大堆邮票，开始向外寄信；还在每封信里附上 2 美元，作为回信的邮票钱，希望大家予以指导。他的朋友和客户收到信后大吃一惊，因为 2 美元远远超过了一张邮票的价钱。大家都被感动了，他们回想起西尔平日的种种好处和善举来。

不久，西尔就收到了订单，还有朋友来信说想要给他投资，一起做点什么。就这样，西尔的生意很快有了改观。在经济大萧条中，他是为数不多站稳脚跟而且有所成的企业家。

西尔为什么在经济危机中能够成功呢？因为他先想到的是别人的困难，能够站在别人的立场上作决策。决策者容易局限在自己的思路中，总是考虑自身利益，但这样结果反而达不到目标。所以，决策者必须善于妥协，懂得妥协是一种决策的技巧。决策者必须通过实践，学会在决策中运用别人的智慧，从而提高自我决策水平。

一定不要作不必要的决策

我们了解了决策的可行性后，还必须明确决策是否具有必要性。任何决策都有风险，决策者要避免作不必要的决策。德鲁克认为，首先要区分必要的决策和不必要的决策。

决策者遇到以下三类情况时，需要注意是必要的决策还是不必要的决策。

（1）决策者不需要采取任何行动，事情也会正常地发展下去。如果决策者采取行动，那就属于不必要的决策。对于决策者而言，这类问题没有风险，但需要关注。

（2）如果决策者不采取行动，情况就会恶化，决策者必须做出有效的决策。这种决策就属于必要的决策。这类问题，决策会存在很大的风险，但不决策风险更大。

（3）如果决策者不采取行动，企业能够生存下去；如果决策者采取行动，企业的绩效就会改善。对于这类问题，决策者必须有明确的态度：是采取行动还是不采取行动。如果经过权衡，收益远甚于风险和成本，那就必须采取行动。

显然，第三类情况是我们经常遇到的，也最能体现决策者的决策水平。决策者必须仔细分析决策风险，必须有计划地推行决策。任何一项决策，即使是正确的，如果方法不对，也可能无法推行，从而变成不必要的决策。

M公司是一家在业界享有盛誉的高科技公司。公司的核心技术处于世界领先地位，公司的技术人员也以此为豪。公司成立之初主要以技术研发为主，创始人对公司的定位就是做世界领先的研发中心。公司经营几年来，核心技术虽然保持了领先优势，但由于产品不能市场化，所以一直不赢利。很多风险投资公司很看好M公司的发展前景，他们都想给这家公司投资，希望其产品逐步市场化。

为了适应市场需求，尽快融资，M公司的决策者决定开发设计市场化的产品。因此，公司做出决策，要求技术人员必须马上转变思路，研发有市场前景的产品，而不是只追求前沿技术。但是技术人员都希望保持自身的技术优势，他们认为开发大众化产品的技术含量不高，自身也不能提高技术，所以对公司的此项决策有抵触情绪。结果，人力资源部门和技术部门的沟通陷入僵局。公司高层最终无奈地表示，如果不能转变，就不能再在公司任职。最终，由于双方无法达成共识，M公司的骨干技术人员纷纷离职，加盟了别的公司。人才流失导致M公司无以为继，不仅不能获得投资公司的资金，还使公司自身陷入了破产境地。

　　这是一个典型的不必要决策的案例。决策者没有从企业自身优势出发，只是看到自身缺点，盲目做出决策，结果造成了人才流失。决策者或许根本就没有意识到他所作的选择实际上只是一项不必要的决策。很多决策者总希望当机立断，快刀斩乱麻地解决问题，但是在很多情况下，决策必须经过严格论证，企业才会获得最大利益。案例中的 M 公司如果把开发市场化的产品理念逐步渗透给员工，逐步贯彻下去，使员工有一个接受的过程，那么结果就不会走向反面。

　　决策者必须要作必要的决策。不必要的决策浪费决策者的时间和资源，而且可能会带来严重的后果。一方面，它会浪费企业的资源，降低企业的绩效；另一方面，它会使决策者失去追随者，大大降低决策者的公信力。决策者不是要听取所有的意见，不是要对所有的情况做出反应。那样的话，决策者就会被各种无穷无尽且没有意义的决策所淹没。决策者必须专注于必要的而且重大的决策，从而使下属明白，企业的决策是深思熟虑并需要持之以恒的。

　　有时候，一些不必要的决策还会分散决策者的注意力，从而导致其对重大决策缺少关注。所以，决策者应如施乐公司主席兼 CEO 安妮·玛尔卡所说的那样："要真正理解问题所在，即使多耗费一些宝贵时间也在所不惜。"

第五章
人事管理
——始终着眼于组织最重要的资源

德鲁克认为，人事决策是最根本的管理，其核心是如何选人、如何用人。人事决策是管理中最关键的活动。人事决策必须坚持基本的原则，要量才录用，要舍得花时间进行人事决策。管理者要运用各种手段吸引并留住所需要的人才，要适应知识经济时代的需要，管理好知识型员工，尊重每一位下属。管理者要通过各种方式让下属热爱自己的工作，并使下属具备"管理者态度"。

人事决策是最根本的管理

知识经济时代，人是企业最重要的资产，也是企业可持续发展最核心的生产力。松下幸之助认为，企业经营的基础是人，"要造物先造人"。如果企业缺少人才，企业就没有希望可言。可以毫不夸张地说，在竞争激烈的市场环境中，人才决定企业命运。因此，在一个组织中，任何决策都不会比人事决策更重要。德鲁克认为，人事决策是最根本的管理，因为人决定了企业的绩效能力，没有一个企业能比它的员工做得更好。人所产生的成果决定了整个企业的绩效。

　　一个企业要具备非常高的绩效能力，就必须作好有关人的各项决定。这些决定包括岗位安排、工资报酬、职位升降和解雇等。有关人的各项决定将向企业中的每一个成员表明管理层真正需要的、重视的、奖励的是什么。人事决策是涉及人的决策，不仅会影响到作决策的某些人或某个团队，还会影响到所有的经理和管理者。人事决策水平的高低不仅决定了企业能否有序运转，而且也决定了它存在的使命、价值观以及目标的实现。

　　"选好一个厂长，就会搞好一个厂；选错一个厂长，就会搞垮一个厂。"这既是常识，又是现实。然而正是这种常识和现实，使国内的很多企业家不敢分权授权，也使企业很难聚集到所需要的人才，他们甚至只相信自己的亲信和"嫡系部队"。企业家的思维局限在这种层面上，企业如何能做大做强呢？还有人认为："找到可用的人实在太难"，"有能力而不忠诚，我不敢用"。说到底，人事决策解决的是组织的用人问题。而在用人问题上，绝不是简单的分权授权问题，也绝不只是人的能力和忠诚问题。

　　（1）人事决策是最根本的管理，其核心是如何选人、如何用人。要想用人，首先要重视人，要有爱才如命、求贤若渴的用人思想。

　　20世纪30年代中期，美国福特公司的一台电机发生故障。公司所有的技术人员都未能修好，只好从别的公司请来一位名叫斯坦门茨的专家。他在电机房躺了3天，听了3天，然后要了一架梯子，仔细观察了一番。最后他在电机的某一部位用粉笔画了一道线，并写了一行字："此处线圈多了16圈。"结果，把这16圈线拆除后，电机马上运转正常。福特很欣赏斯坦门茨的技艺，并希望他能到福特公司效力，但却遭到了斯坦门茨的拒绝。他说："我所在的公司对我很好，我不能见利忘义。"福特说："那我把你所在的公司都买过来。"最后，福特用3000万元买下了斯坦门茨所在的公司。

　　美国有一家公司，新主管在上任之前，老板总会先送给他们一个木质的俄罗斯套娃木偶玩具。这种玩具是由10个套娃组成，越往里层套娃越小。当打开到最底层的套娃时，只见里面留有一张纸条，上面写道："如果我们每个人都雇佣能力不如自己的人，那么我们的公司就会很快变成侏儒公司。但是，如果我们每个人都雇佣能力超过自己的人，那我们的公司就会变成巨人公司。"言下之意是作为管理者，必须重视人才，而不能压制人才，要把重视人才作为第一重要工作。

（2）企业要用人，就必然要选人，要招聘人。然而很多进行人事决策的管理者并不真正懂得选人。很多人都自认为自己是优秀的管理者，当管理者以此为前提选人时，就可能犯严重的错误。卓有成效的管理者必然明白，自己不是别人的评判者，不能凭自己的直觉和感悟来雇佣员工，必须建立一套考察和测试程序来选人。每个管理者都要清楚，个人的能力总是有限的，不能仅仅依靠个人的阅历和见识来评判人才。因为每个人的行事方式和思维习惯都有局限性，我们固有的惯性思维容易对人形成成见，所以，选择符合你"口味"的人，可能恰恰就是一种错误决定。在选人上，我们必须采取谨慎、认真而又细致的态度。

（3）用人要用到位，要有利于提高企业的绩效，因此，必须提高人事决策的有效性。德鲁克多次强调，不能把有效和有效率混淆，有效强调的是结果，而有效率重视的是效率。对于企业的人事决策来说，效率并不重要，能不能有成果才是最迫切的。

海尔集团管理团队很年轻，平均只有 26 岁，但海尔集团在用人的过程中，却很少出现大的失误。海尔集团有自己一套选人、用人方法和标准，在海尔集团担大梁的也并不都是名牌高校的高才生。太阳神集团喜欢用名牌大学的高才生，从高校到高位，但这却是太阳神发展走弯路的一个重要原因。可见，用人不在于形式，而在于成果，在于有效性。

人才选拔的基本原则

管理的根本是人事决策，人事决策的核心是择优，择优的前提是确定人才选拔原则。德鲁克认为，管理者进行人才选拔，必须重视基本的选拔原则。他提出了五条原则，其中最重要的两条，一是决策者要对用人负责，二是要选用合适的人做合适的事。

决策者要对用人负责

通常，管理者的人事决策只有 1/3 是正确的，还有 1/3 的人事决策完全失败，剩下的 1/3 则既没有成功也没有失败。人事决策是人做出的，而人难免犯错误。即使最好的决策者，也有犯错误的可能；即使最有效的人事决策，也总有时过境迁、归于无用的一天。因而，决策者必须对用人负责，尤其要对用人失当负责。

美国王安实验研究公司的失败是用人不当的典型案例。

王安，美籍华人，1945 年赴美，1951 年他除了哈佛大学的学位和 600 美元积蓄之外，别无所有。但王安以惊人的魄力，在美国办起了第一家华人经营的高技术公司——王安实验研究公司。由于王安具有节制、适应力强、果断、自信和社会责任感等品质，并且善于经营，所以他的公司迅速发展起来。王安的口号是"发现需求、满足需求"，经过他的努力，他的事业蒸蒸日上，他本人也成为蜚声世界的"电脑大王"。在王安壮年时期，有一批志同道合者与他共图大业，这是王安成功的一个重要原因。

知人善任使王安公司走向成功，而用人不当则使王安公司走向衰败。虽然王安生活在市场经济高度发展的美国，但他却执意把公司大权交给大儿子王列，而不管他是否具备这种才能或者是否有这方面的培养前途。1986 年 11 月，36 岁的王列被其父委任为公司总裁。此举使数名追随王安多年的老部属愤然辞职，使公司管理层元气大伤。王列的工作表现平庸，但由于王安的支持，加之王安健康状况恶化，王列成为自然的接班人。这位公子第一次以代主席身份主持董事局会议时，根本就不知道公司发生了什么事情。当时公司已出现财务危机，王列却顾左右而言他，大谈风马牛不相及之事，令董事局对他信心大失。王列接班，使公司的财政状况由不佳变为恶劣。

1988 年 7 月王安住院手术后，经半月休养，坐着轮椅的他宣布让王列辞职。此时公司在 1987 ~ 1988 年度的亏损额已达 4.24 亿美元。1989

年 8 月，病重的王安委任著名管理专家爱德华·米勒为公司总裁。米勒精于管理，有多宗使濒临破产公司起死回生的纪录。但他对电脑行业认识不深，他认为王安公司仍能制造新产品，所以对前景抱有不切实际的幻想，并且未能及时调整经营战略和解雇冗员。米勒虽然使王安公司的负债大幅减轻，但经营却毫无起色，并终因其产品缺乏竞争力而出现利润滑坡。名噪一时的王安公司最终只得申请破产。

美国王安公司从一家小工厂发展成为拥有 30 多亿美元资本、3 万多名员工、在国际上享有盛誉的生产全套电子计算机设备的跨国公司，最终却不得不破产，其根源就在于决策者用人不当。决策者必须谨慎用人，必须为用人承担责任。与此相类似，国内很多企业家族式、家长式、专制式的管理模式和决策方式都严重影响了人事决策的客观性，为公司败亡埋下了伏笔。所以，决策者必须勇于承担用人责任，必须使合适的人在合适的岗位上工作。

选用合适的人最重要

我们经常会发现这样的情况：很多人在从事他并不擅长的工作，而他认为，既然这是领导安排的，那就必须做好，虽然他做得力不从心。这其实是在告诫决策者，必须让合适的人在合适的岗位上工作。然而，很多因素会影响到人们的决策选择。

有一位在公司初创时期就任秘书的人，随着公司的成长而得到提升，到 50 岁时升到了公司董事长秘书的职位。而这完全是他所不能胜任的。因为他一直忠诚为公司服务，所以老板也不想让他换个岗位。其实，这种我们通常习惯了的做法有很大的危害，因为他缺乏取得绩效的能力，而这会损害公司的利益和发展；因为他无法胜任，而这会影响整个管理团队的士气和信誉。在这种情况下，决策者应该客观地做出决定，即从公司的利益出发，把这个人从其职位上调开。

我们需要人性化的管理，但这不等同于讲人情。一旦损害到企业的发展，任何人——包括老板——都必须离开。很多优秀的管理者在感觉到自己的能力欠缺时，会选择马上退出，以便让新人充分发挥他们的能力。联想集团的柳传志巅峰而退、蒙牛集团的牛根生功成身退都是鲜明的例子。所以管理者一旦认识到某人不适合某个职位，就必须马上将其调离。而管理者自身不再适合组织发展的需要时，也必须有这种意识。

诸葛亮挥泪斩马谡的故事妇孺皆知。他因错用了马谡，导致战略要地街亭失守，蜀国从此走向衰败，其根本原因就在于选用了不合适的人担当大任。

诸葛亮曾自比古贤管仲、乐毅，自信十足。而马谡"自幼饱读兵书，熟谙战法"，"器才过人，好论军计"。由此诸葛亮对他刮目相看，"视谡犹子"，马谡也视诸葛犹父。二人关系非同一般，导致诸葛亮对马谡的认识不全面。刘备对诸葛亮说，马谡"言过其实，不可大用"。而诸葛亮不以为然，"以谡为参军，每引见谈论，自昼达夜"。

其实马谡并非庸才。诸葛亮南征七擒孟获时，马谡曾向诸葛亮提出"攻心为上，攻城为下；心战为上，兵将为下"的战略方针。诸葛亮叹曰："幼常足知吾肺腑也。"马谡也曾向诸葛亮献反间计，离间诸葛亮的劲敌司马懿和魏主曹睿的关系，导致司马懿被贬下野。诸葛亮挺进中原之所以再无对手，"攻心计"、"反间计"功不可没。守街亭时，马谡请战，并立下军令状，以"乞斩全家"的担保来表明决心与信心。诸葛亮认为马谡不是无能之辈，为保万无一失，他令魏延、高翔襄助防守街亭。但诸葛亮的"失算"在于，他没有看到马谡缺乏作战经历，也没有对受命时马谡流露出的骄狂情绪予以注意，所以最终铸成了大错。

诸葛亮一叶障目，认不清马谡言过其实、适合为良谋而难做良将的本质，犯下了用人不当的错误。因而他只能一方面严肃军纪，挥泪斩马谡，一方面上表自贬谢罪了。

其实，作为决策者，最重要的是要了解部属，选用合适的人做合适的事。人的个性千差万别，做事风格也千变万化，作为决策者，重要的是懂得发现员工的长处并合理地运用其长处。如果其所做的工作与其能力不匹配，则必会事倍功半，甚至折戟而归。

量才录用：像乔治·马歇尔那样用人

马歇尔的用人之道

乔治·马歇尔（1880～1959），美国战略家、军事家、政治家、外交家，第二次世界大战时美国陆军五星上将。马歇尔是美国现代史上的一位传奇人物，丘吉尔称其是"当代美国最后一位伟人"，杜鲁门评论他是"我们这一时代伟人中的伟人"。哈佛大学在授予其名誉学位时，赞扬他为"一个军人和政治家，他的能力和品格在我们这个国家的历史上只有一个人（即华盛顿）能和他并列"。

德鲁克在自己的著作中多次提到马歇尔，并且认为他是一位杰出的领导者，在知人善任方面的造诣堪称典范。他提拔了巴顿、艾森豪威尔、布雷德利等人。巴顿后来被誉为"铁胆将军"，艾森豪威尔则成为美国总统，而布雷德利则敢于撤销罗斯福总统儿子的职务。

艾森豪威尔刚从上校提升为少将没多久，马歇尔就向罗斯福总统推荐艾森豪威尔，使他超越 366 位比他资历老的高级将领，成为第 2 任远征欧洲的统帅。马歇尔认为，艾森豪威尔不仅具有军事方面的学识和组织方面的才能，而且还善于使别人接受他的观点，善于处理不同意见，使人感到心情舒畅并真心地信赖他。而这一切正是派往欧洲指挥官必须具备的素质。

关于他起用艾森豪威尔，其中有一段故事，充分说明了马歇尔在用人方面的过人胆识。

1941 年 12 月 7 日，太平洋战争爆发。12 月 10 日，艾森豪威尔向马歇尔报到。报到这天，马歇尔问他一句话："你认为我们在远东太平洋地区总的行动方针应该是什么？"

艾森豪威尔想了片刻，然后冷静地问："将军，让我准备几个小时再回答您这个问题，可以吗？"

马歇尔严肃地说："可以。"但是在他的黑皮笔记本里面，艾森豪威尔的名字下面又多了一行字：此人完全胜任准将军衔！如果艾森豪威尔当时就回答是什么的话，那么很可能马歇尔就不会对艾森豪威尔委以重任，因为马歇尔最讨厌对重大问题脱口而出的行为。他认为这种不假思索就给出答案的做法表明下属为迎合上司在投机，这不是一个成熟的决策者所该有的品质。马歇尔本人从上校到五星上将用了 20 年的时间，而艾森豪威尔仅用了 4 年。

第二次世界大战期间，马歇尔一共任命了近 600 名将官和师长一级的军官，这些军官都表现得非常出色。在这些军官中，没有一个人有过带兵打仗的实战经验。马歇尔在最短的时间内、以最少的失误建立起了世界上前所未有的大规模军队，总人数达到 1300 万人。艾森豪威尔当选美国总统后，马歇尔在给他的贺信中特别叮嘱道："我特别为你祈祷，慎重选用你周围的人员。选用人员，比任何其他事情都能决定今后几年的问题和历史的记录。要选用合格的人。"马歇尔最核心的用人理念和用人方法就是：要用人之所长，同时他有一套用人识人的方法。这些都非常值得决策者学习。

要用人所长

德鲁克认为，卓有成效的管理者选择和提拔人员时一定会有一个标准，这个标准就是他能做什么。任何人有其短亦必有其长，所以，管理者的人事决策，不在于如何减少人的短处，而在于如何发挥人的长处。如果不能见人之长，用人之长，而是念念不忘其短，那就不能有效发挥人的能力。

德鲁克认为，要关心别人能干什么，而不必关心别人不能干什么。他之所以这么讲，并不是说不用理会人的缺点，而是强调发现别人优点的重要性。一个人有鲜明的优点，就必然有鲜明的缺点。寻找毫无缺点的人才，意味着你也不会发现他的优点。

美国南北战争期间，林肯为了稳妥起见，一直任用那些他认为没有缺点的人担任北军的统帅。可事与愿违，他所选拔的这些统帅在拥有人力物力优势的情况下，接连被南军将领打败。

林肯很震惊，经过对比分析，他发现南军将领都是有明显缺点同时又具有鲜明优点的人。于是林肯毅然任命格兰特将军为总司令。当时有人说，此人嗜酒贪杯，难当大任。林肯何尝不知道酗酒会误大事，但他更清楚在诸将领中，唯有格兰特将军是能运筹帷幄、决胜千里的帅才。后来的事实证明，格兰特将军的受命正是南北战争的转折点。

可见，用人之长才可施人之才。

松下幸之助主张"最好用七分的功夫去看人的长处，用三分的功夫去看人的短处，这样较为妥当"。在提拔干部时，要看人的优点、人的主流。

美克德公司是一家经营唱片和音响的日本企业，在二战前声誉显赫。而由于战争影响，这家拥有一流人才的公司却迟迟不能开展重建工作，最后因种种原因，由松下电器公司接管。为了使它从战败的挫折中复兴起来，松下幸之助非常慎重地思考经理的人选。最后，他决定把这个重担托付给野村吉三郎。

野村在第二次世界大战期间曾担任过海军上将，退役后转任外务大臣。虽然他在企业经营方面没有经验，但他的长处就是善于用人。

这个人事决策使许多人大感意外。他们认为野村对企业的经营完全外行，对唱片、音响更是一窍不通，让一个门外汉主持美克德的工作，简直是无稽之谈。但松下看好野村会用人的优点，坚持自己的意见。事实上，在野村主持美克德业务的过程中，的确发生过一些有趣的小插曲。

有一天，在干部会议上，有人提议要和美空云雀签约出唱片，野村先生却问："美空云雀是谁？"美空云雀可说是当时家喻户晓的人物，她是日本排行第一的红歌星，拥有众多的歌迷。像这样有名的艺人，身为唱片音响连锁企业经理的野村居然不知道，真是趣闻。后来，这段故事传到外面，往往被人拿来当作讽刺的材料，甚至有人说："一个唱片公司的经理居然不认识美空云雀，那他一生能认识几个人呢？"

然而，正是这位不认识美空云雀的经理，使美克德迅速地从战争的废墟中重新站立了起来。

松下这种用人之长、避人之短的人事决策，充分体现了其独具慧眼的识人之术。松下的用人准则和马歇尔将军的识人方法真可谓异曲同工。其实，所有成功的企业家、经理人都把用人之长作为他们人事决策的基本立足点。管理者如果以"鸡蛋里挑骨头"的态度去选拔下属，久而久之就会发现周围没有可用之人。所以说，在用人问题上，不能机械从事，更不可盲目照搬，要根据具体情况活用人的长处。

总之，在德鲁克看来，管理者必须认识到：任何人都有缺点，而缺点几乎是不可能改变的。所以选人用人，必须以一个人能做些什么为基础。用人之所长，发挥己之所长，所谓"取人之长，避人之短"、"因势利导"说的就是这个道理。用人的过程就是发挥优点、抛弃缺点的过程，这如同一把双刃剑，不为所利即为所害。如果管理者不能发掘人的长处，并使其发挥作用，那么他只能受该人的弱点、短处、缺失的影响甚至制约了。

马歇尔的用人步骤

马歇尔在进行人事决策时，一般分为五个步骤，即明确任务、考察候选人、发现候选人的长处、深入了解候选人、确定候选人。

1. 明确工作任务

在确定工作后，马歇尔首先会仔细考虑任务是什么。一般而言，组织的工作性质往往不会轻易改变，但工作的任务却时时在变，所以决策者应通过对需要完成的工作任务的分析，明确所用的人需要具备怎样的素质和能力。对于企业而言，应该从心理能力、职责要求、知识结构、技能水平和身体素质等方面做出明确的界定。

2. 考察候选人

马歇尔会同时考察几个符合条件的人选。一个人的履历和资历是了解人的重要方式，但是履历只能说明他做过什么，资历只能说明他做了多久。作为决策者，应该多考察几个人，这样就可以对比分析，有利于进一步确定你所需要的人。这一步就是寻找能满足所界定的岗位要求的人。

3. 发现候选人的长处

马歇尔一般会考察候选人过去的绩效记录，从而找出他们各自的优势。候选人不能胜任的事情并不重要，重要的是他们能做到的事情。通过优势发掘，分析已经确定的工作任务能否发挥他们的长处，因为高绩效是建立在候选人的优势上的。

对于企业而言，考察候选人的经历和绩效是关键。因为除了身体素质之外，岗位条件要求的其他几个方面的内容都很难准确测定，所以，只能通过他所承担过的相同岗位或相近岗位工作经历来判断他是否具有该岗位所要求的能力。要完成一个工作任务，首先应具备相应的能力。所以，这一步实质是在考察候选人的能力。对于任何一个组织来说，可以建立人才库，进行长期的人才战略储备和开发。对于企业内部有发展、有培养前景的员工，应该普遍建立开发档案，明确他们做过什么、做成过什么、在什么情况下做成的这三个问题，从而为日后的选人提供决策参考依据。

4. 深入了解候选人

了解候选人的优势后，决策者还必须深入了解他们的人品气质、工作能力、行为方式、思维方式、人际沟通等。马歇尔会和曾与候选人共事过的人一起讨论，或者和候选人过去的上司闲谈，这样的交流往往能得到最可靠的消息。因为，从一个人的日常行为中往往可以看到一个人最基本的素质和能力，而这种通过交流所获得的信息绝对比整洁的履历所提供的要鲜活、真实得多。

5. 确定候选人

一旦确定人选，马歇尔会和他一起明确任务是什么，并且让他思考他应该怎么去完成任务。之后，马歇尔就会放手让他们干，并会对他们的工作提供大力的支持。例如，当艾森豪威尔在阿登战役时期受到德军重大压力时，马歇尔告诉他，自己已下令五角大楼人员不得干扰他指挥作战；而当有人想让蒙哥马利取代艾森豪威尔负责地面作战时，马歇尔给艾森豪威尔发去了新年贺电："你干得很好，继续干下去，狠狠打击敌人。"

马歇尔的用人方法本着一切从岗位的实际要求出发的原则，而不管该人是否符合自己的个人口味。因此他手下既有诸如艾森豪威尔、布雷德利这样符合他本人"注重实效，不炫耀，不声不响、与人无争地工作"的选人原则的人，也有像巴顿、史迪威这类"有声有色、性急粗暴"的人。马歇尔的用人以工作任务为起点，严格按照量人录用的原则，使任务需要的能力与人的优势充分结合起来。

舍得花时间：像斯隆那样进行人事决策

斯隆的人事决策方式

艾尔弗雷德·斯隆（1875 ～ 1966 年）是美国现代著名的企业家、高级经理人和慈善家。他对管理学尤其是组织理论做出了卓越贡献，是事业部制的首创人，曾担任美国通用汽车公司的总经理和董事长达 20 余年。

在斯隆所处的时代，美国企业家有两种截然不同的领导方式，一种是以福特汽车公司董事长亨利·福特为代表的高度集权型的领导方式，另一种是以通用汽车公司创办人杜兰特为代表的高度分权型的领导方式。这两种领导方式各有其利弊。斯隆的最大贡献就是设计出了一种组织模式，使集权和分权在当时的条件下得到较好的平衡，并且建立了一整套的组织机构。斯隆把这种组织结构发展成为事业部制，有效地提高了管理层的管理效率。

德鲁克把斯隆的这种管理体制称为"联邦分权制"。这一制度把集权和分权有效地平衡起来，对于大公司而言，只需要管理核心问题就可以达到目标。德鲁克非常欣赏斯隆的管理风格和理念，对于人事决策和管理，斯隆认为，人事决策是管理的核心问题，所以必须把选人、用人和评价人的决策当作工作的重中之重；要将现有的员工安排在合适的岗位上，不要指望还有更好的人选；用人时不要掺杂个人的喜恶之情。

要舍得把时间花在人事决策上

德鲁克曾在通用公司工作、调研，期间他经常参加公司高层主管会议。通过分析，他认识到，对于公司管理层而言，多半时间是用在人事决策上的。他后来讲了一个小故事来说明怎样进行人事决策。有一次，在开会的过程中，各个部门的经理和主管花了 4 个小时来讨论一个较低层职位的人事任命问题。德鲁克很是迷惑不解，他认为斯隆为一个小职位花费这么多时间是一种浪费。斯隆却认为，人事决策就必须舍得花时间。如果管理者舍不得花几个小时来讨论一个职位的任用问题，那他就可能要花几百个小时来收拾残局。

作为管理者，如果不花时间处理好人事问题，那么你的决策的有效性就值得怀疑。要重视一般的人员安排，更要重视企业的高级管理人员的选拔和任用。因为，对他们的任用出了问题，将可能损害整个企业的利益和形象。在这方面，通用电气公司的雷吉·琼斯为我们做出了榜样。

雷吉·琼斯是杰克·韦尔奇的前任，通用电气公司的董事长，他花了整整 7 年时间考察韦尔奇。任用韦尔奇，是通用历史上最成功的决策。

1974 年，琼斯担任通用公司的董事长才 3 年，但他已经着手挑选自己的继承人。这个时候他 57 岁，离 65 岁退休还有 8 年时间。

琼斯认为，他要找一位管理风格与自己风格不一样的继承人。他认为，公司需要变革，继承人就一定要与前任不同。要是继承人只是前任的复制品，那么公司就谈不上发展。

一开始，琼斯的脑子里并没有一个合适的人选。于是，他要求人事部门给他准备一份候选人名单。但他的要求被拒绝了，人事部门认为这至少也应该是 10 年之后的事情。但是在琼斯的强烈要求下，人事部门提供了一份有 96 名候选人的名单。这时，琼斯发现名单上少了一个应该有的人，那就是负责塑料业务的杰克·韦尔奇。

人事部门的人认为韦尔奇年轻气盛、好闹独立，太嫩了。在这种情况下，琼斯只得以命令的方式把韦尔奇加入候选人的圈子。经过各种考虑，候选人最后减少到了 11 位，韦尔奇就在其中。

经过 3 年的考察，琼斯已经了解了各位候选人。为了进一步了解候选人相互之间的印象，琼斯实施了他的"机舱面试"。

1978 年元旦后，他把候选人一个个请进办公室，从谈话中了解有关候选人合作的可能性和对其他候选人的想法。每当候选人走进他的办公室时，琼斯都会把门关好，然后点上烟斗，并示意交谈者放松，然后开始说出一个程序般的问题："如果你和我现在乘着公司的飞机旅行，这架飞机坠毁了。谁该继任通用公司的董事长？"

韦尔奇怀着忐忑不安的心情被召去接受"机舱面试"。

根据要求，韦尔奇写下了三个董事长的候选人姓名，其中包括后来成为他董事会合作者的胡德、伯林盖姆和他本人。

"谁最有资格？"琼斯问。

韦尔奇想都没想，说："这还用问吗？当然是我了。"

他忘了，这个时候，他已经和琼斯在旅行中"坠机遇难"了。这次谈话使琼斯对韦尔奇更加欣赏了。

三个月后，琼斯把候选人压缩到 8 个人，并再次请他们进行第二轮的"机舱面试"。当然，问题改变了。

"这次，我们两个还是乘同一架飞机，但是，飞机坠毁后，我死了，而你却很幸运地活了下来。你说，谁该来做公司的董事长？"琼斯要求列出三名候选人。

这次，最令琼斯高兴的是，他最中意的三位候选人：韦尔奇、胡德和伯林盖姆，各自在三名董事长候选人的名单中选择了另外两位。最后，他把继承人确定为杰克·韦尔奇。

为了让董事会认可韦尔奇，他让韦尔奇、胡德和伯林盖姆都进入了董事会。

经过一段时间的考察，1980 年 11 月，琼斯让人事部门提交了包括聪明才智、吃苦耐劳、自我管理、同情心在内的 15 项测评结果，韦尔奇的分数位居第一。这时，不仅琼斯，通用公司的其他 19 名董事都同意推举韦尔奇为下一任通用董事长。

雷吉·琼斯花了7年时间选拔他的继承人，其重视选人和用人的精神着实让人敬佩。因此，卓有成效的管理者做人事决策时，应记住"快速的决策多为错误的决策"。所以，为了你的企业能成为一个长寿企业，多花点时间关注你的人事决策吧！

不要指望更好的人选

斯隆认为，人事决策是唯一关键的决策。管理者总想找到更好的人选，殊不知，没有更好的人选，只有合适的人选。人事决策都是费时的决策，对人的要求关键在于合适与否，在于能否发挥他的长处。

西方决策理论学派的代表人物赫伯特·亚历山大·西蒙认为："管理就是决策。"他认为，人们在决策时，不能坚持要求最理想的决策，通常的情况是仅仅能获得"足够好的"或者"令人满意"的决策。从某种意义上说，一切人事决策都是一种折中办法，最终确定的人选不可能绝对地尽善尽美。

1981年底，微软公司已经垄断了PC机操作系统的市场，并决定进军应用软件领域。比尔·盖茨野心勃勃，他认定微软公司不仅能开发软件，还能成为一个具有零售营销能力的公司。但是，微软公司在软件设计方面人才济济，在市场营销方面却乏善可陈，所以盖茨虽然看到了希望，却感到寸步难行。通过猎头公司，他最后锁定了肥皂大王尼多格拉公司的营销副总裁罗兰德·汉森。

让一个搞肥皂的转行搞电脑软件营销，盖茨的幕僚觉得有些不可思议。但盖茨认为，汉森虽是软件门外汉，但他懂得营销，是合适的人选。

他果断地将汉森挖来，委以营销副总裁的重任，负责微软公司广告、公关、产品服务以及产品的营销。汉森上任后做的最重要的一件事就是给微软公司这群只知软件、不懂市场的精英们上了一堂统一商标的课。在汉森的力陈之下，微软公司决定，从此以后，所有的微软产品都要以"微软"为商标。于是，微软公司的不同类型产品都打出了"微软"品牌。不久，这个品牌在美国、欧洲乃至全世界都成为家喻户晓的名牌。

软件门外汉的汉森用品牌推动了市场销路。

但这时盖茨又有了新苦恼。随着市场日益扩大，微软公司的经营规模日益增大，可公司第一任总裁吉姆斯·汤恩年岁已大，跟不上微软的快速步伐。好在后来汤恩主动提出辞掉总裁的职务。盖茨费尽心机，又找到了坦迪电脑公司的副总裁谢利。然而，很多人认为谢利这个人总想着改变，可能会将公司闹个底朝天。但盖茨认为，只有有变革心的人才才适合担任总裁。

谢利一来，就对微软的人事管理进行改革。他把鲍默尔提升为负责市场业务的副总裁，更换了事务用品供应商，削减了20%的日常费用。就这样，谢利掌管下的微软在许多地方开始"硬"起来。

1983年，为了抢在可视公司之前开发出具有图形界面功能的软件，占领应用软件市场，微软开发了"视窗"项目，并宣布在1984年底交货。

然而，1984年过了大半年，"视窗"软件仍然没有开发出来，以致新闻界把"泡泡软件"的头衔赠给了"视窗"。正在进退维谷之时，谢利经过一番调查，找到了症结：除了技术上的难度外，开发"视窗"的管理十分混乱是导致软件迟迟不能开发出来的根源。

谢利又一次大刀阔斧地整顿：更换"视窗"的产品经理，把程序设计高手康森调入研究小组，负责图形界面的具体设计，连盖茨自己的职责也被定位于集中精力考虑"视窗"的总体框架和发展方向。谢利的这一番部署都切中要害，所以使"视窗"的开发立见奇效，各项工作有条不紊，进展神速。年底，微软向市场推出了"视窗"1.0版，随后是"视窗"3.0版。

想想看，如果盖茨认为汉森不懂软件就不聘用他，微软怎么可能在营销方面做得那么出色？如果盖茨认为谢利过于激进就不任用他，微软怎么可能迅速变革、狂飙突进呢？由此可见，对于决策者而言，重要的不是你找到完美的人选，而是找到企业最需要的人才——最合适的就是最好的。郭士纳原来是美国最大的食品烟草公司老板，可他却摇身一变成了IBM

董事长兼 CEO。然而，正是这个人，使 IBM 走出困境，重振雄风。还是郭士纳说得好：谁说大象不能跳舞？用人就像跳舞，不是谁跳得最好就用谁。可能猴子的舞技比大象好多了，但是，在一个巨无霸公司里，还是让大象跳舞更好。

用人不要掺杂个人的喜恶之情

斯隆认为，作为管理者，尤其是高层管理者，必须把握好各种关系。既要做到公正客观、不偏不倚，又必须宽宏大量，不计较下属采用何种工作方式，更不能把自己对下属的喜恶之情带入管理之中。管理唯一的评价标准就是绩效。管理者一旦按照自己的口味去选人用人，对企业的长远利益而言就将是最大的不幸。而且此种情况若成为公司的惯例，下属就会阿谀奉承上司。这对一个企业将是致命的打击。卓有成效的管理者都是有自知之明的管理者，他们会冷静而理性地处理问题，会很好地面对自己不喜欢的人。

有一天，IBM 第二任总裁沃森的办公室来了一个中年人。他瞧了一眼沃森，毫无顾忌地嚷道："我没有什么希望了，丢了销售总经理的差事，现在干着没人干的闲差……"

来人叫伯肯斯托克，IBM 公司未来需求部的负责人，沃森极不喜欢的一个家伙。

伯肯斯托克知道沃森脾气暴躁，很爱面子，哪位员工敢当面向他发火，结果不言而喻。他今天抱着鱼死网破的心态来见沃森。

奇怪的是，沃森显得很平静，脸上还有一丝笑意。

伯肯斯托克开始有点紧张了。

"如果你认为我对待你不公平，那么你就走。否则，你应该留下，因为这里有许多适合你发展的机遇。"

事实证明，伯肯斯托克是个不可多得的人才。在推动 IBM 从事计算机生产方面，伯肯斯托克的贡献最大。当沃森建议公司尽快投入计算机行业时，公司总部里支持者很少，但伯肯斯托克却全力支持他。伯肯斯托克说："打孔机注定要被淘汰。我们必须尽快觉醒，尽快研制电子计算机，否则 IBM 就要灭亡。"事实证明沃森和伯肯斯托克是完全正确的。

沃森不但挽留了伯肯斯托克，而且后来还提拔了一批他并不喜欢但却有真才实学的人。

管理者需要的是人才，不是奴才。敢于对你发火的人往往都是有才能的人！因此，当你的员工中有和你口味不一致的人时，换换思路，多点宽容，也许这样你就发现了千里马！

吸引并留住我们需要的人才

人才难得，得到人才便得到发展；人才难留，留住人才便留住希望。德鲁克认为，确定切实可行的员工聘用制度是非常重要的。企业将给员工提供怎样的发展舞台？企业将怎样吸纳并留住人才呢？这是任何一个管理者都必须深思和回答的问题。要给员工提供良好的发展环境，这是吸引人才最本质的因素。优良的人才必然产生于优良的环境，优良的人才也必然聚集到优良的环境中。

通用公司就是一个为员工提供优良环境的公司。通用公司 CEO 韦尔奇前任琼斯，在任期间曾两次被评为"当前美国企业界最具有影响力的人"。曾与韦尔奇一起被纳入通用公司未来掌门人的其他五位候选人，后来也都分别出任吉梯电信、乐伯美用品、阿波罗电脑等大公司的总裁或 CEO。据调查，在美国各大公司的 CEO 中，出自于通用公司的远远超过其他公司的人。

要吸纳高质量人才，必须重视员工的薪酬，这是企业得人、留人的基本因素，所以很多公司为了觅得良才都不惜重金。

德国有一个本科生，发明了一种电子笔和辅助设备，可以用来修正遥感卫星拍摄的红外照片。该项发明公布于世后，立即引起了各国大企业的重视。美国一家企业闻讯后，立即派人前往德国找到这个本科生，并提出了优厚的聘用条件。日本一家公司也不甘示弱。双方为此激烈竞争，所给的薪酬也越来越高。最后，美国人干脆说，无论日本公司提出多少薪酬，我们都再乘以 5！最终，该本科生带着技术发明被聘请到美国公司。

要吸纳和留住人才，就要为那些新手和年轻人提供更多的机会。这个世界并不缺少人才，而是缺少让人才发挥效能的环境和机会。

联想集团为那些肯努力、肯上进的年轻人提供了很多机会。联想集团管理层的平均年龄只有 31.5 岁。联想电脑公司的总经理杨元庆、联想科技发展公司总经理郭为、联想科技园区的总经理陈国栋……上任时他们都是 30 多岁的年轻人，他们各自掌握着几个亿甚至几十亿营业额的决策权。从 1990 年起，联想就开始大量提拔和使用年轻人，几乎每年都有数十名年轻人受到提拔和重用。联想对管理者提出的口号是：你不会授权，你将不会被授权；你不会提拔人，你将不会被提拔。长江后浪推前浪，知识经济时代的人才更多是年轻人，让年轻人有机会脱颖而出是联想成功的重要条件。

从 1994 年开始，每到新年度的 3～4 月间，联想集团都会进行组织机构、业务结构的调整。在这些调整中，管理模式、人员变动都极大。通过不断地调整和变革，联想会给员工提供尽可能多的竞争机会。在工作中崭露头角的年轻人会脱颖而出，而那些故步自封、跟不上时代变化的人则会被淘汰。这就是联想的赛马理论："在赛马中识别好马。"

企业的生命是由人才决定的，要吸引人才就必须让人才看到企业的未来，要留住人才就必须让人才有发展的机会。越是有竞争，越能激发人的创造力；越是有挑战，越能激励人的进取心。

人才不是完人，人才也必然会犯错误。善待犯错误的人才，就能留住人心，而一个企业有人气、有人心，还愁没有未来吗？

IBM 一位颇有前途的基层经理为了公司的发展进行一项风险投资时，使公司损失了 1000 多万美元。总裁沃森将这名胆战心惊的经理叫到办公室。这位年轻人小心翼翼地说："我估计您希望我辞职，对吗？"

沃森却回答说："小伙子，不用紧张。我要感谢你为了 IBM 的发展敢于承担风险，我们不过是替你交了 1000 多万的学费而已。请相信，我绝不会将一位花了 1000 多万美元才获得此项经验的人才放走，请留下来安心工作。"

看了这个故事，我们不禁拍案叫绝，汉森的留人方式真是技高一筹。错误已经犯了，损失已经造成，管理者即使暴跳如雷也已于事无补。倒不如逆向思维，做个顺水人情，既可以安慰犯错的员工，使其以后更忠诚于企业，又可以向所有人才表明态度：企业给每个人才提供发展的机遇，并且不怕他犯错误。

很多企业都担心自己公司的人才被挖走。但是，阻止人才流失固然重要，而最根本的却是人才能否和企业融为一体。如果人才抵触企业的价值观，这样的人才要之何用？所以说，留人才，不要仅仅考虑薪酬，还要学会分析。

索尼公司认为："一个人选择去留主要从三个方面考虑：薪金福利是否与个人需要相适应，是否满意他所从事的工作，是否有长远发展的机会。"

惠普公司始终把招募和挽留顶尖人才作为公司的一项非常重要战略来管理，并以此作为考评经理们业绩的重要指标。

有句著名的广告词："心有多大，舞台就有多大！"对企业而言，你为人才提供的舞台有多大，你的企业就能做多大！

管理好知识型员工

在当今的企业中，拥有某方面专长的知识型员工越来越多，因此对知识型员工的管理问题也越来越突出。德鲁克认为，首先，知识型员工自身就是管理者，我们不能以他们有没有下属来判断，也不能以他们的工作数量来计量，更不能用成本来比较。知识型员工不同于传统员工，他们的权威来自于知识的权威，这本身就是一种权力。

其次，对知识型员工的管理类似于一种营销工作，意思就是你必须把知识型员工当作你的客户来对待，必须站在他们的立场考虑问题。

再次，知识型员工的流动性比较强，其管理与发展更依赖于其自身。管理者更多的是要建立一种软环境，激励他们的斗志，满足他们的精神需求，让他们通过工作实现成就感。知识型员工比传统员工有着更强烈的自我实现的欲望和冲动，所以对他们的任用、选拔就更需要进行管理创新。

按照马斯洛的人的需求理论，人的需求可以分为五个层面，其中自我实现的需要是比较高级的一种需求。作为管理者，对知识型员工要更多地理解和交流，没有什么比激励他们的斗志、满足他们的精神需要更重要的了。

惠普公司的人性化管理之道是知识型员工管理的典范。惠普公司的管理理念就是让员工"笑着离开惠普"，他们通过长期的管理实践，形成了一系列知识型员工的管理方法和管理机制。

惠普公司提倡让员工主动去解决问题。他们认为，公司雇佣员工是为了解决问题，而不是为了让管理者解决越来越多的问题。因此，高明的管理者会教会他的下属如何解决问题，而不是替下属解决问题。

有位曾在惠普公司工作过的中国员工回忆他的经历时，讲述了他的上司如何让他学会自己解决问题的事例：

在我刚加入惠普公司时，有一次我遇到一个难题，一时不知所措，就去找经理。我陈述了事情的前因后果，就问他："您看怎么办？"这在其他企业是很正常的一件事，但是我的上司并没直接回答我。他看了我一会儿，就反问我："你说该怎么办？"我一下子就懵了，心想："我跑来问你，正是自己想不出来怎么办，你怎么把问题又推给我？"于是我说，自己想不出什么好办法，才来征求领导的意见。我的上司让我回去好好想一想，等想出方法了再来找他。

我回去以后，心里挺不舒服：惠普的人怎么这样呢？我找他帮忙，他二话不说就把我打发回来了。对他来说，这件事情肯定很简单，告诉我一声不就完了吗？无奈之下，我只好自己挖空心思地想办法，结果还真想出来一个方案。第二天我又去找他，把我想出来的方案给他陈述一遍。他静静地听我说完，盯着我问道："就这一个办法？"得到我肯定的答复后，他又说:"回去再好好想想,看能不能多想几个办法。"我感到非常失望,怎么这么折腾人呢?

没办法,我只好再回去仔细琢磨,结果还真的发现有更多的思路。当我拿着三个方案再度找他时,这一次他非常认真地接待了我。听我讲完每一个解决方案的思路后,他帮我分析了不同方案的优点和缺点。分析完了以后,他对我说:"我只是帮助你分析方案的利弊,具体用哪个方案还是由你自己决策,我不替你下结论。这就是为什么你第一次、第二次来找我,我没有马上告诉你答案的原因。因为公司请你来,不是要我告诉你该怎么办,而是要你告诉我该怎么办。"

上司的一席话使这位员工受到很大的心理冲击,此后他以此为鉴,努力提高自己的能力,最终成为惠普公司的高层管理者。

面对公司知识型员工迅速增加的局面,惠普公司提出管理者要与员工分享知识的管理理念。在惠普公司看来,一个好管理者必须是一个好老师,必须会讲课才行。老师的职责就是分享知识。在惠普,只要你是管理者,最基本的要求就是要给员工讲课、做培训。

管理者只有把自己学会的知识和技能与别人分享,而且手把手地教会别人,才是一个好的老师,也才是一个合格的管理者。

惠普在全公司范围内鼓励这种行为,所以经常讲课的人晋升得快。因为在公司价值观和员工观念中,善于分享知识的管理者一定是卓越的管理者。

知识型员工都渴望获得提升和发展,所以有比较强的学习能力。管理者善于分享知识,正符合知识型员工的需要,而只有满足员工的深层需要,才能有效地管好知识型员工。

惠普公司在安排工作任务时,也非常重视发挥知识型员工的主动性和积极性。他们推行的拍卖式任务管理激发了知识型员工追求自我实现的需要,激发了员工潜能,发挥了员工优势。

惠普公司的管理者布置任务都很有技巧。

开会时,大家首先把要做的事情列出来,可能有 10 条或者 20 条。管理者不是把这些任务直接分配给下属，而是拿出来一个任务问大家：

"各位，谁愿意负责这件事？"

之后，管理者看谁主动请缨。如果没有人说话或者表示愿意去做的话，管理者并不着急，他会等到有人愿意接手任务为止。

所有的员工都知道，这10项或20项任务中，肯定每个人都有份。所以遇到自己擅长或者估计应该是由自己负责的事情时，就会有人出来接任务。就这样，所有的任务很快就分配完了。当然，每项任务都有一个完成日期。

让员工被动地接受任务和主动接受挑战显然具有截然不同的心理暗示作用。惠普公司正是通过这样人性化的管理方式来管理知识型员工的，并且取得了卓越的成就。在知识经济时代，作为管理者，必须深入反思和转型，因为管理对象已发生了巨大变化，管理手段必须跟进。

对知识型工作者的管理，必须建立在人本主义的基础上，他们更需要管理者关注，更需要管理者以一种平等的、友善的态度去交流和沟通。可以说，对知识型工作者的管理将会引起一场管理革命。如果你注意微软或者谷歌公司，你就会发现，它们的管理模式逐渐变得更加生活化、更加贴近人性、更加符合人的需要。而这一切，在不久的将来，会成为大多数公司普遍的管理模式。

培养员工的禁忌

培训和发展员工是企业发展的重要手段。给员工投资，就是在增强企业的软实力。作为管理者，在培养员工时应该注意哪些问题呢？没有思考的管理是一种愚蠢，没有原则的管理是一种渎职。所以，管理者首要明白的是培养员工时的禁忌。德鲁克认为，这些禁忌主要有三方面：一是不要过分关注员工的缺陷，即不要试图通过培养来改变员工的缺点；二是不要用偏颇的成见来培养员工；三是不要重用那些"公子哥"、"太子爷"式的人物。

关于第 1 点，前面的章节已经详细论证过，此处不再赘述。而不要用偏颇的成见来培养员工，这其实是我们经常遇到的问题。很多管理者总是希望把属下培养成和他一样的人，或者总是用严格的规定来规范自己的权威，他们认为，只有听话的员工才是值得培养的员工。然而，我们所处的这个时代，最不需要的恰恰就是太听话的员工，因为他们只是被动地执行任务，而不是主动地承担责任。有才能的人往往都敢于挑战权威。市场环境瞬息万变，要培养员工，就应该让员工明白什么情况下他可以越权行事。"将在外，君命有所不受"，让员工能有机会独立行事是对他最好的培养。

高桥达氏是日本高考泽电机总公司的总经理。他曾担任过电会社关东电信局副局长，茨城县是他的管辖区。当时，这个县的潮来电话局需要一辆吉普车，以适应鹿港岛临港区域的特殊交通条件。总公司虽然掌握着各种规格汽车的使用特权，但是不包括吉普车，不过按规定，其电话局可以提出购买吉普车的预算。然而，电话局长虽然征得高桥副局长的许可而取得了预算，但总公司却说要等上一年。大家都很着急，总希望能找到另一种解决的办法。

最后高桥先生做出决定："三天之内将吉普车拨给潮来电话局，责任我负。"高桥先生是个能人，他的做法与一般人不同。对于一般的人，如果权限操纵在上级手中，就只能消极等待，遵守繁杂的手续，因为他们会感到不这样做就没法买到想买的东西、做想做的事情。高桥先生也无权决定吉普车一事，但吉普车是急需之物，对实现公司的目标有很大帮助。所以高桥做出了超越权限的处置，没有因为无权而消极等待。

作为管理者，就应该培养这样的经理，因为高桥更明白一辆吉普车对下属开展工作的重要性。他越权行事的目的并不是藐视规则，而是因为规则已经严重束缚了企业的发展和目标的实现。这样的人往往会使他的上司感觉不舒服，但是这样的人更能够对企业的效益负责。

德鲁克所说的第三种禁忌也很有意义。"公子哥"、"太子爷"式的人物，他们最大的危害就在于眼中没有组织，可以践踏组织的任何价值观和理念。

企业一旦使用并且培养这样的人，这个企业就没有希望可言了。企业需要的是那种能上能下、能吃苦能做事、有谋略懂经营的人才；企业需要的是那种有一颗平常心，却能做出不平常的事业的人才。

20世纪70年代初，麦当劳看好香港市场，总部决定先在当地培养一批高级管理人员。他们与选中的一个著名年轻企业家经过几次商谈，但还没有最后确定。

最后一次，总裁要求该企业家带上夫人来。在商谈时，总裁问了一个出人意料的问题："如果我们要你先去洗厕所，你会怎么样？"年轻企业家沉思不语，但心里在想：我也是一个小有名气的企业家，去洗厕所，大材小用了吧！于是面试陷入尴尬。这时，他太太说："没关系，我们家的厕所向来都是他洗的！"就这样，他通过了面试。

没想到的是，第二天上班总裁真的让他去洗厕所。他坚持下来，直到后来他成为高级管理人员，看了公司的规章制度才知道，原来麦当劳训练员工第一课就是从洗厕所开始的，就连总裁也不例外！

麦当劳独特的员工培养方法的确值得我们深思。管理者往往重视人才的"才"，而很少关注员工的道德、品性，但只有能在基层吃苦的人，最终才能到高层发展。

一定不做损人之事

德鲁克认为，对于管理者而言，必须约束自己的行为，遵守正确的道德规范。他认为管理者应该向2500年前希腊希波克拉底派医师们学习，他们所遵循的首要戒律就是：绝不故意做损人之事。

古代西方医生在开业时都要宣读一份有关医务道德的誓词，这就是著名的希波克拉底誓言：

"我愿尽余之能力及判断力所及，遵守为病家谋利益之信条，并检束一切堕落及害人行为。我不得将危害药品给予他人，并不作此项之指导，虽然人请求亦必不与人，尤不为妇人施堕胎手术。我愿以此纯洁与神圣之精神终身执行我职务。凡患结石者，我不施手术，此则有待于专家为之。无论至何处，遇男或女，贵人及奴婢，我之唯一目的，为病家谋幸福，并检点吾身，不做各种害人及恶劣行为，尤不做诱奸之事。凡我所见所闻，无论有无业务关系，我认为应守秘密者，我都愿保守秘密。倘使我严守上述誓言时，请求神只让我生命与医术能得无上光荣；我苟违誓，天地鬼神共殛之。"

这一誓言被称为医生的首要戒律。德鲁克之所以特别强调管理者要记住这个戒律，就是因为最有成就的管理者都是凭"德"，而不完全靠"智"。中国有句古话："德者，才之率也；才者，德之资也。"充分说明了一个人品德端正的重要性。

"小赢靠智，大赢靠德"，这是一个管理者成功的首要素质。

这是在美国广泛流传的一个故事：

美国加利福尼亚州的克帕尔饮料开发有限公司需要招聘员工。有一个叫马布里的年轻人去面试，他在一间空旷的会议室里坐立不安地等待着。一会儿，有一个相貌平常、衣着简朴的老者进来了。马布里站起来。那位老者仔细打量马布里，眼睛一眨也不眨。正在马布里不知所措的时候，老人一把抓住马布里的手："我可找到你了，太感谢你了！上次要不是你，我女儿可能早就没命了。"

"怎么回事呢？"马布里疑惑不解。

"上次，在中央公园里，就是你，就是你把我失足落水的女儿从湖里救上来的！"老人肯定地说道。马布里明白了事情原委，原来他把马布里错当成他女儿的救命恩人了："先生，您一定认错人了！不是我救了您女儿！"

"是你，就是你，不会错的！"老人又一次肯定地回答。

马布里面对这个激动不已的老人只能作些无谓的解释："先生，真的不是我！您说的那个公园我至今还没去过呢！"

听到这句话，老人松开手，失望地望着马布里："难道我认错人了？"

马布里安慰老先生："先生，您别急，慢慢找，一定可以找到救你女儿的恩人！"

后来，马布里开始在这个公司里上班。有一天，他又遇见了那位老先生。马布里关切地与他打招呼，并询问他："您女儿的恩人找到了吗？""没有，我一直没有找到他！"老人默默地走开了。

马布里心里很沉重，对公司的一位司机说起这件事。不料那司机哈哈大笑："他可怜吗？他是我们公司的总裁，他女儿落水的故事讲了好多遍了，事实上他根本就没有女儿！"

"噢？"马布里大惑不解。那位司机接着说："我们总裁就是通过这件事来选人才的。他说过有德之人才是可塑之才！"

马布里被录用后，兢兢业业，不久就脱颖而出，成为公司市场开发部总经理，一年就为公司赢得了3500万美元的利润。当总裁退休的时候，马布里继承了总裁位置，成为美国著名的财富巨人。后来，他谈到自己的成功经验时说："一个人一辈子要做有德之人，绝对会赢得别人永久的信任！"

我们欣赏这位老先生选才重德的精神，也同样敬佩马布里诚实为人的操守。的确，一个人只有先修德才可修才，无德之人即使有才，也会对企业的发展造成危害。

一个人的德首先体现在他的人品上。

著名投资家索罗斯极重视人品，他认为一个优秀的人仅仅才华出众是不够的，还必须有上等的人品。他喜欢诚实的人，对那些做事自私、不够诚实的人，尽管他们十分聪明，也会请他们走人。正如他的朋友沙卡洛夫说："他是我所见过的最诚实的人，他根本不能忍受说谎。"这是对索罗斯的客观评价。他始终认为，许多投机商，包括一些很成功的投机商，并没有很严肃地对待自己的事业。他们只是在投机，一味地投机，而并不明白自己需要坚守的节操。

索罗斯说："那些才气纵横的赚钱高手，如果我不信任他们，觉得这些人的人品不可靠，我就绝不让他们当我的合伙人。"一次，垃圾债券大王麦克·米尔被起诉后，垃圾债券业务出现真空，索罗斯很想进入这一黄金领域。为此他约谈了好多位曾在米尔手下做事的人，想请他们做合伙人。

但是，索罗斯发现这些人忽视道德，很难让人信任，所以最后放弃了原有计划。他觉得他的团队有这些人参与他会很不舒服，尽管他们积极进取又聪明能干，也很有投资天分。

索罗斯认为，如果一个人不值得别人信任，即使这个人拿世界上所有担保品做担保，也不要借钱给他。

索罗斯如此看重合伙人的人品，与他的观念有莫大关系。他认为，金融投资需要冒很大的风险，而不道德的人不愿意承担风险，所以这样的人不适宜从事高风险的投资事业。他说："冒险是很辛苦的事。不是你自己愿意承担风险，就是你设法把风险转嫁到别人身上。任何从事冒险业务却不能面对后果的人，都不是好手。"

索罗斯之所以重视合伙人的人品，原因就在于：一个没有道德的人，为了利益会为所欲为、不择手段，而今日的姑息将造成未来巨大的损失。

作为管理者，在选用人才时，必须非常重视一个人的品德和责任心。李嘉诚成功不忘老员工，做很多慈善事业；牛根生被认为是中国捐股第一人，他将自己在蒙牛集团所持有的股份全部无偿捐献做慈善基金，这些成功者，都有着深厚的人文底蕴和高超的道德境界。

而有些管理者认识不到坚守道德的重要性，有些人甚至是在故意做损人之事。他们只追求利润，而不顾忌基本的道德操守和职业规范。比如，他们不能足额向雇员支付薪水，或者用苛刻的条件变相地剥夺雇员的劳动所得，为了利己而给员工制定没有意义的管理制度，等等。在德鲁克看来，正是这些人的为所欲为和不受约束导致了管理层和雇员之间的对立。这种对立表面看来是劳资纠纷，实质却会造成社会的分裂。对于管理层而言，薪水并不是唯一激励员工积极性的因素。员工更喜欢有责任感的管理者，有号召力和感召力的管理者都是靠德而不是靠才领导他的属下的。

尊重你的每一个员工

人是企业最重要的资产，因此，德鲁克认为，管理者必须尊重每一位员工。尊重并不单单是一种礼貌的要求，更重要的是基于这样一个理念：员工才是企业真正的主人。

松下幸之助认为，不论是企业或是团体的管理者，都要尊重员工，使属下能高高兴兴、自动自发地做事；要在用人者和被用人者之间建立双向的沟通，也就是精神与精神、心与心的契合。

因此，当你指挥员工去做事时，千万不要以为只要下了命令，事情就能够达成。做指示、下命令当然是必要的，然而，同时你也必须仔细考虑，对方接受指示、命令时会有什么反应？你是否尊重他？

只有充分地站在被管理者的位置上思考管理，管理才能产生实际效力。

尊重你的员工，就应该虚心地听取并接受他们的意见。

1965 年，在本田公司技术研究所内部，人们为汽车内燃机是采用"水冷"还是"气冷"的问题发生了激烈争论。社长本田宗一郎是"气冷"的支持者，所以本田公司新开发的 N360 小轿车采用的都是"气冷"式内燃机。

然而，1968 年在法国举行的一级方程式冠军赛上，一名车手驾驶本田汽车公司的"气冷"式赛车参加比赛，在跑到第三圈时，他由于速度过快导致赛车失去控制，撞到围墙上。不久，油箱爆炸，车手被烧死在车里面。此事引起巨大反响，也使得本田"气冷"式 N360 汽车的销量大减。因此，本田技术研究所的技术人员要求研究"水冷"内燃机，但该请求却被本田宗一郎拒绝了。一气之下，几名主要的技术人员决定辞职。

副社长藤泽感到了事情的严重性，于是就打电话给本田宗一郎："您觉得在公司是社长重要呢，还是一名技术人员重要呢？"言外之意是，作为社长，你的职责就是为公司的长远利益进行谋划，而不让技术人员研究"水冷"，那就是失职。

本田宗一郎惊讶之余回答道："当然是社长重要啦！"

藤泽毫不留情地说："那你就同意他们去搞水冷引擎研究吧！"

本田宗一郎这才省悟过来，毫不犹豫地说："好吧！"

于是，技术人员开始进行研究，不久便开发出了适应市场的产品，公司的汽车销售也大大增加。这几个当初想辞职的技术人员均被本田宗一郎委以重任。

1971 年，本田公司步入了良性发展的轨道。有一天，公司的一名中层管理人员西田与本田宗一郎交谈时说："我认为我们公司内部的中层领导都已经培养起来了，您是否考虑一下培养接班人呢？"

西田的话很含蓄，但却表明了要本田宗一郎辞职的意愿。

本田宗一郎一听，连连称是："您说得对，您要是不提醒我，我倒忘了。我确实该退下来了，不如今天就辞职吧！"

由于涉及移交手续方面的诸多问题，几个月后，本田宗一郎把董事长的位子让给了河岛喜好。

尊重你的员工，是一种发自内心的认同，而不是表面的虚情假意。本田宗一郎尊重下属的意见，反映了他虚怀若谷、谦逊为人的优秀品质，这才使本田公司有了今日的繁荣。尊重你的员工，就是尊重员工哪怕是细微的智慧和贡献。

国内有家公司十分尊重员工智慧，并为此建立了发明创造制度。并且，该公司对员工的智慧和发明创造一律用高额奖金予以鼓励。

在该公司中，不仅仅是大的发明创造，只要对公司有益，或者能使公司节约成本、进一步得到完善的发明创造，即使微如芥豆，也都会受到奖励。更有甚者，哪怕仅是改变一下办公室的布置也不例外。

刘军是该公司的秘书，为了查找资料，他每天要到资料室跑好几趟，又累又烦还浪费时间。有一次，刘军看着办公室，突然想起可以调整一下办公桌的位置，使它们挨得紧一些。这样就腾出一块空间，可以放几个书柜贮存资料了。

刘军把这个想法向上司一说，上司觉得这个建议很好，就采纳了。现在，刘军办公室的同事们每天再也不用跑资料室了，因为资料就放在办公室里。这种格局使他们既节省时间又节省精力，可谓两全其美。

于是，刘军这个改变房间布置格局的建议也就成了一种创造。根据发明创造奖的标准，刘军由此每年将获得相当于纯节约额 25% 的奖金。

由此可见，该公司的奖金和表彰制度不仅充实了员工的腰包，而且也使该公司的管理变得更加健康合理。

尊重员工，必须可以落实，可以操作。员工即使是在一个小细节的贡献也应该奖励，这样的尊重能使企业保持恒久的动力和创造性。

不论如何，人总是喜欢在自主、自由、被尊重的环境中做事。唯有如此，创意和灵感才能层出不穷，工作效率才会提高，个人成长的速度才会加快。因此，作为管理者，站在培养人才的目标上，必须设法塑造一个尊重员工的环境，而且尽量采纳他们的意见，以各种手段来推动工作，这样自然就能上下一致、相互信任。尊重你的员工，一方面能促使员工成长，一方面也能使事业突飞猛进。

让员工热爱自己的工作

德鲁克认为，管理者必须使员工的工作有成效，有成效的员工才能热爱自己的工作。

法国企业界有句名言："爱你的员工吧，他会百倍地爱你的企业。"一个不懂关心自己手下员工的管理者，他的企业永远不会成功。

要使你的员工热爱自己的工作，首先必须学会赞美和欣赏员工。任何人都有优点，发现你的员工的优点并毫不吝啬地赞美他，就会使他激发出无穷的创造力。

成功学家拿破仑·希尔在小时候被所有人认为是一个"朽木不可雕"的坏孩子。在人们的眼中，他做的每一件事情都是错误的，以至于他们形成这样一种习惯：任何时候只要发现有人做了一件令人感到费解的事，那一定是希尔干的。希尔从来没有得到过人们的赞扬，甚至包括他的家人。那么，希尔后来又是如何变得优秀，直到成为人们公认的杰出者的呢？其实很简单，只是源于继母对他的肯定、对他的赏识。这给了他一种无形的力量，让他从自卑中走了出来。

那时，希尔无论走到哪里，都是一位不受欢迎的孩子，他似乎永远与善良和温顺的品性无缘。以至于在他的母亲去世后，父亲当着继母的面说："这就是拿破仑·希尔，他是所有孩子中最坏、最没有出息的一个。"他的继母是一位有着良好修养的人。她看得出来，希尔这孩子并不坏，恰恰相反，他显得比别的孩子更聪明。所以，在以后的日子里，他的继母非常注意发挥希尔的这种品性。

希尔以前从来没有得到过这样的关怀，他的许多行为第一次得到了别人的赞许，他也第一次获得了一种宽慰与鼓励。在希尔成长的过程中，他的继母一直用她的爱心与信心塑造着一个全新的希尔。希尔也没有辜负继母的厚望，终于通过不懈的努力，成了一个不平凡的人物。

希尔的成功经历充分说明，任何人都需要得到别人的肯定，即使是公认的没有出息的人。管理者从事的是关于人的工作，因此必须学会赞扬和欣赏别人。当你学会欣赏你的员工时，这就意味着，你的企业的绩效将会进一步提高。

管理者不但要学会欣赏员工，更要热爱员工。企业的价值是员工创造的，也只有热爱员工，才能真正使员工把企业看作他的家。

士光敏夫是东芝的领导人。他70多岁高龄的时候，还走遍东芝在全国的各个分公司、企业，有时甚至是乘夜间火车亲临企业现场视察。即使是星期天，他也要去工厂走一走，与保卫人员和值班人员亲切交谈，从而与下属建立了深厚的感情。

他说："我非常喜欢和我的下属交往，无论哪种人我都喜欢与他交谈。因为从中我可以听到许多创造性的建议，这能使我获得极大的收益。"

有一次，士光敏夫在前往东芝工厂途中，正巧遇上倾盆大雨。他赶到工厂，下了车，不用雨伞，对站在雨中的下属们讲话。他激励大家，并且反复地强调"人是最宝贵的"的道理。下属们非常感动，他们把士光敏夫团团围住，认真倾听他讲的每一句话。

炽热的语言把大家的心连到了一起，使他们忘记了自己是站在瓢泼大雨之中。激动的泪水从土光敏夫和员工们的眼里流出来，此情此景，感人肺腑。

讲完话后，土光敏夫的衣服早已湿透。当他要乘车离去时，激动的员工们一下子把他的车围住了。他们一边敲着汽车的玻璃窗，一边高声喊道："社长，当心感冒！保重好身体，才能更好地工作。你放心吧，我们一定会拼命地工作！"

面对这一切，土光敏夫情不自禁地泪流满面。他被这些为了自己公司兴旺发达而拼搏的下属们的真诚所打动，他更想到自己的职责所在，那就是热爱员工，使他们有一个共同的家。

热爱你的员工，不是虚伪的客套的宣言，而是一种人性的真诚流露。没有绩效的公司没有未来，而没有人情味的公司则没有凝聚力。

使下属具备"管理者态度"

政治家常常说，成为一个成功的政治家，30%得自于天赋、地位与权力，其余的70%则是由该组织成员的支持程度所构成。同样的道理，一个企业管理者，如果不能被他的员工所接受和支持，其工作绩效就会大大降低。

德鲁克认为，员工对公司、自己的职位、产品以及工作都会有自己的认识和态度，这种认识和态度往往和管理者是不一致的。由于这种认知上的差距，员工并不能把企业的使命和目标当成自己的使命和目标。所以就需要使下属具备一种"管理者态度"，即让员工和管理者处于同一目标环境中，让员工把企业的目标内化为自己的目标。

要使员工和管理者达成共识，使员工具备管理者态度，那就必须使员工具有主人翁精神。

德鲁克发现，一项既定的目标，即使非常科学，要下属来认知和认同也十分困难。然而，如果一项管理目标不能被下属接受并转化为下属自己的目标，那么这项目标的实施就会遇到阻碍。只有使下属成为公司的主人，使他们具有主人翁精神，才能充分调动他们的积极性、主动性和创造性，使管理目标得到切实有效的贯彻和执行。怎样才能做到这一点呢？德鲁克认为，请下属参与目标的制订是有效的手段之一。

对于下属来讲，他们需要的是一种实实在在的"主人"的感觉。请下属参与目标的制订，亲身体验使他们认识到了自己主人翁的地位，认识到了目标决策的科学性，从而自然而然地产生与管理者一致的看法。相应地，他们心中主人翁的责任感也就油然而生，促使目标的付诸实施也就会成为他们的自觉行动。我们国内的很多企业采取的是一种专制的管理，员工没有权利参与决策，他们完全是执行者。强而有力的执行力固然重要，但没有使命感的工作是很难使下属产生工作热情的，反而会诱发逆反心理。难怪有的员工说，我们不是主人，我们是奴隶！当员工把自己仅仅当作是一个做事者时，他们对工作就不会尽力，而心理上缺乏认同感，他们就会抵触工作。所以，管理者必须使员工具备主人翁精神，使他们不但是做事者，而且是管理者。

要使员工真正具备管理者态度，还必须把员工当作合伙人，让员工把工作当作自己的事业，而不是职业。

无论怎样，为企业创造效益最终要靠人，要靠员工。而尊重员工的创造，把员工当作企业的合伙人，员工就会不只是把工作当作谋生的手段，而当更会做一种责任和事业。

第六章
有效管理
——结果决定一切

德鲁克认为，良好的企业管理，必然是有效的管理。有效的管理必须区分清楚有效和有效率以及做正确的事和正确地做事。有效管理是一种结果导向型的管理。绩效是有效管理的根本，结果说明一切，结果决定一切。高绩效必然涉及责任、时间期限以及最终的成果评价，决策者必须有效地评估成果，没有评估就没有好成果。企业家要建立绩效精神。以结果为导向，重视管理成果的有效性，并为自己所做的决策负责，这是真正的高级管理者。企业家要贯彻绩效精神，就必须进行有效的成本控制，运用好奖惩制度，并且不断地追求完美。

用管理取代专制

专制时代的终结

德鲁克认为，如果没有运转正常的独立性组织，我们就无法拥有民主，专制将是唯一的宿命。专制用威慑取代了责任，用强制替代了自由。专制的问题在于管理者将一切都囊括在臃肿而低效率的官僚组织之内。这种组织资源利用率低，产品质量低下。所以，使我们的组织能够独立自主并且高效运转，用独立自治的组织管理代替专制，是使我们摆脱专制的唯一途径。

德鲁克的这一思想，立足企业内部的权力构成，对解决大企业的权力分配问题尤其有效，对于中小企业也非常有启发意义。

在当今社会，企业应该独立承担责任和风险。这就取决于企业以什么样的形态存在，企业的管理机制和职权划分是尤其关键的问题。在企业发展的特定阶段，权力体系不同，管理方式也不同。对于创立不久、规模比较小的企业，企业的领导者对企业的作用尤其重要，一般在这种情况下，企业权力比较集中。当企业发展到一定阶段后，规模扩大，机构增多，此时分权、授权就非常重要。

如果单纯从资源配置效率来看，专制式的企业效率更高，但有效率不等于有效。所以，管理就应该使企业成为一个负责任的独立组织，使其能够有效地达到目标。很多企业把效率作为企业发展的中心问题，在管理上独裁专制，结果导致"企业管理基本靠吼，项目管理基本靠凑，管理人才基本要走"。这种现状反映出当前企业领导者管理水平的低下，也突出说明了企业家有效管理的重要性。

所以，卓有成效的管理者必须学会用管理取代专制。在企业组织结构逐渐扁平化的时代，企业的管理成本和沟通成本迅速提高。管理者如果还固守专制的管理方式，就会降低管理的有效性，从而降低企业的绩效。管理者应该以积极的态度来面对管理的挑战，维护人的尊严和自由，实现人的发展和企业的发展的统一，从而终结专制时代。

管理者要学会授权

管理者要改变专制的管理方式，首先必须学会分权。分权指的是处理管理高层和基层的关系，其目的是发挥基层组织的主动性和创造性。通过把管理决策权分给下属组织，一方面能调动基层管理者的积极性和主动性，另一方面也能使管理者集中精力应对少数关系到全局利益的决策问题。分权制是现代企业普遍遵循的管理规则，与企业的制度设计相关联，此处不再赘述。

管理者要改变专制的管理方式，其次要学会授权。授权是担任一定管理职务的领导者在实际工作中，为充分利用专门人才的知识和技能，或在出现新增业务的情况下，将部分解决问题、处理新增业务的权力委任给某个或某些下属实施的管理方式。诸葛亮一生英名，却不善于授权，以致壮志未酬，客死五丈原。他的死因就是事必躬亲、过度劳累，结果积劳成疾，不治而亡。可见，勤劳与否并不是评价管理者能力高下的准则，高明的管理者一定要善于授权于人，用他人的智慧完成自己的工作。

三星集团是享誉世界的财团，其总裁李健熙深谙授权之道。

1994 年 10 月，他把大小事一把抓的总裁秘书室规模大幅缩小，分设出主管电子、机械、化学及金融保险的四个集团长，将权力充分下放给由集团长和总裁秘书室主任等七人组成的集团经营委员会，负责最高层的决策。李健熙的充分授权，并不意味着他权力的衰减。这七个人都是跟随他多年、与他最亲近的企业高管，他们一直在李健熙的授权下工作，对李健熙的想法知之甚详。即使李健熙不在，他们也能够做出与李健熙意见相差无几的决定。

给下属充分授权，并且使自己的目的充分实现，这一点，李健熙做得最好。

管理者必须学会授权，授权能使企业更有竞争力，死死抱住权力则会抱死企业。

授权的基础是信任，很多领导者之所以不愿意授权，就是因为不信任下属。所以，决策者要学会授权，就要信任自己的下属。充分信任是授权的前提条件，福布斯公司以信任为基石充分授权的管理机制非常典型。

福布斯的员工都感觉到：在自己的职位上可以充分发挥想象力和创造力，可以自主地处理业务，完全不必担心领导会对你指手画脚。对此，雷·耶夫纳感触颇深。他刚到福布斯工作时，公司就给他高薪。当时，雷·耶夫纳的任务是调整福布斯的 LAI 附属机构，使该机构的《LAI 周报》重振雄风。布鲁斯·福布斯给他的唯一指示是："一切由你全权处理，我只要你的结果。"

雷·耶夫纳非常感激布鲁斯·福布斯对自己的信任，工作热情无比高涨。每天早上他和福布斯各部门主管轮流会谈，谈论各部门的进展状况，决定哪些主管该和布鲁斯·福布斯面谈。雷·耶夫纳如是说："那是我第一次感到自己掌握着权力。"他开始全面改革，他让手下有事直接向他汇报，而不必像以往那样层层报告。6 个月后，LAI 果然重振雄风，雷·耶夫纳也从此声誉日隆。这一切都得益于布鲁·福布斯的充分信任。

信任是相互的，你对下属信任，也必然会换来下属对你的信任。信任是管理者对下属能力的肯定，也是对其工作的尊重。管理者的权力来自于其工作职位，是为了实现企业目标。因此，这种权力只有让肩负工作使命的人拥有并行使才合情合理。管理者充分授权于下属，并且充分信任下属，将心比心，才能充分调动下属的工作积极性和热情。任何人都需要别人的肯定，管理者敢于授权，也是对自我能力的肯定，这意味着管理者有能力掌控局面。

管理者要学会授权，更重要的是要学会有效地授权，有效地授权是一项重要的管理技巧。为获得最佳成效，管理者还应适当地监督被授权者，同时给予正面的回馈。

高尔文是摩托罗拉创始人的孙子，在 1997 年他接任摩托罗拉的 CEO 时，就认为应该充分授权，让高层主管自由发挥其能力。

然而自 2000 年开始，摩托罗拉的市场占有率、股票市值、公司获利能力连连下跌。摩托罗拉原是手机行业的领导者，但当时其市场占有率却只有 13%，而劲敌诺基亚则达到 35%。另外，其股票市值也缩水了 72%。到 2001 年第一季度，摩托罗拉更创下 15 年来第一次的亏损纪录。

美国《商业周刊》当时给高尔文打分数，除了远见分数为 B 之外，他的管理、产品、创新都得了 C，对股东贡献的分数则是 D。而这一切，都是由于高尔文授权监督不到位，没有掌握公司真正的经营现状造成的。他一个月才和高层主管开一次会，在写给员工的电子邮件中，谈的则全是如何平衡工作和生活等话题。

高尔文的授权并没有错，但授权不等于自由放任，更何况他对公司真正的状态并不了解。摩托罗拉曾公开宣布，要在2000年卖出1亿部手机，但最终却没有达到目标。而更重要的是，内部员工几个月前就知道该目标无法达到，只有高尔文蒙在鼓里。

直到2001年年初，高尔文才意识到问题的严重性，意识到摩托罗拉的辉煌可能就要断送在他的手上。于是他解聘了首席运营官，进行组织重整，让六个事业部直接向他报告。他也开始每周都和高层主管开会。

管理者不能使授权流于形式，更不能放任自流，授权的同时必须进行控权。没有监督的权力不是合法的权力，没有监督的授权不是有效的授权。成功的授权必须具备有效且反应迅速的管控系统，以此系统监督受任部属及完成任务的进度。授权过程实际上是提升管理者自身及部属能力的最好机会，你可借此激励、评估各层次部属的表现。

管理无定式，管理者切忌走极端，集权还是授权应该视情况而定。但毫无疑问，充分授权和充分监控的平衡才是有效的授权，而如何去平衡两者的关系则是有效授权的艺术。管理者所要做的就是从管理实践出发，迅速提高自己的管理艺术水准。

绩效第一

德鲁克管理思想中极其重要的一点就是有效管理，作为管理者必须深入领会其思想实质。有效管理的中心问题是绩效，有效管理要求管理者追求管理的成果，是一种结果导向型的管理理念。然而遗憾的是，相当多的管理者并不能意识到有效和有效率的区别。有效追求的是管理的成果，是组织做出了什么、达到了什么样的目标；有效率追求的是手段，是过程，是速度，是实现目标的方法。所以有效率并不见得有效，而最有效的管理却是高效率地完成高质量的成果。

绩效是有效管理的根本，即使最好的战略、最优秀的团队、最完美无缺的计划，如果没有绩效产出，那么一切也都是空谈。绩效是组织期望得到的结果，是组织实现其目标而展现在不同层面上的有效输出，它包括个人绩效和组织绩效两个方面。组织绩效建立在个人绩效实现的基础上，但个人绩效的实现并不能保证组织绩效的实现。组织的绩效被层层分解到每一个工作岗位以及每一个人的时候，只要每一个人都达到组织的要求，组织的绩效就实现了。但是如果组织战略有失误，那就可能造成个人绩效目标的实现而组织绩效的失败。

对于任何一个企业而言，都必须把注意力集中在绩效上，因为结果说明一切，结果决定一切。企业要建立绩效精神，绩效精神的第一要求就是建立高绩效标准。无论是企业还是个人，为达到绩效标准，都必须坚持不懈地努力。韦尔奇曾经在通用实施"数一数二"战略：一项事业若无法成为市场上的第一名或第二名，就应该卖掉；而企业每年应该淘汰绩效表现落在最后的10%的员工。这些做法不仅让通用成为20年来全球最具竞争力的企业，而且促使全球企业争相仿效。为什么通用作为一个巨无霸企业，还能辗转腾挪，像小企业一样决策和行动呢？关键就在于通用建立了完善的绩效标准，这一标准激发了组织和个人无穷的创造力。古人云："取法于上，仅得其中。"只有确立高绩效标准，才可能实现高成效，才可能超越过去，超越现在。

绩效精神的第二要求就是最优化法则。高绩效标准需要高效率地完成，实现高绩效的有效方法就是最优化选择，即管理者及下属必须确定自己所做的是自己必须做的，也是最需要自己做的、最能体现自身价值的事情。

艾维是一位管理咨询专家，在1904年他走访伯利恒钢铁公司总裁施瓦布时说："尊敬的施瓦布先生，我有个主意会帮助您提高工作效率。由于今天我主动上门，因此，你可以在感到有价值后再确定给我多少报酬。"

施瓦布说："听起来好像我不吃亏！您的主意是什么？"

"其实很简单，从每天开始，请您按顺序列出今天你必须做的六件最重要的事，然后开始进行 1 号事情，同时不要考虑其他事情，直到你完成为止，然后你需要重新评估其他 5 件事以确定其重要性是否发生了变化。接着，着手 2 号事情，完成之后，继续评估……依次进行。这样如果一天结束时，你没有全部完成六件事也没关系，因为即使采取其他办法，你也无法完成它们，而且你已经做到了最需要你做的事情！即使一天过去，你连一件事都没有做完也没关系，因为，你仍然在做最需要你做的事情。"

施瓦布半信半疑地向他道谢！ 4 个月后，艾维收到了他寄来的 2.5 万美元的支票，并且附言："非常感谢您，您的建议是我整个一年里获得的最重要的主意！"

施瓦布之所以主动给艾维支付报酬，是因为艾维的方法迅速提高了他的绩效。管理者通常了解很多提高效率的方法，但却很少找到提高绩效的方法。艾维的方法就非常值得学习。这种最优化方法告诉管理者：要实现高绩效，就必须改善工作方法。任何人都明白要做重要的事，但更重要的是你必须确定做最需要你做的事。很多事很重要，但是别人可以替代你，此时你就应该授权于人。高绩效必须最大限度地发挥个人能力，因为卓有成效的管理者都在做不可替代的工作。

管理者追求高绩效，并不是不重视效率，而是在注重结果的同时提高效率。官僚化是严重影响绩效提高的因素。20 世纪 80 年代以来，世界 500 强企业中有 1/3 黯然退出，他们失败的原因大多与官僚化有关。很多企业通过改革走出了困境，比如 IBM、三星等。所以，决策者和管理者必须适时进行变革，提高组织绩效能力。

20 世纪 70 年代，世界汽车市场疲软不堪，此时又发生了汽车经济危机。通货膨胀导致物价上涨，公司经营困难重重，菲拉特公司步入历史上最困难的时期。公司不仅连年亏损，汽车的市场占有率也直线下降。当时有人说："最好丢掉汽车公司这个沉重的包袱。"语出惊人之余，公司上下一片恐慌，大家都不知道自己什么时候会被公司抛弃。

危难时刻，阿涅利任命年轻的维托雷·吉德拉出任菲拉特汽车公司总经理。许多人对他充满了期望，拭目以待。

吉德拉表现得似乎很平凡。他总是微笑着与员工们谈话，了解情况。每次，他都会将一些问题记录在自己的小本子上。不久，他的笔记本就剩下最后一页了。

一个星期天的早晨，吉德拉主持召开了一次会议："现在，公司的境况非常糟糕！身为一位菲拉特的老员工，我深感不安。今天，我希望大家告诉我，问题到底出在哪里？"

时间似乎凝滞了一般，没有人情愿说出自己的心里话。

随后，吉德拉便宣布："散会！"

大家都木然地离开会场。此时，会场中只剩下吉德拉一个人。想起那些人毫无表情的面孔，吉德拉却爽朗地笑了。原来他的目的已经达到了一半！

几天后，他又主持召开第二次全体会议。这次他提出了自己的见解："我们要进行彻底的机构调整，希望你们有必要的心理准备与承受能力。现在公司中存在的最严重问题是官僚化、组织机构重叠、效率低下、企业没有活力……"

会场上依然鸦雀无声，因此，吉德拉开始顺利地推行自己的改革计划。

吉德拉以雷霆手段开始改革，他首先关闭了国内的几家汽车分厂，解雇了1/3的员工，并且将海外一些效率低下的机构撤销。同时，公司还停止向北美销售汽车……这一系列举动都旨在提高效率。

吉德拉的"精简高效"在执行过程中遇到了强大的阻力。菲拉特公司曾经被称为"解决就业的典范"，由于此次进行大幅裁员，所以引起了社会各界的指责。吉德拉为此承受了巨大的精神与舆论压力。

然而，吉德拉并不气馁，他开始对企业的生产线进行改造：淘汰那些生产效率低下、技术落后的生产线，大量采用新工艺、新技术，从而极大地提高了生产率，增强了产品的竞争力。菲拉特公司开始出现欣欣向荣的局面。

同时，他对于销售层面的改革也紧锣密鼓地展开了。从前，菲拉特不需要经销商支付任何预付金，并且当经销商将汽车销售完之后，公司也不急于要求他们回款，这严重地影响了公司的资金周转速度。为此，吉德拉做出新的规定：凡是经销菲拉特公司汽车的经销商，必须在出售汽车之前垫付一定的金额，否则不予供货。这项规定生效后，有近1/3的经销商退出了代理。然而这并没有影响公司的市场份额，大多数代理商对公司改革表示支持。

吉德拉为什么会成功？因为他找到了菲拉特公司严重亏损的症结所在。他提高绩效的办法就是充分了解情况，然后有步骤、有方法地改革。管理者不要迷信拯救企业的高深方法，提高绩效的方法永远要从企业自身去寻找，改变首先要从自身出发。管理者必须掌握独特的方式方法，才能最大化地提高绩效。

总之，企业必须建立绩效精神，必须以绩效精神为准绳，杜绝官僚主义，从而使企业保持良好的竞争优势。

没有评估就不会有好成果

高绩效必然涉及责任、时间期限以及最终的成果评价。德鲁克认为，必须有效地评估成果，没有评估就没有好成果。管理者不应该只看到表象，而要关注组织以及他人如何实现绩效。企业必须建立完善的绩效评估体系。

我们以通用公司和科龙公司为例，来分析如何进行绩效评估。

通用公司有一套完善的绩效评估体系，其中最重要的评估内容有四方面。

1. 过程评估与年终评估

评估是为了激励员工，所以要及时给予信息反馈，员工表现好时要及时表扬，员工表现不好时要及时提醒。年终评估时，所有的评价都是根据平时的表现，这不仅有说服力，而且人力资源部的工作也不繁杂，因为全年不断地积累素材，结果自然水到渠成。

2. 评估软性因素

价值观等软性因素的评估也不好量化，通用公司解决这一难题的有效方法是把工作放在事前。凡是加入通用公司的员工，首先被告知的是通用公司价值观的内容，然后会有与价值观有关的各种培训，员工对价值观的感悟会不断地得到强化。培训不是叫员工背诵价值观的内容，而是用发生在公司的事实行为来说明价值观对公司的重要意义。

3. 评估结果密切联系个人

评估的结果与员工的薪酬、培训、晋升、工作调动等密切挂钩，同时评估也是为了提高和完善员工自身素质。公司会尽可能满足员工的愿望。

4. 360 度评估

360 度评估是为了有效促进管理者和员工评估自我发展、自我提高，作评价的是上级、下级、同事、客户。由被评估者自己在这些人中各选择几个人来做评价，对于考核的结果由专业机构来分析，这样可以保证结果的客观性与科学性。在这种评估中，公司不用担心员工因在选择评估者时只选择与他关系好的人而导致评估结果的失真，因为这种评估是为了员工自我管理，是为了帮其发现自身的不足。

通用公司的评估方法侧重过程和软性因素，其评估的特点在于全面提高管理者和员工的能力，追求评估的实用性。而科龙公司的评估方法则相对系统、具体。

科龙公司的绩效评估采取自上而下的方式，分为三个层面。

1. 高层绩效评估

其主要指季度考评。在每个季度结束后，各部部长（业务部门叫总监）都要填写一份《科龙干部绩效季度评估表》。表中内容主要有四部分：季度业绩回顾、综合素质评价、综合得分和评语。填写时，先由部长对上述四部分内容一一做出自我评价，然后再由其直接领导（总裁或副总裁）对上述内容做出评价，最后由领导填写评语。

2. 中层绩效评估

这是绩效评估工作的重点和难点。不同的部门职责不同，而且涉及人数和范围很广，有时还会有交叉考核或共同考核的情形。比如，在全国的30 个分公司中，冰箱分公司经理和业务代表由冰箱营销本部考核，而分公司的财务经理则同时由财务部和冰箱营销本部协调考核。

各部门对科室或分公司进行绩效评估的频率大致是每月一次。而每季度、每半年和每年的绩效评估，也会与当月的月度评估同时进行。但各部门评估方法和评估指标差别很大。以市场研究部为例：

月底，市场研究部根据月初确定的工作计划对各个科室的各项工作进行一一检查，然后按照各项工作的质量、效率、工作量等指标逐项评分，最后根据评分数据产生每月、每季、每年的明星科室、金牌科长、需改进者（后进员工）。该项工作由该部门自行开发的电脑软件和模板自动执行，可以在任一时刻查询任一科室和人员的绩效动态。

3.基层绩效评估

对具体员工的绩效考核频度，一般也是每月一次，但评估指标较简单，它只对与其职责相关的指标负责。在总部，这项评估工作的执行者就是科长；而在分公司，执行者则是分公司经理。

但在实际执行中，不但绩效评估指标经常处于动态变化之中，而且各种绩效评估的方法也会交叉或同时使用。另外，公司还会采取其他一些评估手段，比如"360度评估法"。

根据每月、每季、每半年及每年的绩效评估结果，科龙各级管理层都会以正式的书面报告来公布评估结果。在绩效评估报告里，结果与相应的奖惩举措相伴随。

对于团队中表现最好的20%和最差的10%，则通过绩效面谈的方式来沟通。通过绩效面谈，使优秀者继续保持其优秀的绩效，并为其进一步发展提供指导；对于表现不佳的员工，则进行提醒、分析、指导或警告。

对于那些绩效表现变化显著的员工，管理者也对其进行绩效面谈，以便更加准确地了解变化的原因，从而采取针对性的举措。

一般而言，管理者在进行绩效评估时，往往只重视评估的部分，而忽视了指导的部分，实际上，绩效评估具有两个重要职能：一是评估，即总结员工过去的表现，以做出具体的评价，决定是否应给予适当的报酬，例如调薪或是职务的升迁等；二是指导，针对员工未来的发展，主管必须提供必要的协助与咨询，例如，哪些地方需要改进，员工的专长有没有获得全面发挥，员工未来在组织内的发展等。

企业只有建立完善的评估体系，才能有效地提高企业的绩效能力。我国很多企业都在积极探索各种评估方法，但也存在很多误区。

1. 误区一：过度量化

量化管理是手段，手段是为了实现高绩效。企业管理中的很多因素无法评估，比如软性的价值观、理念等。很多企业迷信于绝对的量化，反而失去了量化的意义。管理是对人的管理，完全的量化会把人物化、工具化，从而迷失管理的真正目的。管理是为了有效，而不是有效率。纯粹的量化简化了管理，却扼杀了管理的灵魂。

2. 误区二：指标过细

企业的评估指标是为了使考评有所依据。企业职能部门利用自身最擅长的专业知识和技能，精心设计出远远偏离企业目标的个性化指标体系，最终只会导致企业的目标缺失、发散。繁复的指标会使企业迷失方向，在这种指标体系中工作，越是正确地做事，越会偏离企业目标。

3. 误区三：指标过全

缺少针对性的评估体系不如没有指标。二八法则揭示：对事物总体结果起决定性影响的只是少量的关键要素。管理者必须善于抓大放小，只要抓住属于关键的较少部分指标，就足以统揽全局。检验指标设计的水准，主要看指标是否提高了绩效、是否有效。

4. 误区四：片面重视财务指标

许多企业追求单一的财务指标，其实财务指标反映的只是过去的结果，管理者更应该面向未来。利润不是企业最重要的目标，客户才是企业生存和发展的根本。对客户资源进行有效管理才是绩效管理的归宿，任何一种高绩效都必须通过客户才能实现。

管理者必须时刻反省，任何评估方法都替代不了人的作用。评估是手段，是方法，而不是目的，评估是为了企业达到高绩效，是为了全面促进员工的工作积极性，没有评估就没有好成果，但错误的评估则会彻底扭曲企业的发展目标。

我们需要企业目标

任何企业都有目标，但不是任何企业都能实现目标。企业要明确自身的目的和使命，但更为重要的是企业要将目的和使命转化为企业目标。企业目标的实现，不是纸上谈兵，更不是空中楼阁，管理者必须用行动实现目标。成功者都善于把使命转化为目标，并用行动实现目标。

我们有理想，因此我们不需要高谈理想、阔论未来。我们需要准确地把握现实，灵活地面对市场，需要以变革之心应对市场变化，因为我们要实现高绩效。

成功者都能准确认识自己的理想，都能将理想转化为自己的目标，并毫不犹豫地去行动。

这是一个著名的故事：

有一个年轻人，他对大学制度的弊端已经思考很久了，对此他有很多想法。一天，他终于鼓起勇气，向校长提出若干改进大学制度的建议。结果他的意见没有被校长接受。于是，他作了一个在当时称得上是骇人听闻的决定——自己办一所大学。他要自己来当校长，以消除这些弊端。

在当时，办学校至少需要 100 万美元。这可是一笔不小的数目，上哪找这么多钱呢？难道要等到毕业后再挣吗？那实在遥不可及。

这个年轻人每天都将自己封闭在寝室里冥思能赚到 100 万美元的各种方法，他坚信自己可以筹到这笔钱。同学们都认为他是白日做梦、不切实际，因为天上不会掉馅饼。

有一天，这个年轻人意识到，不能再停留在思考层面了，长此下去永远也不会有什么结果。于是，他做出一个决定，那就是不再思考，而是立即开始行动。他果断地采用了一些他在以前想出来的他且认为还不错的计划，然后拿起电话给报社拨了过去，说他准备举行一个演讲会，题目是《如果我有 100 万美元》。

他不厌其烦地给无数家报社打电话，一遍遍地讲述自己的想法。但是没有一家报社搭理他，更多的是对他的取笑，说他天真、无知。然而这丝毫没有打消他的热情和行动。皇天不负有心人，终于有一个报社的社长被他的诚意和精神打动，告诉他后天有一个慈善晚会，并允诺在晚会上留出15分钟作为他的发言时间。

那是场盛大的慈善晚会，有许多商界人士应邀出席。

机会来了，面对台下诸多成功人士，他毫不怯场，走上讲台，发自内心、饱含真挚地说出了自己的构思和计划。

等他演讲完，一个叫菲利普·亚默的商人站了起来："小伙子，你讲得非常好。我决定投资100万，就照你说的办。"

事情马上变得简单了。年轻人用这笔钱办了一所自己理想中的大学，起名为亚默理工学院——这就是现在著名的伊利诺理工学院的前身。年轻人实现了自己的梦想。

这个将自己想法转化为目标并敢于行动的年轻人就是后来备受人们爱戴的教育家——冈索勒斯。

冈索勒斯敢想敢干，用他的行动实现了自己的梦想。这个世界并不缺少理想，而是缺少能把理想转化为自身目标的行动。管理者如果仅仅对企业的使命高谈阔论，而不能将使命转化为目标，这样的管理者绝不是一流的管理者，这样的企业也绝不是一流的企业。企业必须行动，必须用行动来实现目标。

一流的企业用三流的员工创造一流的业绩，而三流的企业用一流的人才创造三流的业绩。一流的公司能坚持不懈地将目标转化为实际行动，即使在发展壮大、招募新员工，甚至兼并其他公司以后亦能如此。而三流公司空有许多既聪明又勤奋的优秀人才，却不能将他们的满腹经纶用于经营实践，给公司创造绩效。公司之间出现的这种差距就是行动力的差距。

对于一个公司来说，无论它规模多小都必须以实际的行动甚至是从失败的教训中获取经验和目标。但遗憾的是，许多管理者宁愿去对问题进行反复讨论、界定和分析原因，也不直接去解决它。导致这种情况发生的原因之一，就是将高谈阔论等同于实际行动的倾向。实际上，事情只有付诸实施，而且必须有人去做，才能够完成。

很多公司常常忘记企业之使命，从而错误地制订计划，他们把结论问题当作实际解决问题的过程。以施乐公司为例，它曾经在一个名为"质量挂帅"的计划中推行全面质量管理，结果却由于撰写和讨论大量书面文件的原因而陷入困境。直到 4 年之后，实施的情况仍然良莠不齐。大约有 7 万名施乐员工接受了为期 6 天的质量管理培训，然而调查显示，只有 13% 的员工自称在决策中用到了质量成本方法。尽管施乐尽了最大努力，但是质量观念仍然没有成为该公司的基本经营原则。

为什么召开了这么多会议，组织了这么多特别任务小组，编写了一大堆报告，公司却只产生了如此小的变化呢？因为管理者只是在盲目地制订计划，而没有将计划转化为行动。这是一种不顾绩效的盲目决策行为。

企业管理必须有效，必须追求绩效。没有行动力和执行力的企业，任何决策都会"失灵"，往往还没有行动就已经失败。德鲁克认为，管理就应该重视实践、重视行动、重视绩效，管理者应该做到"知行合一"。

成功的企业都善于处理"知"与"行"的关系，使两者能有机地平衡。这些企业的决策者认识到，他们最重要的任务并非必须制订战略性决策，而是要致力于建立起一套行动机制，去实现从"知"到"行"的有效转换。爱依斯公司的合伙创办人兼总裁邓尼斯指出，他在 1997 年只作过一次决策。当然他并非故弄玄虚，也不是在开玩笑。他深知自己不必了解每一件事并一一决策，而应该去营造一个环境，让每个人都能"知行合一"。

我们需要的是行动，只有善于行动并能立即行动的企业才能抓住机遇，实现自我超越。

树立"高级管理者"风范

企业的目的是为了创造顾客，企业必须将自身的目的和使命转化为目标。每一个管理者都需要深入反思、谨慎用权、合理用权，都必须树立"高级管理者"风范。在德鲁克看来，那些只注重过程不重视结果、只注重权力不重视业绩的管理者都是企业的配角，因为他们的行为说明他们不能站在企业的高度，为企业的整体业绩负责。相反，那些注重贡献、对绩效负责的人，无论其职位多低，他们都是企业的主角，因为他们能从企业的角度出发，能对企业的整体业绩负责，他们才是真正意义上的"高级管理者"。

德鲁克认为，任何管理者的职权都是其工作授予的。因此，管理者必须对结果负责，必须对企业的整体运营负责，因为他所拥有的权力必须匹配相应的责任。那些能为企业使命而努力、能以结果为导向、重视管理成果的有效性并为自己所有的决策负责的人，是真正的管理者，也是"高级管理者"。

管理者的责任不仅是一种职位的需要，更是作为组织成员必须具备的道德需要。那些只图索取不求回报、只重利益不重业绩的管理者，在企业管理过程中，不能勇于承担责任，而是推卸、扯皮，他们或者应该被调离岗位，或者该被清除出组织。

有一家造纸厂，由于厂房地势较低，容易被水淹没。有一年夏天，老总出差到北京办事，出差之前他叮嘱几位主要负责人："时刻注意天气，注意防洪。"

这天晚上，远在北京的老总给几位负责人打电话，因为他看到天气预报说有雨，担心厂房被淹。当时，厂房所在地已开始下雨，但老板一连打了几个电话都打不通，最后他打到了财务经理的家里，让他立即到公司查看一下。

财务经理满口答应："嗯，我马上处理，请放心！"接完电话，他并没有到公司去。他心想：这事是安全部的事情，不该我这个财务经理去处理，何况我的家离公司还有好长一段路，去一趟多费事！于是，他给安全部经理打了一个电话，提醒他注意天气，去公司看一下。

安全部经理很不高兴，心想："我们安全部的事情，你们财务部瞎管什么？"他也没有去公司。他心里说："反正有安全科长在，不用我管。"

安全科长就更不用说了，他知道下雨了，并且清楚下雨意味着什么，但他心里想有好几个保安在厂里，用不着他操心。当时，他正在陪朋友喝酒，甚至关了手机。

那几个保安的确坚守岗位，但是，用于防洪抽水的几台抽水机没有柴油了，他们打电话给安全科长，科长的电话却关机。他们没有再打，也没有采取其他措施，早早地睡觉去了。值班保安想，应该不会有什么事，于是他也呼呼大睡。

半夜时，雨突然下大了，值班保安被雷声吵醒时，水已经漫到床边！他立即给消防队打电话。

消防队虽然及时赶来，但由于发现时为时已晚，6个车间还是被淹没了5个，数十吨成品、半成品和原辅材料被泡在水中，损失惨重。

事后，老总要追究责任，每一个人都说自己没有责任。

财务经理说："这不是我的责任，而且我通知了安全部经理。"

安全部经理说："这不怪我，这是安全科长的责任。"

安全科长说："那些保安不该睡觉。"

保安说："本可以不发生这样的险情，但抽水机没有柴油了，是行政部的责任，他们没有及时买回柴油来。"

行政部经理说："这个月费用预算超支了，我没办法。应该追究财务部责任，他们把预算定得太死。"

财务部经理又说："控制开支是我们的职责，我们何错之有？"

老板听后勃然大怒："你们每个人都没有责任，那就是老天爷的责任了！我并不是要你们赔偿损失，我要的是你们的态度，要的是你们承担责任的勇气，要的是你们对这件事情的反思，要的是不再发生同样的灾难，可你们却只会扯皮！"

除了老板，这个企业中的每个管理者都在推卸责任，谁都不认为自己应该为厂区水淹造成的损失负责。他们都不是合格的管理者，更谈不上是"高级管理者"。"高级管理者"必须能够认识到自己的责任，必须有责任意识，必须注重贡献，而不是抱怨。

有个年轻人在上海打工。一开始，他和公司其他的业务员一样，拿很低的底薪和很不稳定的提成，每天的工作都异常辛苦。当拿着几个月的工资回到家，他对父亲抱怨说："公司老板太抠门了，给我们这么低的工资。"慈祥的父亲并没有问工资具体是多少，而是问他："你为公司创造了多少财富？你拿到的与你给公司创造的是不是相符？"他没有回答父亲的问题，但从此再也没有抱怨过老板。有时，他甚至感觉自己这个月的业绩太差，对不起公司给的工资，所以会更加勤奋地工作。2年后，他被提升为公司主管业务的副总经理，工资待遇提高了很多，但他时常考虑的仍然是："今年我为公司创造了多少财富？"

有一天，他手下的几个业务员向他抱怨："这个月在外面风吹日晒，吃不好，睡不好，辛辛苦苦，大老板才给我1000元！你能不能跟大老板提一提，增加一些工资。"他对业务员说："我知道你们吃了不少苦，应该得到回报。可你们想过没有，你们这个月每人给公司只赚了1500元，公司却给了你们1000元，所以公司得到的并不比你们多。"业务员都沉默了。此后，他手下的业务员业绩都很优秀，他也被老总提拔为常务副总经理，这时他才27岁。他去人才市场招聘时，凡是抱怨以前的老板没有水平，给的待遇太低的人一律不招。他说："持这种心态的人，不懂得承担责任，更不懂得反思自己，只会抱怨别人。"

管理者要为企业的业绩负责，要有绩效精神；管理者更要有责任意识，勇于承担责任，反思自我；管理者要以责任为核心，以结果为导向，树立自身的"高级管理者"形象；管理者要停止扯皮，停止抱怨，要贡献在前，回报在后。这是一个成功的管理者所必须具备的职业素质和价值理念。

把正确的事情做好

德鲁克认为，正如很多人分不清有效和有效性一样，很多人也分不清做正确的事和正确地做事。做正确的事，从宏观上讲，就是做符合企业使命和价值观的事；从微观上讲，就是做事必须有正确的方向，能提高个人工作效能，就是一种既注重过程又重视结果的工作方式。正确地做事，就是怎样正确地完成任务，即做事的正确方法。

作为管理者，首要的问题是区别做正确的事和正确地做事，并深入理解其精神实质。正确地做事以做正确的事为前提。如果没有这样的前提，正确地做事将变得毫无意义。正确做事，更要做正确的事，这不仅仅是一个重要的工作方法，更是一种很重要的工作理念。任何时候，对于任何人或者组织而言，做正确的事都要远比正确地做事重要。

正确地做事与做正确的事是两种截然不同的工作方式。正确地做事就是一味地例行公事而不顾及目标能否实现，是一种被动的、机械的工作方式。工作只对上司负责，对流程负责，领导叫干什么就干什么，一味服从，铁板一块，是制度的奴隶，是一种被动的工作状态。在这种状态下工作的人往往是不思进取、患得患失的，他们不求有功，但求无过，做一天和尚撞一天钟。

做正确的事不仅注重程序，更注重目标，是一种主动的、能动的工作方式。他们对目标负责，做事有主见，善于创造性地开展工作。这种人积极主动，在工作中能紧紧围绕公司的目标，为实现公司的目标而发挥人的能动性；能在制度允许的范围内进行变通，努力促成目标的实现。

这两种工作方式的根本区别在于：是只对过程负责，还是既对过程负责又对结果负责；是等待工作，还是主动工作。同样的时间，这两种不同的工作方式会产生截然不同的绩效。

其次，管理者必须明确怎么做正确的事。对于企业而言，管理者的行为、决策必须符合企业的价值观和使命；企业利益必须与公众、社会利益有机统一。做正确的事，是成功企业孜孜以求的目标。"得道多助，失道寡助"、"得民心者得天下"，这是中国传统文化的普世价值。该价值对于企业也一样适用。企业只有顺应民意，强调社会效益，才能获得持久的经济效益；企业一旦"失道"，成为孤家寡人，就会失去民心，失去顾客的支持，就会严重透支企业的信誉和形象。

对于个人而言，做正确的事，先要使所做事情的方向正确。工作过程就是解决一个个问题的过程。有时候，一个问题会摆在你面前让你去解决。问题本身已经相当清楚，解决问题的办法也很清楚。但是，不管你要冲向哪个方向，都要明白从哪个地方下手。在解决问题之前，请你确保自己正在解决的是正确的问题——很有可能，它并不是先前交给你的那个问题。搞清楚交给你的问题是不是真正的问题，唯一的办法就是多层次、多角度地深入挖掘和收集事实，多看、多听、多想。一般用不了多久，你就能搞清楚自己走的方向到底对不对。

著名管理学家克劳士比提出"第一次就把事情做对(Do It Right the First Time 简称DIRFT)"，这是他"零缺陷"理论的精髓之一。这一观点体现的是一种精益求精的工作态度。从丰田公司的全面质量管理和准时化生产中，人们会惊奇地发现，原来，第一次就把事情做对不仅是可能的，而且是一定要做到的。想想看，整条流水线上，每一个零配件生产出来之后马上就被送去组装，因为没有库存，任何一个环节出了质量问题都会导致全线停产，所以必须百分之百地第一次就把事情做对。

看看你周围，很多人做事不精益求精，只求差不多。所以尽管从表现上看来，他们很努力，也很敬业，但结果却总是无法令人满意。

美国市政厅的一份研究报告披露说，在华盛顿因工作马虎造成的损失，每天至少有100万美元。该城市的一位商人曾抱怨说，他每天必须派遣大量的检查员去各分公司检查，尽可能地制止各种马虎行为。在许多人眼里，有些事情简直是微不足道的，但积少成多，积小成大，一些不值一提的小事早晚会影响他们做事的工作效率，当然也会影响到他们的晋升和事业的发展。

再次，管理者要学会正确地做事，掌握做事的正确方法。著名学者林语堂先生认为，正确的方法比执着的态度更重要。因此，如果我们要提高自己的做事效能，就应该调整思维，尽可能用简便的方式达到目标。

1. 做事要集中精力

有这样一个故事：

有一位父亲带着三个孩子到沙漠去猎杀骆驼。他们到达目的地后，父亲问老大："你看到了什么？"

老大回答："我看到了猎枪、骆驼，还有一望无际的沙漠。"父亲摇摇头说："不对。"父亲以同样的问题问老二。

老二回答："我看到了爸爸、大哥、弟弟、猎枪、骆驼，还有一望无际的沙漠。"父亲又摇摇头说："不对。"父亲又以相同问题问老三。

老三回答："我只看到了骆驼。"父亲高兴地点点头说："答对了。"

这个故事告诉管理者，做事要专注，不要分散注意力；集中精力，才能达到目标。

2. 必须学会选择，学会放弃

阿西莫夫是一位科普作家，同时也是一位自然科学家。一天，他在打字机前打字的时候突然意识到："我不能成为第一流的科学家，却能成为第一流的科普作家。"于是，他从此把全部的精力都放在了科普创作上，最后终于成为当代最著名的科普作家。

伦琴原来学的是工程科学。在老师孔特的影响下，他做了一些有趣的物理实验。这些实验使他逐渐体会到，物理才是最适合他的事业。后来他集中精力专攻物理，果然成了一名卓有成就的物理学家。因此，要想成功，就必须使工作具有重要的意义，就必须集中精力做事，就必须做正确的事。

阿西莫夫不是一流的科学家，却可以成为一流的科普作家；伦琴如果研究工程科学，那他或许永远是个普通的研究者，但他选择了物理学，成为改变时代的人。由此可见，管理者要正确地做事，必须善于选择，选择符合你价值观并且能发挥你优势的职业，然后集中精力去完成。

3. 站在别人的肩膀上

博古通今、多才多艺的里欧纳尔德·文奇说："不能青出于蓝的弟子，不算是好弟子。"年轻而优秀的科学家皮耶·艾维迪也说："比起史坦因美兹等科学界的巨人，我们只能算是小人物。但踏在巨人肩上的小人物，却能比巨人看得更远。"皮耶在钻研新课题时，常应用这句话。

4. 善于学习

比如，要推出新式录音机该怎么做？假如你本身缺乏这方面的经验，却还要完全靠自己的构思，则不仅浪费时间还会出错。经营录音机的公司有好几家，它们是消息的最好来源。但你不能依样画葫芦，而是要利用先进的既有经验来发挥自己的构思。所以，不论面临什么问题，都应看看人家是怎么解决的，然后再加以改善。

5. 淘汰问题

有时因为解决问题的方法过多，人们反而会不知如何取舍。高效能人士可以采取淘汰法，把不好的逐一去掉。例如跳舞比赛，如果一次想从舞者中选出优胜者是很困难的，因此便采取淘汰法。每次评审一组，有缺点就退场，这样陆续淘汰直至两组，最后剩下获胜的一组。当你要从几个东西中选出最喜欢的，如果把不喜欢的逐一淘汰，事情就变得容易了。

6. 多多交流

能否提出更新、更好的解决办法，这与了解问题的程度有关。为了验证自己的想法，最好将计划向第三者提出。纽约某石油公司的老板常常把太太当做练习讲演的对象。这位太太对石油所知不多，却能耐着性子聆听，结果对她先生帮助不小。这位经营者了解把想法用语言表现出来后可以发现其中的缺陷这一道理。

综上所述，从德鲁克的思想出发，管理者要提高企业的绩效，首先要做正确的事，其次要用正确的方法做事，要讲求效率、集中精力完成任务。对于任何一个管理者而言，最成功的做事方法就是：用正确的方法做正确的事，也就是把正确的事做好。

然而令人遗憾的是，很多管理者并没有意识到把正确的事情做好的重要性。他们或者做错误的事，以致这些行为严重损害企业的使命、价值观和信誉，或者在确定工作任务后不能用正确的方式完成任务，以致不能充分发挥企业的优势，也不能有效地发挥自身的优势。

总之，在德鲁克看来，把正确的事情做好，体现的是管理者的素质和结果为导向的绩效精神。把正确的事情做好，对于转型期的中国企业而言无疑是一剂灵丹妙药，也为中国企业的发展提供了一种崭新的模式。只有坚持把正确的事情做好，我们的企业才能实现良性运转，个人事业才更加兴旺。

将下属的优势转化为绩效

在前面的章节，我们已了解德鲁克关于自我管理的内容，自我管理必须充分依靠自我优势。同理，我们可以进行思维迁移。作为管理者，也必须重视员工的优势，并将员工的优势转化为绩效。

企业的绩效只能依靠其员工来完成，管理者应该善于将下属的优势转化为绩效。将下属的优势转化为绩效，就必须充分利用其优势，并使其优势充分发挥作用，产生最优化的绩效。但管理者同时也要关注下属的劣势，因为，优势和劣势可以辩证转化。高明的管理者总能充分利用下属的智慧和潜能，使其在任何职位上都能产生优秀的绩效。

这是在日本很有名的一个故事：

有个小男孩在一次车祸中失去了左臂，但是他很想学柔道。

几经周折，小男孩终于拜了一位日本柔道大师做师傅，开始学习柔道。他学得不错，可是练习了三个月，师傅只教他一招。小男孩有些疑惑不解。

他着急地问师傅："我是不是应该再学点其他招数？"

师傅却说："不错，你的确只会一招，但你只需要学会这一招就够了。"

小男孩并不明白，但他很信任师傅，于是就继续练习了下去。

几个月后，师傅第一次带小男孩去参加比赛，小男孩自己都没有想到居然轻轻松松地赢得了前二轮。第三轮稍稍有点艰难，但对手还是很快就变得有些急躁，连连进攻。小男孩敏捷地施展出自己的那一招，又赢了。

就这样，小男孩稀里糊涂地进入了决赛。

决赛的对手比小男孩高大、强壮，而且很有经验。有时小男孩显得有点招架不住了，裁判担心小男孩会受伤，便叫暂停，还打算就此终止比赛。然而师傅不答应，他坚持说："继续下去！"

比赛重新开始后，对手放松了戒备。小男孩立刻使出他的那一招制服了对手，由此赢得了比赛，获得了冠军。

回家的路上，小男孩鼓起勇气说出了心里的疑问："师傅，我怎么凭一招就赢得了冠军？"

师傅答道："有两个原因：第一，你掌握了柔道中最难的一招；第二，对付这一招唯一的办法是对手抓住你的左臂。"

小男孩失去了左臂，却因此而战胜了对手，他的身体劣势转化为了比赛中的优势。管理者要向小男孩的师傅学习，善于分析形势，并深刻洞悉下属适合从事什么样的工作。管理者只有充分了解下属，才能充分调动其潜能。

管理者了解员工，才能用其所长。管理者更要善于选人、用人，因为任何人才都是依靠其优势成为人才的，人才必定是充分发挥其优势的人，优秀的人才能产生最优化的绩效。所以，管理者必须注重人才、善用人才。

美国的钢铁大王卡内基的墓碑上刻着："一位知道选用比他本人能力更强的人来为他工作的人安息在此。"卡内基之所以成为钢铁大王，并非由于他本人有什么了不起的能力，而是因为他善于用人之长。他说："把我的厂房、机器、资金全都拿走，只要留下我的人，四年以后我还是钢铁大王。"这已成为世人皆知的名言。

汉高祖刘邦，不过是一个草莽英雄，却能推翻强秦，建立汉王朝。在谈到自己的成就时，他说："在谋略计划方面，我不如张良；在治理国家、管理百姓、筹集粮饷方面，我不及萧何；在统帅百万军队、攻城占地方面，我不如韩信。这三人均为人才中的人才，而我能用之，就是我取得胜利的原因。"

贝尔是电话的发明人，还是美国当代著名大公司贝尔电话电报公司的创始人。贝尔的成功也在于他敢用比自己强的人。他深知自己在经营管理方面并非强手，1879 年 7 月 1 日，他聘请西奥多·维尔出任贝尔公司的总经理。维尔的经营管理非常出色，仅说用人方面，他认为：要达到自己的目标，必须争取群众；公司能否稳定发展，关键在接班人和领导层的素质上。他把精力放在对属下的训练和培养上，只在制订战略决策时才插手，其他的就放手让别人去干。他心胸宽广，从不计较个人的名利，对反对过他的人也总是宽厚相待。他不摆架子，总能认真地听取别人的意见，鼓励下属提出不同意见。在维尔的出色领导下，贝尔公司起死回生，打败了西部联合公司，资本由 1878 年的 85 万美元增长为 1885 年的 6000 万美元。如果不用维尔这样的强手，贝尔公司的命运也许就是另一种情况了。

英国有个政治学家叫帕金森。他写了一本名叫《官场病》的书，其中谈到官场上有一种通病："自上而下奉行的是'能级递减'，一流的找二流的当部属，二流的找三流的做下级，愚蠢的下属多多益善，精明的对手往往被拒之门外。"后来，这种病就被叫作"帕金森病"。为什么要找比自己差的人呢？因为这样的下属往往有一大优点，那就是"听话"。美国广告大王大卫·奥格威认为："成功的领导者要善于选用比自己能力强的下属。每个公司都像一个俄罗斯套娃，如果公司的老板是最能干的大娃娃，员工都是最小的娃娃，那么公司是毫无希望的。反过来，老板是最小的娃娃，每个员工都是能力最强的大娃娃，公司才会生机勃勃。"

高明的领导者深知，自己的才能不一定都高于下属，下属的才能往往会超过自己。领导要把事业做大、做好，必须有出色的下属的支持与帮助。失去了他们，领导也就失去了成功的保证。卡内基之所以成为钢铁大王，就在于他把最优秀的人才都云集在了自己的手下，为他卖力工作。刘邦之所以能成大事，也在于他能用他人之长补己之短，让我们感受到封建开明君主的明智。在今天激烈的市场竞争中，领导的能力再出色，但如果孤军奋战，失败也不可避免。用比自己强的人是领导者拉拢人才的重要原则。相反，嫉贤妒能只会导致高端人才的流失。如果你希望自己的部下能够各尽其才，就必须勇敢起用他们，这样才能用他们的才智为你成就辉煌的事业。

德鲁克认为，企业是一种特殊的工具。它能够克服组织成员的缺点并消除其危害，并且能将组织成员的优势转化为组织的绩效。人才有优势也必有劣势，重要的是不要闲置下属的优势，因为不能利用就是浪费。将下属优势转化为绩效，就是将优势转化为结果。

人才是企业最重要的资产，也是企业最大的优势。我们的企业处于竞争残酷、搏杀激烈的血腥红海中，所以，必须依赖人才，发挥人才的优势，将人才的优势转化为企业追求卓越的力量。

怎样搞好成本控制

成本是影响企业生存和发展的关键因素之一，成本的高低往往决定着企业的兴衰成败，成本控制对每个企业来说都是管理中的重点和难点。德鲁克认为：企业家和管理者要加强组织成本控制，重要的并不是成本控制的方法，而是成本控制的理念。企业能不能有效地控制成本，取决于决策者和管理者建立了怎样的成本理念。绝大多数的成本问题都是观念上的认识差距造成的。

有一次，保罗·盖蒂了解到某家下属企业的情况，知道该公司很有发展潜力，但营运状况很差，亏损严重。盖蒂找到了症结所在，就是这家公司的三位高级管理者无成本与利润的观念。

盖蒂决定彻底改变这家公司的面貌。他在发薪水之前，交代会计部门将那三位高级干部的薪水各扣5美元。他还吩咐会计部，若那三人有异议的话，叫他们直接找老板。

果然不出盖蒂所料，发薪一小时内，那三人不约而同地跑来找盖蒂理论。盖蒂严肃地对他们说："我已经查过公司的财务报表，发现上年度有好几笔不必要的开支，造成公司好几万美元的损失，但我没有看见你们采取任何补救措施。如今，你们每人的薪水只不过少了5美元，却急不可待地要求补救，这是怎么一回事？"

那三位高级管理者听完盖蒂这番严厉的教训后，感觉很惭愧。有两位很快研究出了加强企业管理的措施，加强了成本与利润的核算观念。而另一位由于没有改进表现，不久就被辞退了。经过一段时间的努力，这家公司的经营状况得到了改善。

很多管理者对成本控制的理念认识不足，他们认为这是财务部门的事，于是"事不关己，高高挂起"。这种错误的想法导致成本控制流于形式，部门之间难于协调，最终会大大影响企业的整体绩效。

有效的成本控制是企业在激烈的市场竞争中成功与否的基本要素。但成本控制绝对不仅仅是简单的降低成本，节流固然重要，开源更为可贵。企业控制成本，关键要靠创新，创新是企业成本控制的根本出路。

美国西南航空公司是一家非常注重成本控制的公司。在美国航空行业中，它以自己鲜明的特色傲视群雄，成为美国最赚钱的航空公司。

西南航空公司有句名言，那就是"飞机只有在天上才能赚钱"。为此他们专门计算过，如果每个航班节省地面时间 5 分钟，那么每架飞机每天就能增加 1 个小时的飞行时间。所以 30 多年来，西南航空公司总是使用各种办法让他们的飞机尽可能在天上长时间地飞行。

西南航空公司的飞机从来不设头等舱和公务舱，也从来不实行"对号入座"，他们把飞机当作公共汽车，鼓励乘客先到先坐。这样的安排大大缩短了乘客的登机等候时间，一般说来，这一时间在半小时左右。为了节省顾客等候领取托运行李的时间，他们连飞行员都派上用场。人们常常可以看见西南航空公司的飞行员在满头大汗地帮助乘客装卸行李，这样不但使顾客节省了时间，还获得了优质服务。

为了配合公司"国内线、短航程"的市场定位，西南航空公司全部采用波音 737 客机。这样做有一个最大的好处，那就是任何一名空乘人员都熟悉飞机上的设备，这使得机组的出勤率和配备率都处于最佳的状态。这一点也让很多大型航空公司难以模仿，因为它们的飞机型号非常齐全，长短途兼营，没有办法和西南航空公司一样享受机型一致所带来的优势。为了节省顾客的成本，西南航空公司能省则省，最大限度地降低飞机运营成本，并将这一结果转移给顾客，为顾客创造更多的价值。

西南航空公司并没有满足于成本的降低，它们把顾客当作自己的上帝。所有的成本降低措施最终都是为了降低顾客的使用成本，并在提供优质的服务中不断为顾客创造温馨的乘机氛围，让乘客觉得自己的花费物超所值，因为它们购买到了货真价实的好"产品"。西南航空公司的低成本战略曾被同行嘲笑为"斤斤计较"，而现在却已经成为全球各大航空公司研究和学习的对象。

美国西南航空公司之所以能够在亏损严重的航空业中一枝独秀，不仅是因为他们大张旗鼓地实施了成本控制战略，更重要的是他们能够把市场吃透，善于创新，善于发挥并巩固自己的优势。

"飞机只有在天上飞才能赚钱"，这个朴素但却充满新意的成本观念，是西南航空公司得以生存的重要原因。其实无论是怎样的成本控制，管理者都必须明白：成本控制的前提不是怎么去降低成本，而是如何预防成本上涨。

创新永远是成本控制的根本。管理者要提升对成本控制的认识，不断深化成本控制理念，不断地创新。创新几乎涵盖企业的各个层面，比较重要的如技术创新、管理创新和营销创新。企业要通过技术创新降低原料用量，或者寻找替代原料；企业要通过管理创新来提高劳动生产率；企业要通过营销创新增加销量、降低单位产品营销成本。这些方法都可以有效地节省成本，同时也能提高企业整体业绩能力。管理者必须明确这样一个理念：有效地控制成本，就是有效地提高绩效。企业需要建立具备可操作性的成本分析与控制系统，让管理者清晰地掌握公司的成本构成、盈亏状况，从而为正确的决策提供参考。

运用好奖惩制度

德鲁克认为，在组织内部，所有成员的行为处事都必须以奖惩制度为标准，都必须遵守规则，因为一个企业内在的价值观需要用外在的手段来执行和落实。而且，只有运用好奖惩制度，才能使组织内的所有成员都认真工作、提高绩效。

管理者要重视奖惩制度的运用，奖励是为了激励先进，惩罚则是为了鞭策后进。管理者不要仅仅把奖惩制度看作是管理员工的手段，而要看作一种激励机制。运用好奖惩制度，可以有效地规避管理过程中的一些风险，使企业成为有战斗力的团队。

运用好奖惩制度，首先要使制度体现公平。任何人努力所取得的成果都必须和他所获得的收益相匹配，因此管理者要奖优罚劣，更要有公平的奖罚尺度。一旦丧失了公平的尺度，就会使不该奖的人得意忘形，使不该罚的人心灰意冷，而这对提高企业的整体绩效极其不利。

刘伟去年进入一家小有名气的合资企业。这家公司实行工资保密制度，一般情况下，员工之间相互都不知道彼此的收入。刘伟对这份工作很满意，一方面公司人际关系和谐、气氛轻松，工作虽累却很舒心；另一方面就是薪水也不错，底薪每月 3000 元，还有不固定的奖金。

刘伟一门心思扑在工作上，经常加班加点，有时还把工作带回家做，而且确实取得了显著成效。同事们都很佩服他，主管也很赏识他。

年终考核，人力资源主管对刘伟的工作予以高度评价，并告诉刘伟公司将给他加薪 15%。听到这个消息，刘伟非常高兴。这不仅是钱的问题，也是公司对他业绩的肯定。

而同年进入公司的王明却高兴不起来，因为他今年的业绩不好。午饭时两人聊了起来，王明唉声叹气地说："你今年可真不错，不像我这么倒霉，薪水都加不了，干来干去还是 3900 元，什么时候才有希望啊！"猛然间刘伟意识到，原来王明的底薪比他高 900 元。他对王明并没有意见，可是他想不通，即使不考虑业绩，两人同样的职务，王明的学历、能力都不比他强，为什么工资却比他高这么多呢？刘伟不仅感到不公平，而且有一种上当受骗的感觉：我一直以为自己的工资不低了，应该好好干，原来别人的工资都比我高。不久，刘伟辞职，离开了这家公司。

有些公司采取工资保密制度，但这并不代表奖惩制度就没有章法。上述案例中，真正努力的员工尽管被奖励了却产生被骗的感觉。这样的奖惩制度怎么会使员工认同企业的价值观和文化呢？而员工一旦对企业没有了向心力，又怎么可能努力提高绩效？其根本原因就在于该公司的奖惩制度缺乏标准，失去了公平，决策者和管理者应该引以为戒。

运用好奖惩制度，其次要注意惩前毖后，防患于未然。任何管理者的一项错误奖惩决策都会产生一连串误导作用。管理者在奖惩方面的错误就如同是在污染一条河的源头，这种自以为是的决策是最愚蠢的错误。

李华在某地一家国企工作。一次，他见车间的角钢不错，就偷偷地将车间的成品不锈钢角钢运回家中，自己打造了一个书柜。此事被公司发现后，车间主任碍于原来与其父亲关系较好，便要求李华做一份检讨完事。后来，角钢经常丢失的事件引起了主任的警觉，而且他发现偷盗的都是本车间员工。于是，他拟予以重罚整顿车间秩序。但待到实施时，人人都振振有词："为什么不罚李华，反而处罚我们？"车间主任无言以对。该车间后来因经济效益和材料浪费被企业通报批评。如果李华一开始就受到重罚，其他同事绝对会从中吸引教训并引以为戒。

上述案例中的管理者由于对员工的偷盗行为没有及时惩罚，结果导致其他人竞相效仿。后来管理者虽然想亡羊补牢，但却悔之晚矣。看来，奖惩制度具有鲜明的激励作用，管理者对奖惩规则的态度会对员工的工作产生一种暗示作用，这非常契合"破窗理论"。

美国斯坦福大学一位心理学家曾做过这样一项试验：他找来两辆一模一样的汽车，一辆停在贫民窟的街区，一辆停在中产阶级社区。他把停在贫民窟的那辆车的车牌摘掉，顶棚打开，结果一天之内车就被人偷走了。而摆在中产阶级社区的那一辆过了一个星期也安然无恙。于是，他用锤子把这辆车的玻璃敲了个大洞。结果，仅仅过了几个小时，车就不见了。

后来，政治学家威尔逊和犯罪学家凯琳依托这项试验，提出了一个"破窗理论"。这一理论认为：如果有人打坏了一个建筑物的窗户玻璃，而这扇窗户又未得到及时修理，别人就可能受到暗示性的纵容去打烂更多的窗户玻璃。久而久之，这些破窗户就会给人造成一种无序的感觉。而在这种公众麻木不仁的氛围中，犯罪就会滋生、蔓延。

"破窗理论"告诫管理者：必须及时修好"第一个被打碎的窗户玻璃"，必须防微杜渐，防患于未然。有些企业的人情化倾向非常严重，管理者不遵守规则的事比比皆是。他们管理不是依靠严格的制度，而是借助于人际远近亲疏。而一旦决策被人情的"破窗"损坏，就会产生恶劣的后果。所以，管理者要按照规则办事，运用奖惩制度，使人人都遵守规则，认真工作，努力创造高绩效。

运用好奖惩制度，还要注意针对性，要有明确的目标。否则，奖惩就不能发挥应有的作用。

有一家房地产公司的老总至今还没想明白一件事。原来，年初，公司在楼盘建设过程中提出一个粗略的激励措施：销售收入达到多少亿元之后，就奖励几百万元。结果，开盘后楼卖得特别好，远远超出了原来的销售目标。这下可难坏了老板，怎么办？开发公司说这是营销到位的结果，建筑公司说是自己拼命工作的结果，设计单位说是设计创新的结果，大家在会议上争得一塌糊涂。最后，公司决定平均分配。结果，大家皆大欢喜的同时，那些立下汗马功劳的营销功臣们却感到万分失望。为了进行一下特殊补偿，老板又拿出一部分钱进行单独的奖励，但是不少人拿到这份补偿后纷纷离职而去。

这位房地产老板老总很委屈，因为他不明白知道自己明明已经奖励了员工，为什么那些人还要走。其实，奖惩不是为了吃大锅饭，不应该平均分配。他奖了不该奖的，结果自然会导致不公平。实际上，很多人并不完全在意奖金，只是因为奖励意味着对员工工作能力的肯定，是其成就感的重要组成部分。而案例中的老总设置奖励前没有明确的奖励对象，奖励过程中又和稀泥。这使得那些真正为企业提高绩效的人感到受了侮辱，因为他们的成效和努力没有得到尊重。所以，作为管理者必须明确，奖惩制度是一种有明确导向性的激励机制，其目的是为了提高绩效，实现企业的整体效益目标。如果领导者没有明确的目标和针对性，就不要制定奖惩制度，更不要盲目实施奖惩制度。

要坚持不断地学习

我们处于知识经济蓬勃发展的历史阶段，知识迅速更新，组织结构日渐扁平化。组织要提高绩效，所有的人都必须学会学习、善于学习、坚持学习。

学习，是人的一生中最重要的投资之一，也是伴随终身的最有效、最划算、最安全的投资之一。古人尚且懂得学习是一本万利的投资，尚且懂得"良田万顷，不如薄技在身"的道理，我们更应该以此为鉴，坚持学习。富兰克林说过："花钱求学习，是一本万利的投资。如果有谁能把所有的钱都装进脑袋中，那就绝对没有人能把它拿走了！"

学习能力不仅是每个人的成功之母，而且也是每个企业的成功基石。美国杰出的管理思想家戴维斯在他与包特肯合著的《企业推手》一书中预言：21 世纪的全球市场将由那些通过学习创造利润的企业来主导。这就要求每个企业都要变成学习型的企业。

正是基于这样一个基本判断，德鲁克认为，坚持不断地学习，就不仅仅是对管理者本身的要求，而是对所有人的要求。知识更新速度加快，意味着企业要提高绩效就必须更新知识、更新观念。因此，组织内的成员能否有效地学习，就不只是一个学习力的问题，也不是一个工作力的问题，而是一个组织能否有效管理的问题、能否提高绩效的战略问题。只有坚持学习，才谈得上生存、发展、创新等其他一系列问题。

众所周知，我们赖以生存的知识、技能和车子、房子一样，会随着岁月的流逝不断折旧。美国职业专家指出，现在职业半衰期越来越短，所有高薪者若不学习，不需 5 年就会变成低薪。当 10 个人中只有 1 个人拥有电脑初级证书时，他的优势是明显的，而当 10 个人中已有 9 个人拥有同一种证书时，那么原来的优势便不复存在。

在风云变幻的职场中，善于创新、充满活力的新人或者经验丰富的业内资深人士会不断地涌进你所在的行业或公司，你每天都在与几百万人竞争。因此你必须不断提升自己的价值，增进自己的竞争优势，学习新知识并在产业当中学到新的技能。否则你将无法保持现有的职位，更别说提高你的工作效能了。

皮特·詹姆斯现在是美国ABC电视台晚间新闻的当红主播。在此之前，他曾一度毅然辞去人人艳羡的主播职位，到新闻的第一线去磨炼自己。他做过普通的记者，担任过美国电视网驻中东的特派员，后来又成为欧洲地区的特派员。经过这些历练后，他重新回到ABC电视台主播的位置。而此时的他，已由一个初出茅庐的略微有点生涩的小伙子成长为成熟稳健又广受欢迎的主播兼记者。

皮特·詹姆斯最让人钦佩的地方在于，当他已经是同行中的优秀者时，他没有自满，而是选择了继续学习，使自己的事业再攀高峰。卓有成效的管理者无论自己处于职业生涯的哪个阶段，都会把不断学习当成自己的一项重要工作，因为他们清楚：自己的知识对于所服务的机构很有价值。正因为如此，他必须好好自我监督，不能让自己的技能落后于时代。因此，当你的工作进展顺利的时候，你要加倍地努力学习；当工作进展得不顺利、不能达到工作岗位的要求时，你更要加紧自己学习的进度。在瞬息万变的现代社会，学习是能够让我们为自己开创一番天地的利器。只有当我们试图通过学习超越以往的表现，我们才能算得上真正意义上的高级管理者。

反之，如果我们沉溺在对昔日以及现在表现的自满当中，学习以及适应能力的发展便会受到阻碍。工作如逆水行舟，不进则退。不管你有多么成功，你都要对职业生涯的成长不断投注心力。如果不这么做，工作表现自然无法有所突破，而这终将会使你陷入停滞甚至是倒退的境地。

学习的重要性对企业不言而喻。管理者要努力使企业成为学习型组织。从20世纪80年代开始，企业界和管理界出现了推广和研究学习型组织的热潮，并逐渐风靡全球。美国的杜邦、英特尔、苹果电脑、联邦快递等世界一流企业纷纷建立了学习型组织。

学习型组织理论的创始人彼得·圣吉认为：学习型组织就是大家通过不断的共同学习，突破自己的能力上限，创造真心向往的结果，培养全新和前瞻而开阔的思考方式，全力实现共同的抱负。创建学习型组织必须进行5项修炼，这5项修炼是：自我超越、改善心智模式、建立共同愿景、团队学习、系统思考。5项修炼告诉了我们一个人怎样从一般的人变成学习型的人，一个企业如何从一般的企业变成学习型的企业。

学习一方面是为了保证企业的生存，使企业组织具备不断改进的能力，提高企业的竞争力；另一方面是为了实现个人与工作的真正融合，使人们在工作中实现生命的意义，从而超越自我。所以，管理者应该使自身和员工能在工作中学习。工作中学习解决的是现在以及将来的问题，这既是一个人的个人发展问题，也关系到企业的长远发展。

正是站在这样的高度，德鲁克才特别重视学习对个人和企业的意义。坚持不断地学习，就是在追求绩效、追求结果。德鲁克的这一重要理念对于知识型员工而言，意味着不但要把学习当作一种任务，更要把学习当作一种必须实现的目标；对于企业而言，则意味着企业不但应是一种学习型组织，而且应是一种教学型组织。知识型员工只有在工作中不断学习，才能避免被淘汰出局；学习型组织只有在学习中建设，才是高效能的组织。

通过在工作中不断学习，你可以避免因无知滋生出自满，损及你的职业生涯。工作力需要不断提升技能组合以及与刺激学习的能力相配合。所以，不论你在职业生涯的哪个阶段，学习的脚步都不能稍有停歇，要把工作视为学习的殿堂。你的知识对于所服务的公司而言可能是很有价值的，所以你要好好自我监督，别让自己的工作力落在时代后头。

工作力充电可以让我们的知识与实际业务相互结合。学生时代总抱怨学习的知识过于空泛无用，但在职进修就不同了，因为工作一段时间之后，你就会发现自己需要的工作力有哪些，应该补充的部分是什么。有了明确的目标再进行充电，能够更有效地增加自身的知识。而且充电之后，你可以更从容地面对工作，也能有比较多的获得提升的机会。

在工作一阵之后，有的人甚至愿意放弃目前看似美好的工作，只为了追求更多的知识，那是因为工作可以让人看清楚自己的需求。其实这样的牺牲一定值得，因为在进修之后，迎接你的可能是更好的工作机会。

1. 选修一些专业课程

有一些大专院校会开设夜间的专业课程，让上班族可以利用晚上时间学习如企管或行销等专业知识。对于工作遇到瓶颈的人而言，这种方式可以使其快速增长知识。

2. 学习各种技能

除了正规的院校之外，还有许多补习班会教授一些上班族可能需要的技能，最常见的就是电脑补习班。如果对自己的工作并不满意，想要跳槽或是增加自己的技能以求得更好的工作机会，你可以参加补习班。最好选择那种有专业认证的，取得某些权威认证的话，工作会更好找。

3. 教育训练

公司有时也会举办一些教育训练课程，但是参加的人总是觉得公司在剥夺他的私人时间。如果不这么想，好好地认真学习，也是可以学到不少东西的。因为公司的教育训练课程一定是针对目前工作需要设计的，因而更能满足其增进工作能力的需求。

4. 自我阅读

如果真的抽不出完整的时间或是家庭环境不允许（例如经费问题或是有孩子要照顾），无法参加完整的课程，也应该尽量利用业余时间多阅读。经由阅读增加自己的知识，是一种方便又有效的方法。

不管如何，上班族都应该不断地自我充电。工作之余充电除了可以获得更多的知识、比较容易有升迁的机会之外，也是对自己人生负责的态度。

终身学习的观念已经深入人心，在这个剧变的时代，没有比学习更重要的事了。一个人只有不断地学习，才能不断地进步。不要懒惰，更不要懈怠，管理者必须记住这一理念：只有死的时候，才是毕业的时候。

总之，坚持不断地学习，企业和个人才能面向结果、面向未来。

追求完美

追求完美是人类的天性。如果人只满足于现状，而缺少追求完美的精神，人类的生活就会变得黯淡无光，人类的精神就会显得异常渺小。

德鲁克认为，管理者要使管理的有效性提高，就必须追求完美，因为追求完美是卓有成效的管理者的工作要求，追求完美是让结果说话。

追求完美，就是与时俱进、不断创新，就是没有最好，只有更好。一个完美的目标，可以提升每个人对品质的追求，使每个人做事变得认真并精益求精，因为每个人都在研究怎样把事情做得更完美。巴尔扎克有时一星期只写出一页稿子，但他的声誉却远非近代的那些"高产"的作家所能企及。狄更斯不到准备充分时，不肯在公众面前读他的作品。完美，尽管很多人难以企及，但却会使人们对事物的态度变得更加专注，因此我们要不断地接近完美，不断地创造完美。很多人对待工作苟且潦草，处理事情得过且过，这都不是一流的管理者应该做的。

追求完美是一种人生态度，是人对自身追求的限定。追求完美体现的是一种对结果负责的绩效精神。追求完美的人，一定希望自己的工作达到最佳效果，而且他也必将达到最佳效果，因为，没有什么可以阻挡其追求卓越。

有个叫梅杰尔的年轻人，因为家境贫穷没有读多少书。他到一家工厂做车间工人时，工友似乎个个都比他更有文化，更讨老板欢心。

然而时间一长，情形发生了变化。老板开始交给他一些不属于车间工人办的事情，比如去某客户那里送交一些资料，去某供应商那里联络一些原料。后来，老板甚至让他管理工厂的现金。很快，他学会了工厂经营管理的很多知识，成了老板身边的得力助手。

有一天，老板问他："你知道我为什么如此器重你吗？"

梅杰尔说不知道。

"因为你总是做得最好。你还在车间里的时候，虽然没人要求你，你却精益求精，你所生产的产品合格率远远超出了我的期望值。后来，我让你办其他事情，你做的也比其他人做得好。"老板说。

在企业里，常常有人这样说："我没有机会，老板不重视我。"然而，老板凭什么要重视你？老板重视你的前提应该是你用才能去引起他的重视。要做就做到最好，你做到了吗？

管理者应该明确追求完美是一种对工作负责的态度，是一种对结果负责的绩效精神，是一种希望实现最佳效果的目标精神。对工作的结果负责，不但表现为对企业的忠诚，而且表现在对工作的精益求精、对优秀与卓越的不断追求上。这种精神足以使我们变被动为主动，由平凡到卓越，化腐朽为神奇。

追求完美还体现出一个人不断追求进步的奋斗精神。只有追求进步的管理者才是有效的管理者。人的知识、思想观念、技术都会逐步老化，所以人必须学习，必须进步。

佩利兄弟姐妹比较多，家境困难。他刚刚高中毕业便不得不放弃上大学的机会，到一家百货公司打工，每周只赚 3 美元。但是，他不甘心就这样工作下去，所以每天都在工作中不断学习，想办法充实自己，努力改变自己工作的情况。

经过几个星期的仔细观察后，他注意到主管每天总要认真检查核对那些进口的商品账单。由于那些账单用的都是法文和德文，他便开始在每天上班的过程中仔细研究那些账单，并努力学习与这些商务有关的法文和德文。

有一天，主管十分疲惫和厌倦。看到这种情况，他就主动要求帮助主管检查。由于他干得非常出色，主管就把检查账单的工作交给了他。

两个月后，他被叫到一间办公室接受一个部门经理的面试。经理说："我在这个行业里干了四年，根据我的观察，你是唯一一个每天都在工作中要求自己不断进步、不断改变以适应工作要求的人。从这个公司成立开始，我一直在从事外贸这项工作，也一直想物色一个像你这样的助手。这项工作涉及面广，工作比较繁杂，需要很广博的知识以及很强的适应能力。我们选择你，是认为你是一个十分合格的人选，我们相信公司的选择没有错。"后来，尽管佩利对这项业务一窍不通，但是他凭着对工作不断钻研、学习的精神，一直使自己的能力在不断提高。半年后，他已经完全能胜任这项工作。一年后，他成为这个部门的经理。

追求完美也是成功企业的重要经验。德国企业对技术有种近乎疯狂的完美追求。德国斯图加特有家公司，为保证在激烈的国际竞争中能占据优势地位，他们每年都投入约3亿美元资金来实施技术改造计划，从而使该公司总能在最短的时间内更新设备，同时每年还投入3500多万美元用于员工培训，而该公司80%的利润来自最近四年内研制的新产品。这种为了达到一流水平所执着坚持的精神，的确值得中国企业学习。

有些人认为追求完美是在浪费时间，可能会降低效率。其实不然。追求完美才是有效管理的最高境界。但是，追求完美并不是要达到完美，重要的是我们怎么使工作变得更有美感，怎样更接近完美。做任何事情，达到你能力所能达到的最高度，就是一种完美。管理者做事应该有这种态度，因为有这种态度的人一定是负责的人，一定是追求进步的人，这样的人必然处处受到别人的信赖。追求完美，这是每个人事业成功的关键，也是每个企业成功的关键。

第七章
目标管理
——引导组织朝一致的方向共同奋斗

目标管理是德鲁克的招牌理论，这一理论是迄今为止管理学中最重要的方法之一。企业必须立足自身愿景和战略的角度确定企业的目的和使命，并将它们转化为目标，才能进行有效的目标管理。目标管理是企业提高绩效的重要手段。通过设计目标、执行目标，能有效地提高员工参与企业管理的积极性，并树立其主人翁精神。目标管理能迅速提高企业效率，增强企业员工的深度沟通和协调组织的一致行动。

企业目的及使命新解

企业的唯一目的就是创造顾客

对于大多数人甚至很多管理者来说，他们认为企业的目的就是追求利润。毫无疑问，企业没有利润就无法生存，就无法参与市场竞争。但是这只能说明利润对于企业的重要性，并不是说利润就是企业存在的目的。

在德鲁克看来，利润不是企业的目标，而是企业发展的结果。从企业内部看外部世界，只能过分夸大企业的作用，使企业的视野集中在短期的利益上面。德鲁克是从企业的外部看企业自身的，因而他认为，企业只有在社会中才能实现自身价值和使命，因此企业的目的只能在企业外部。也就是说，企业生产的产品只有被消费了，只有被社会认可了，产品的价值才能实现。企业是社会的组成部分，那么它就肯定与社会密切相关。因此，企业的唯一目的就是：创造顾客。顾客决定了企业的性质和企业生产什么，企业必须以市场为导向，以顾客的需要为导向，以占领市场为导向，以不断地创新、不断地发现顾客为导向。唯有如此，企业才可以生存和发展。

正是因为企业的目的是创造顾客，所以"顾客就是上帝"这种理念才能被广泛接受。任何一个不重视顾客的企业最终都只能失去市场。

冯景禧是 20 世纪 80 年代香港十大富翁之一。

冯景禧对"顾客就是上帝"有自己独特的理解，从一件小事中他意识到了重视顾客的意义。

有一天，冯景禧到巷口转角的面店去吃面。那家面店很干净，看起来很舒服，于是冯景禧叫了一碗阳春面就坐下来吃。这时邻桌的客人吃完面去付账，他吃的是排骨面，付款 80 元。他出门时，老板和店员站在两边，恭恭敬敬地说："谢谢光临，欢迎您再来。"

冯景禧想，这家店对顾客很热情。可冯景禧吃完面后付了 7 元钱的账出门时，却没人理会他。冯景禧心里愤愤不平：难道只有吃排骨面的人值得尊敬，吃阳春面的人就不值得尊敬吗？他决定以后再也不光顾这家面店了，同时也决心在他的店里一定要平等地对待每一位顾客。

有一天，一位乞丐专程来冯景禧的店买一块豆馅馒头。店员都看不起那个乞丐，而且也感到很为难：豆馅馒头在店里都是按包出售，从来没有卖过一块。面对这位特殊的客人，大家一时不知道怎么做才好。

恰好此时冯景禧正在店中，了解情况之后，他亲自拿了一大块，包好之后，郑重地交给了乞丐，并在收钱之后恭恭敬敬地说："谢谢您的惠顾。"

乞丐走后，店员们好奇地问冯景禧："冯老板，以前不论是什么顾客光顾，都由我们招呼。从来没见您这样恭恭敬敬地对待顾客，而且这个顾客还是一个乞丐，这是什么原因呢？"

冯景禧回答说："你们应该记住，这就是做生意的原则。店里的常客当然应该好好地接待，但对刚才的乞丐，更应该好好地接待。"

"为什么？"

"平常的那些顾客，都是有钱、有身份的人。他们光临我们店，我们应该欢迎，这并不稀罕。刚才这位乞丐，为了尝一尝我们做的豆馅馒头，掏出了身上仅有的一点钱。这可是千载难逢的机会，也许他吃完了这块豆馅馒头之后，再也没钱来光顾我们这个店了。这种倾其所有才能买下一块豆馅馒头的人，当然应当由我亲自卖给他。我也希望大家今后遇到这种事，能够好好地想一想再做。"

做生意要讲究原则，重视顾客的需求，不以貌取人，更不能厚此薄彼，不光要重视那些常客、大客户，即使是乞丐也不能怠慢。电视剧《大染坊》中陈寿亭化装为乞丐，去上海六合染厂的店铺。由于伙计轻慢他，结果他以一件布一元的价格拿走 8000 件布，差点使六合染厂陷入绝境。所以说，无论是企业家还是管理者，都必须以顾客为中心。顾客购买你的产品，就是对你的信任，就应该得到重视。大赢靠德，一个讲信誉、有原则的企业家，成功只是时间问题。

愿景是企业的最高目标

德鲁克站在社会的角度分析企业的目的，他认为任何企业的寿命都不可能比社会更长，企业的生产活动只能以社会为中心。这个道理显而易见，但却蕴涵着独特的思维方式。对于管理者而言，首先要改变自身的认知方式，必须明确"我所在的企业是什么？"。"它应该成为什么？它会成为什么？"这样一些基本的问题。因为对目的的追问，就是对未来的追问，也是对过去的反思。

德鲁克所提出的这些基本问题充分说明：企业的使命是一种愿景。愿景和愿景管理，是 20 世纪 90 年代盛行一时的观念和理论。柯林斯在其

1994 年出版的《基业长青》一书中，分析论证了居世界前列的 18 家公司基业长青的理由后，得出结论：那些能够长期维持竞争优势的企业，都有一个基本的经营理念。这一基本理念是这些公司发展历程中最重要的组成部分。柯林斯将这种核心理念定义为"愿景"。

随后，彼得·圣吉在他的管理学名著《第五项修炼》中又特别强调了"塑造共同愿景"。 至此，愿景和愿景管理开始被管理界广泛接受。愿景也叫远见，是企业的领导者对企业未来的建构和定位，是一种基于企业战略和文化的深层思考，是对企业长远目标的理性展望。

愿景是由组织内部成员所制订、通过决策团队讨论并获得组织一致的共识后形成的所有组织成员全力以赴的未来方向。所谓愿景管理，就是充分结合组织使命与个人价值观，通过愿景开发、愿景定位、愿景执行的三部曲来建立决策和管理团队，促使组织成功及组织效能得到最大化发挥。

愿景解决了企业是什么、要成为什么的基本问题。企业有明确的使命，就能建立自己的愿景。联想集团的愿景是：未来的联想应该是高科技的联想、服务的联想、国际化的联想。美国贝尔维尤医院的愿景是：贝尔维尤医院是为实现社区居民最高终生健康水平而提供必要资源的领先者。

由于愿景解决了企业的根本问题，所以愿景是企业的最高目标。而使命则是对企业责任的要求，是企业目的和愿景的具体化。对于任何企业而言，学会如何设立愿景和使命都是必需的。

我们来看看英国马狮公司是如何确定公司的使命和愿景的。

马狮公司是英国的一家服装公司，一开始由于企业目的和使命定位不准，生意做得很糟糕。

1924 年，马狮公司总裁西蒙·马克斯去美国考察，接触了一些先进理念，回去后对马狮公司进行了大刀阔斧的变革。他将公司的主要目标定为实现一场社会革命，而不仅仅是普通的批发零售业务，由此造就了马狮公司的增长奇迹。

在 20 世纪，英国的等级社会非常明显，不同阶层的人穿着不同，上流社会的人穿着时髦精致，而下层人士则衣衫褴褛。马狮公司决定靠给下层人士提供物美价廉的衣物来突破社会的阶层壁垒。公司采取了这项战略决定后，就将全部精力都集中在这个唯一的目标上。

看起来很令人吃惊，一家百货商店居然肩负社会革命的重任。这一决定意味着企业的目的是满足社会的终极需要。企业只要坚持这一目的，它就会自动成长，变得繁荣昌盛。这正是马狮公司成功的秘诀所在。企业必须不断努力去理解它的客户需求的变化，并从经济角度来满足他们。

马狮公司在确立战略发展方向后，继续提出不同领域的目标，如创新目标、人力目标、财务目标、简化控制、利润要求、社会责任等。它在营销领域的目标是：将客户定为工人和低级职员，去了解他们的好恶以及在服装方面的购买力。

马狮公司把顾客需要定为自己的企业目的，把消除阶层差别的社会革命作为自身的使命，建立了清晰的企业愿景，这是其取得辉煌成就的重要原因。

愿景是一种充满未来精神的梦想。当亨利·福特曾说他的愿景是使每个家庭都拥有一辆汽车时，所有人都认为他是精神病。但在今日的美国，他的梦想早已实现。此时，我们才突然明白，拥有愿景，对于卓越企业、商业英雄们是多么重要。10年前的微软，比尔·盖茨梦想着让所有的人都能使用电脑，希望所有的人都在电脑上使用他的操作系统，而今他的这种梦想已经近在咫尺。

愿景体现了企业家征服世界的野心，他们的目标宏大而不可思议，他们的目标是做第一，做最强，做最优秀。

中国"指甲钳大王"梁伯强从进入指甲钳市场之前的自费全球调研开始，就立志成为世界指甲钳领导者。他重金聘请业内技术精英，设立高标准的测检中心和研发中心，搜罗大量国内和国际技术参数，找准目标竞争对手，经过全面分析后逐项比对，形成差距排列，然后将关键差距逐个击破。在经营过程中他主动出击，与竞争对手短兵相接。为了维护行业领导地位，树立行业第一品牌，他们采取软性封杀的措施打击竞争对手，如让利给经销商，以保证市场份额，占领行业制高点；提高竞争门槛，创立中国指甲钳研发制造中心，制订行业标准等等。通过这些，他的企业在行业中处于领先地位。

由此可见，对于企业而言，建立完整的愿景非常重要。中国的企业家不可以再沉默，必须重视对企业使命和愿景的思索。不仅要"穷则独善其身，达则兼济天下"，更要有"先天下之忧而忧，后天下之乐而乐"的胸怀和精神。正是这种精神激励着中国的新生代商业精英们努力寻找企业的愿景。光荣的梦想不仅仅属于美国企业，更属于中国企业。

将企业目标和使命融入愿景中

愿景是企业家梦想和远见的表现。如果是能被人立即把握和实现的目标，那它就只能是一个战略目标，愿景需要企业制订一系列战略目标来实现。企业的创新模式、销售模式、渠道建设、企业文化、质量管理、客户服务等都只是实现愿景的手段，企业家应谨防以阶段性、工具性的手段替代激励人心的发展愿景。

有些企业愿景混乱、战略摇摆不定，由此严重影响了企业的发展。华为和万科对自我愿景的管理堪称国内企业的典范。华为提出"为了使华为成为世界一流设备供应商，永不进入信息服务业"，以确保企业愿景的稳定。华为不断用实际行动强化这一愿景和核心理念。走专业化道路的万科为了实现他们"做房地产行业的持续领跑者"的愿景，正在实施新十年三大实略：客户细分、城市圈聚焦、产品创新。万科将在细分客户价值的基础上形成住宅产品体系，建立万科住宅标准；通过工厂化生产，提高住宅的品质和性价比；以和谐、自然、生态的标准进行未来住宅的研发，获得更多的自主知识产权。

成功总有成功的缘由。为什么很多企业的愿景管理很失败，不能为企业提高整体绩效做出贡献呢？其根源一是由于愿景混乱，二是由于愿景无法被执行，即缺乏可操作和执行的方法。说到底，还是缺乏有效的目标管理。企业要实现自身的愿景和战略，必须认真而切实地执行目标管理。

目标管理是 20 世纪最为有效的管理工具之一。德鲁克是这一方法的创始人。他认为，并不是有了工作才有目标，恰恰相反，有了目标才能确定每个人的工作。所以"企业的使命和任务，必须转化为目标"。如果企业的使命、愿景不能转化为具体的可操作的目标，那么企业就失去了方向感；如果一个领域没有目标，那么这个领域的工作必然被忽视。因此，管理者应该通过目标对下级进行管理。当组织高层管理者确定了组织愿景后，应将企业使命、目标融入企业愿景中，建立完整的组织总目标，然后对其进行有效分解，转变成各部门以及各个人的分目标，管理者再根据分目标的完成情况对下级进行考核、评价和奖惩。

德鲁克认为，如果一个领域没有特定的目标，这个领域必然会被忽视。如果没有方向一致的分目标指示每个人的工作，则企业的规模越大，人员越多，专业分工越细，发生冲突和浪费的可能性就越大。企业每个管理人员和工人的分目标就是企业总目标对他的要求，同时也是员工对企业总目标的贡献。只有完成每一个目标，企业总目标才有完成的希望，而分目标又是各级管理人员对下属人员进行考核的主要依据。

目标管理是以相信人的积极性和能力为基础的。企业各级领导者对下属人员的领导，不是简单地依靠行政命令强迫他们去干，而是运用激励理论，引导职工自己制定工作目标，自愿进行自我控制，自觉采取措施达到目标，自动进行自我评价。目标管理是通过诱导、启发员工自觉地去干工作的，其最大特征是通过激发员工的生产潜能提高员工的效率来促进企业总体目标的实现。

总之，德鲁克目标管理的核心理念在于：任何企事业单位都必须形成一个真正的群体，将个人的努力融汇成一种共同的努力。企业每个成员所做的贡献各不相同，但是，他们必须为一个共同的目标做贡献，他们都必须朝相同的方向前进。他们必须融为一体，产生出一种整体的业绩：没有隔阂，没有冲突，没有不必要的重复投入，在任何时候都可以依据企业每个成员的工作目标进行量化考核。正是在这种强有力的可执行的目标的基础上，企业才能实现战略、使命和愿景。

建立完整的目标体系

企业明确了自身的愿景、目的和使命后，就应该将企业的目的和使命转化为目标并进行有效的目标管理。德鲁克认为，目标管理是企业提高绩效的重要手段，企业必须建立完整的目标体系。企业必须有总目标，各个部门及各个员工都应该有自己的分目标，而且分目标从属于总目标，分目标是实现总目标的基础。

企业应该建立怎样的目标体系呢？企业的目标体系有哪些重要的方面呢？德鲁克认为，企业目标应该建立在八个主要方面：市场目标、创新目标、人力资源目标、财务目标、物质资源目标、生产率目标、社会责任目标、利润目标。

企业存在的目的是为了创造顾客，那就必须首先有市场，应该建立完整而有针对性的市场目标。这与企业的定位和目的密切联系，一定要首先确定自己的目标顾客是哪些人。

企业必须明确它所生产产品的创新点，即它需要在哪些方面进行创新；必须明确创新方向以及产业方向，因为不创新就会被市场淘汰。所以，企业必须建立创新目标，而且能使创新目标在企业活动中被贯彻和执行。

企业要生产，必然需要最基本的资源，这包括人力、资本、物质投入等。这些方面的目标与企业规模和市场前景相关。企业应该充分有效地利用资源，以降低成本，进行成本控制，所以必须有相应的效率目标——生产率目标。

企业存在于社会中，企业必须承担社会责任，这由企业的使命决定。企业必须有社会责任目标，如企业应该为社会提供怎样的产品，企业的生产经营活动会不会影响到人们的生活、会不会破坏环境，等等。企业的社会责任目标应该与企业所需要建立的信誉、形象、知名度、美誉度等联系起来。

企业要生存和发展，就必须有利润。企业不是慈善组织，企业要付出成本，必须实现利润，这与企业的绩效有关。没有利润，企业就不能完成前七项目标。利润是企业规避市场风险的根本方式，所以利润目标对企业至关重要。

运用目标管理的优势

德鲁克提出的目标管理理论，有其独特的特点。

(1)系统性。从目标的制订到目标执行，从高层到基层，逐层分解目标，这就将整个企业连接为了一个整体。

(2)民主性。企业的总目标要得到贯彻和落实，就必须获得基层员工的理解和支持。因此，目标管理要求基层能参与企业的决策，从而增强决策的执行力。

(3)自我控制。目标管理的最大优点在于它能使人们用自我控制的管理来代替受他人支配的管理，激发人们发挥最大的能力把事情做好。员工都愿意负责，关键在于管理者赋予员工多大的权力。

(4)激励性。目标管理以结果为导向，企业把目标的制订和实施结合起来，将目标实施状况与奖惩制度密切结合，因此这种方法是非常有效的激励方式。

管理者必须全面理解目标管理的特点，从而在实践中运用目标管理。目标管理对于改造组织结构、改变管理方式、提高企业业绩、增强组织沟通和协作都具有非常重要的意义。管理者要善于运用目标管理的优势，从而提高管理绩效。

1. 确定组织目标，提高工作绩效

目标管理不但可以帮助企业制订出一套全体员工共同努力的目标，更可以借助绩效的评估与考核使公司上下所有人员均能有效地贡献其能力，做有利于实现公司目标的工作。

2. 目标管理立足现在，面向未来

传统的管理方式，各级经营者常犯的毛病是："只为今日的危机而繁忙。"目标管理则强迫管理者了解目前的危机，了解环境的变化，迫使其为未来之行动作仔细的规划。

目标管理能创造一种气氛，强迫人们从事计划的工作。因此在目标的设定方面，必须要能反映出管理者将面临的未来工作环境、所需要的有效资源与协助，更要能显示出管理者的地位，甚至其他部门都能通过目标执行获得由自己的贡献而得到的利益。

3. 目标管理的重点是授权

在目标管理制度下所设立之目标，务必反映企业的成果，同时分清权责。认真执行目标管理，往往会发觉权责不清、功能混淆之处，最常见的是缺乏有效地运用授权的原则。目标管理重点在于授权，使权责含混之处明朗化，从而提高企业的经营业绩。

4. 激发员工潜能，提高员工士气

目标管理强调高层管理者应创造有利的环境和条件，使员工能在此环境下发挥其创造力。在实施目标管理的过程中，上级必须赋予部属为达到目标所必需的权力，使部属能发挥潜能，达到预期目标。通过这种方式，可激发员工的潜能，提高员工士气。

5. 促进沟通，全员参与，增进团结

传统的管理会造成本位主义，剥夺企业组织的潜能，使企业组织效率大为降低。目标管理强调上司与部属（其他部门的同事）间的双向意见沟通，要求大家在组织内坦诚相见、团结合作，因此常能及时消除内部潜伏的冲突，增强团结，有效地达到目标。

6. 消除各部门的本位主义

现代企业组织具有高度专业化的特征，规模愈来愈大，人员众多、组织庞大、性质复杂。由于缺乏参与，导致沟通发生障碍，更由于管理上的科层结构，因而时常造成误解，所以企业内部很容易出现本位主义。为了消除本位主义，现代企业组织有必要建立协调与合作的制度与解决方法。

为达到协调与合作，首要措施就是确立企业组织的目标管理制度，使各级主管基于企业组织的共同目标，明确列举本部门的目的即预期的成果，并列举为协助其他部门达到目标本部门应作何种贡献，用以强调团队合作及团队成果共享。

7. 激励员工自动自发的精神，提高工作效率

在传统的管理下，上司只要求员工顺从、努力工作，无法促使员工主动工作，并且由于主管规定各人的工作内容，交代下属如何去做，常使下属站在反对的立场，这是因为规定的工作目标不易为下属所接受，于是产生了逆反心理。在这种情况下，个人就不会集中精力于目标上。目标管理鼓励员工自主设定目标及行动计划，自己来控制进度，可启发员工自动自发的精神，主动且负责达到本身的目标。

8. 目标管理使管理评估具体可行

传统的管理方式对于部门及人员的考核采用主观的看法和评核，仅凭员工的个性或其工作习惯来考核员工。如此不但不能充分表示出个人努力的程度，更容易造成员工的不满或随意。

目标管理要求对于人员的能力可以用其预期达到目标与实际完成情形作比较来评价员工之绩效。目标管理提供了一套绩效评估办法，使员工的绩效得以被客观地评估。

9. 有助于经营者评核自己或下属的绩效

传统的评核考绩方式不再适合于现代企业的管理，目标管理的推行有助于客观的考核。部门或主管的经营成果，不论是自己考核自己或是上司考核下属，均有标准可以依据。如此员工的不满可以消弭于无形，也可更积极促使员工努力达到更高目标。

作为管理者，必须明确目标管理的意义。总结以上几点，目标管理的意义主要在三个方面：一是以提升组织绩效为核心。目标管理要求以目标实施的结果来评判员工和管理者，是一种以结果为导向的管理方式。二是目标管理有利于提升个人能力。通过目标管理，每个员工都可以自动自发地控制工作进度，从而有利于发挥个人的主动性和积极性。三是目标管理提升了企业凝聚力。目标管理使得企业没有边界，打破了部门限制和层次阻隔，使沟通和协作能力迅速得以提高。管理者要准确理解目标管理的意

义,以便在实际操作中不致"失之毫厘,谬以千里"。

学会追求"适度"的市场目标

德鲁克认为,企业要追求市场目标,但不应该把市场目标放在最大化上,而要放在最适度上。这就需要管理者全面分析和认识顾客、产品、服务、流通等各方面的问题,这一类的决策属于高风险决策。管理者必须学会追求适度的市场目标。市场目标不能太高,太高了不仅无法实现,而且会让执行者有一种挫败感,影响其积极性的发挥;也不能过低,太低了不具有挑战性,让执行者没有成就感,也会导致资源的闲置与浪费。过犹不及,说的正是这个道理。

所谓适度的市场目标从其本质上可分两种:一种是定量目标,一种是定性目标。定量目标是可以量化的目标,比如某企业在某年度的市场占有率要达到 40%;定性目标指不可以被量化的目标,比如马狮公司的目标就是通过销售物美价廉的服装消除阶级差别,实现社会革命。对于不能量化或难以量化的目标,一般都采用定性目标。很多企业迷信量化目标,把不能量化的目标也要量化,这样只能适得其反。另外,决策者在制定目标时,不能只强调目标的量化与层次而忽视了目标的可操作性,因为不能被操作和执行的目标就没有价值。

德鲁克所强调的目标管理,非常关注员工的参与度。决策者在制定目标时,要充分考虑员工的意见,要充分吸收他们的建议,因为最终目标都需要他们去执行和实现。有些领导者唯我独尊,从不考虑员工的意见和感受,这种专制的管理方式与目标管理的精神背道而驰。有些企业老总自己制定目标,然后分解给员工去执行。结果有的部门轻而易举就完成了任务,有的部门即使再努力也不能实现,从而引起下属对这种目标的对抗情绪,最终导致企业管理成本增加,而管理效用大为降低。

领导者和决策者建立适度的市场目标,必须强调人的参与意识,调动人的积极性。20 世纪 90 年代中期,全国都在学邯钢,当时邯钢采用的就是目标管理。它有几句话喊得很响，叫作"千斤重担万人挑，人人肩上有指标"，特别是在制定目标时，让人感到跳一跳就够得着。这种目标就是适度的，只要努力就能达到，自然能激发员工的工作热情。

企业要建立适度的市场目标，必须注意以下几个方面的问题：

1. 要改变目标的设定方式

很多管理层在制定目标时，都喜欢自上而下层层推进。这种制定目标的方式效率高，但准确性差。制订适度的目标是为了有效，而不是为了有效率，所以必须从员工实际出发。在制订适度的市场目标时，尤其要考虑市场和营销部门意见。领导者要习惯采用自下而上的目标设定方式，因为这样的目标设定方式是一种双赢的模式。管理者因此可以在决策中处于主动地位，并有效地调动员工的工作积极性。而目标是员工自己制订的，他们就会认真负责地完成任务；即使任务没有完成，他们也愿意承担责任。

传统的目标管理一般都是先总后分的形式，这样很容易造成强制性目标的现象，从而忽略下属部门及员工的感受。如果采用自下而上的形式，先让下属部门根据实际情况制订出目标，然后层层上报，最终制订出总的目标，这样不仅提高了员工的参与意识，而且使公司的总目标有了支撑基础。领导者必须明确，这样一种目标设定需要不断修整，因为员工毕竟对行业的整体把握能力有限。

2. 适度的市场目标要重视经验

企业在制订市场目标时，可以根据本企业近几年的增长率以及同行业的增长率，来客观评价企业的发展状况及行业的市场饱和程度。企业可以参照这两种标准，然后再结合企业内外部实际情况加以综合考虑。

3. 要注意目标的协调性

企业制订的往往是一组目标，这些目标必须相辅相成、协调一致。市场目标必然涉及成本、利润、广告、公关、生产等各个部门，市场目标的变化必须参照这些部门的情况来综合确定。所以，适度的市场目标必然是协调的目标，否则就会导致部门冲突和矛盾，最终会影响员工的生产积极性及企业整体业绩的提升。

生产率永远是企业的法宝

德鲁克认为，生产率是衡量企业效益的重要参考指标。没有生产率目标，企业就没有方向。没有衡量生产率的各种方法，企业就会失控。

生产率意味着企业对资源利用效率的高低，是衡量企业产出的重要指标。生产率虽然不是企业发展的核心因素，却是起关键作用的因素。20世纪初所形成的以泰勒等人为代表的古典管理理论，其中心问题就是提高劳动生产率。泰勒等人倡导的科学管理以提高劳动生产率为目标，在操作规程、工作定额、差别工资制度、职能分工、管理原则等方面进行了一系列探索，开创了科学管理的新时代。

企业的管理者要想方设法提高企业生产率，就要结合企业的实际，尽可能地降低成本、增加效益。

现在大多数企业都接受"缩短工作时间"这一管理理念。所谓缩短工作时间，就是让员工在有限的时间内生产尽可能多的产品。这种生产方法注重生产效率，不以延长时间来增加产品产量，而以一种竞争和激励机制来调动员工的生产积极性。

台南纺织公司是最早推行"缩短工作时间"这一理念的公司，其推出的目的就是为了提高单位时间的生产率。台南纺织于1956年12月开工，开始时采用两班制，每班工作12小时。轮到夜班者，每到深夜三四点时，就有人打瞌睡，而且工作效率极其低下。公司为了防患于未然，严格规定瞌睡者要记大过一次，三次就得开除。

虽然制度严格，但睡者照睡，甚至平常表现良好的员工，有一夜也被发现连打瞌睡三次的情形。总经理吴修齐为此事非常担心。

相关负责人经过深入的调查研究后发现，每班工作12小时，日班尚可忍耐，夜班则疲惫不堪。到了深夜三四点，虽明知打瞌睡会被重罚，但总是心有余而力不足，一坐下就打瞌睡。

为了解决因体力不支而不得不打瞌睡的问题，公司制定出一套对劳资双方均有利的方法：把现有人员由两班制改为三班制，每班工作时间由12小时改为8小时，缩短4小时的工作时间。虽然缩短工时，但员工每月的收入不变。

三班制的工作方式大受员工欢迎，因此工作更加卖力。

由于工作时间缩短，工作的动力增强，打瞌睡的现象没有了。公司的生产效率也大为提高，总生产量较实施三班制之前提高了20%，劳资双方通过这一方法实现了双赢。

生产率是企业获得利益、长足发展的法宝，管理者重视提高劳动生产率无可厚非。但管理者要从企业实际出发，从员工的需要出发，尽可能地激发他们的工作动力。也就是说，企业提高生产率要更多地从人性出发，更多地将之转变为一种激励机制。效率都是人创造的，所以提高效率就必须以人性为基点。

如何设立目标

德鲁克认为，无论是最高层的管理者，还是基层的员工，各个层面的组织人员都必须有内容明确、方便操作的工作目标。这些目标应包括一些具体内容，如实现怎样的绩效、要求管理者做出怎样的贡献，等等。进行目标管理的首要问题是设定目标。

实施目标管理，就要设立目标。作为中高层管理者，首先必须定义企业的目标。而定义目标则要对企业各个层面的问题系统考虑，包括企业的现状、未来的发展状况以及整个行业的发展态势；还要考虑可能出现的风险、各种机遇。企业的主要目标必须能涵盖企业的主要领域，而且要清晰明确，并提供能对实际工作做定期检查的基础和平台以及进一步改进的措施。

管理者明确目标管理的基本问题后，就要实施目标管理。可以用下面的方式设定并整合目标：

（1）准备一份主要目标的简要说明，要思路清晰、问题具体并且具有可操作性。

(2)准备一份5～10年的战略规划，明确主要领域如市场营销、财务、创新、生产率的主要目标。

(3)准备一份1～2年的短期规划，明确关键领域的目标。

(4)与每一个管理者协商，确定其管辖领域的目标，明确要达到目标的绩效标准。当制度运转良好时，管理者和员工都需要参与制订目标，并提出意见和建议。

(5)准备一份达到工作目标的改进计划。

(6)建立合适的组织结构，比如一些临时的项目或重大的跨部门的项目，要建立项目组。

(7)及时向下级管理者提供必要的信息，使他能以此标准有效地评估工作进度，并采取必要的补救措施。这一过程就是目标管理和自我控制。

(8)定期共同回顾管理者的工作情况，如有必要，就重新调整实现目标的工作方向。要及时总结经验，积极改进工作方法。

(9)制订培训经理人员的计划，使他们能够有效地发挥自身的优势。

(10)当下属能有效地达到目标时，必须给予与他们业绩相匹配的激励，包括精神激励和物质激励。

诚然，上述方法比较粗糙，只适合思考企业的整体目标时使用。如果要完成一些具体的目标，为了使目标具有可操作性，我们可以运用PDCA循环法。

PDCA循环法是在西方十分流行的一种行之有效的科学管理程序。这四个英文字母分别代表计划（Plan）、执行（Do）、检查（Check）、修正再执行（Action）。PDCA是一个科学的程序运作，在西方最早是由美国质量专家戴明（Deming）博士首先倡导的，如图7-1所示。它是针对质量管理所提出的一个科学的程序运作。发达国家质量管理的实践证明：PDCA循环法是一个行之有效的科学管理程序。PDCA循环不仅是一种高效的质量管理方法，而且对于我们提高个人目的性和工作效能有很强的促进作用。

戴明博士把质量管理全过程分为四个依序衔接的工作阶段，即计划阶段、执行阶段、检查阶段和修正再执行阶段。这四个阶段是一个首尾相接的循环过程。

在工作程序 Plan、Do、Check、Action 的过程中：

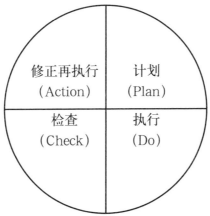

图 7—1 Deming 循环图

Plan 即拟订计划，制订计划目标，制订计划做法；

Do 即执行实施，并加以控制；

Check 即确认或评估执行状况与目标之差距；

Action 即执行结果与目标值之差距探讨，并修正采取措施。

PDCA 循环工作步骤表

阶段	阶段
计划 阶段 （P）	①设定目标 ②搜索与目标相关的信息 ③找出最佳方案 ④制订计划工作表
执行阶段（D）	⑤按计划工作表执行工作
检查阶段（C）	⑥检查执行情况
修正再执行阶段（A）	⑦对检查结果做出修正 ⑧修正后再执行

　　我们把工作的全过程分为四个依序衔接的工作阶段：计划阶段、执行阶段、检查阶段、修正再执行阶段，这是很容易理解的。但是如何更科学地去操作，就有学问了。其实这并不是一门高深的学问，只要我们能解决一个"细"字，将这四个阶段再细分为八个便于操作的步骤，那么当你运用起 PDCA 循环法时就能够得心应手了。

　　例如有一天，经理分配给你一个任务：让你对某区冷食市场进行一项市场研究调查，并拟订一份市场调研报告。这本是让你大展身手的机会，但你却苦于不知从何着手而毫无头绪。为什么要进行调查？怎样进行市场调查？遇到问题怎样解决？调研报告怎样写……各种各样的问题直砸得你眼冒金星、头脑发胀。但你若运用 PDCA 循环法，则思路就会变得非常清晰。

　　X 区冷食市场调查实施方案：

　　（1）Plan：制订一份周全的计划。

　　本阶段你要明确六个问题，这六个问题简称为 5W1H。

　　①为何制订此计划？（Why）

　　②计划的目标是什么？（What）

　　③何处执行此计划？（Where）

　　④何时执行此计划？（When）

　　⑤何人执行此计划？（Who）

　　⑥如何执行此计划？（How）

　　（2）Do：计划好之后，着手将项目一步一步向前推进。

　　（3）Check：在进行市场调研过程中，一定要记得检查，看项目的推进是否按原先的计划进行，当中有无纰漏和出现偏差等。

　　（4）Action：针对你的检查结果确定你的行动。

　　如果在市场调研过程中发现计划偏离了原来的目的，或者发现原先的计划考虑不够周全，那你就要及时弥补、调整，以确保任务的圆满完成。如果当中并无纰漏或出现偏差，当然是皆大欢喜，那你可以继续一如既往地进行。

作为基层管理者和员工，他们是执行者，他们是否也需要设定目标呢？当然需要，不过他们设定目标的方式相对简单。由于企业整体目标和发展规划都已经确定，所以基层管理者和员工应该首先熟悉自己的目标，并思考怎样才能达到自己的目标。为了实现自己的目标，可以将分目标进一步分解，以提高效率。

1984 年，在东京国际马拉松邀请赛中，名不见经传的日本选手山田本一出人意料地夺得了世界冠军。当记者问他凭什么取得如此惊人的成绩时，他只说了这么一句话：“凭智慧战胜对手。”

当时大家都认为这个偶然跑到前面的矮个子选手是在故弄玄虚。马拉松赛是体力和耐力的运动，只要身体素质好又有耐性就有望夺冠，爆发力和速度都还在其次，说用智慧取胜确实有点牵强附会。

两年后，意大利国际马拉松邀请赛在意大利北部城市米兰举行，山田本一代表日本参加比赛。这一次，他又获得了世界冠军，记者又请他谈谈取胜经验。

然而，山田本一回答的仍是上次那句话：“用智慧战胜对手。”这回记者们没有再挖苦他，但对他所谓的智慧还是迷惑不解。

10 年后，山田本一在他的自传中说明了取胜的原因：每次比赛之前，我都要乘车把比赛的线路仔细地看一遍，并把沿途比较醒目的标志画下来。40 多公里的赛程，就这样被我分解成几个小目标轻松地跑完了。

这种将相对时间长、难度大的目标有效分割的办法，也叫“剥洋葱法”，如图 7-2 所示。你可能会在年底为自己订下这样一个目标：“我要在明年争取成为行业中最出色的业务员。”随后，你可能付出比以前更多的努力来实现自己的目标。然而，“罗马不是一天建成的”，你的目标要逐步实现。如果在设定你的宏图大计时能够运用“剥洋葱法”将你的宏图大计分成一个个的小目标，那么在你实现每个小目标时，你就能备受鼓励，而且你会很清楚你现在该去干些什么。

实现目的的过程是由现在到将来，由短期目标到最终目标，一步步前进的。但是设定目标的最高效的方法则是与实现目的的过程正好相反，运

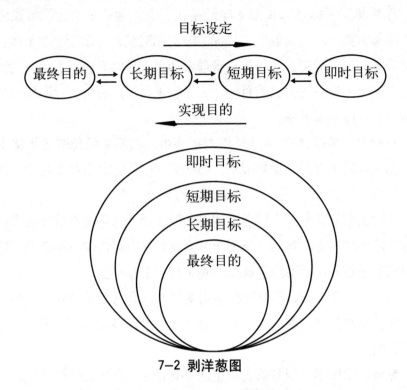

7-2 剥洋葱图

用剥洋葱法，应是由将来到现在、由长期目标到短期目标层层分解。

在管理学中，这种方法的进一步延伸为目标树法。目标树是现代管理学中的一个重要概念。"剥洋葱图"告诉了我们进行目的分解的方向，而目标树法则为我们进行目的分析提供了具体的路径。

1. 目标树示意图

（1）树干代表目标。

（2）每一根树杈代表由最终目的分解生成的大目标。

（3）叶子代表实现大目标需要关注的因素或者子目标。

2. 大目标与子目标的关系

（1）子目标是实现大目标的策略。

（2）大目标是子目标的结果。

（3）子目标实现之"和"一定是大目标的实现，大目标实现之"和"则是最终目的的实现。

3. 如何描绘你的目标树

首先，写下你的大目标和最终目的。然后，思考实现最终目的有哪些策略，列出可能的策略并添加到目标树上的各级标框内。其实，这些子目

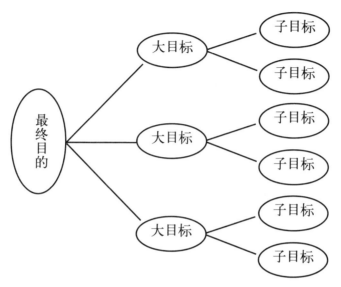

图 7-3 目标树示意图

标是实现大目标和最终目的的步骤。在达到最终目的之前，首先是大目标和子目标的达到。接下来，再考虑完成每个大目标的因素，这些因素就是目标树的叶子。这样，你的目标很快就被描绘成一棵枝繁叶茂的大树了。同时，你的目的分析任务也就顺利完成了。

例如：你的最终目的是在今年的 8 月 30 日为公司赢得销售额 10 万元，那么你的目标树就应如图 7-4 所示。

总之，无论是"剥洋葱"还是目标树，都是行之有效的管理方法。通过这种对自我分目标重新厘定的方法，可以有效地提高个人的绩效能力。

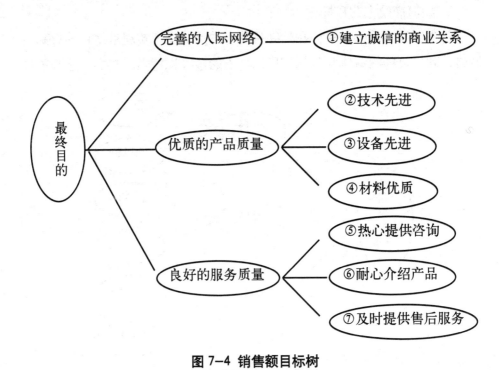

图 7-4 销售额目标树

不要一味强调营利性

追求利润是每个企业都不能忽视的目标，但企业不能一味强调利润。领导者管理企业就必然要平衡各种需要和目标，利润只是一种比较重要的目标。企业为了战略需要、长远发展，都不会把利润作为第一目标。过度强调利润，就会使管理者重视短期利益，为了今天的利润不惜牺牲明天的生存。一个不择手段的企业很难建立信誉，一个只重视眼前利益的管理者也很难取得大的成就。所以德鲁克把一味强调营利性看成是管理中最愚蠢和糟糕的办法。

然而，环顾现实生活中的管理者，一味强调营利性的大有人在。一些企业为了利益不惜损害企业的信誉和形象，甚至铤而走险，肆意践踏法律、道德。前两年频繁出现的毒奶粉、毒大米、各类的假烟假酒，以及近两年的黑煤窑、黑砖窑等等，这些现象都充分说明，任何企业的管理者都不能把利润作为第一目标，都不能只重眼前利益，犯短视的毛病。

不强调营利性，本质上体现的是管理者的一种品格和修养，一种眼界和视野。

这是发生在第一次世界大战时奥地利的一个故事：

有一位先生非常喜欢美术作品。他拼命工作，节衣缩食，就是为了多收藏几幅名画。皇天不负有心人，数十年来，从伦勃朗、毕加索到其他著名画家的作品，他应有尽有，收藏颇丰。

这位先生早年丧妻，只有一子。时光流逝，当奥地利卷入战争，他依依不舍地送走了远赴战场的儿子。两个月后，他收到了一封信，信上说："我们很抱歉地通知您，令郎在战争中牺牲了。"儿子是为了背回受伤的战友而被敌人的子弹打中的。这个消息对他而言无异于晴天霹雳。

老人一下子苍老了很多，终日在家发呆。就在此时，有一个和儿子同龄的年轻人登门造访，原来这就是他儿子舍命搭救的战友。年轻人说："我知道您爱好艺术，虽然我不是艺术家，但我为您的儿子画了一幅肖像，希望您收下。"老先生泪流满面，他把画挂在大厅，对年轻人说："孩子，这是我最珍贵的收藏。"

一年后，老先生郁郁寡欢而终，他收藏的所有艺术品都要拍卖。消息传开，各地的博物馆馆长、私人收藏家及艺术品投资商们纷纷慕名前来。

拍卖会上，拍卖师坚持先拍卖老人儿子的画像。他说："这幅画起价100美元，谁愿意投标？"会场一片寂静。他又问："有人愿意出50美元吗？"会场仍然一片寂静。这时有一位老人站起来说："先生，10美元可以吗？我虽没有多少钱，但我是他家的邻居，从小看着这个画中的孩子长大。说实话，我很喜欢这个孩子。"拍卖师说："可以。10美元，一次；10美元，两次；好！成交！"

会场立刻一片沸腾，人们开始雀跃，认为名画的拍卖就要开始了。可拍卖师却说："感谢各位光临本次拍卖会，这次的拍卖会已经结束了。根据老先生的遗嘱，谁买了他儿子的画像，谁就能拥有他所有的收藏品。"

所有的人都是为了利益才去参加拍卖会，然而所有把利益放在第一位的人都不能得到那些珍品。这就是老人用生命告诉我们的真理。

作为管理者，当然不能相信天上会掉馅饼，更不能认为天下会有免费的午餐。但做企业，既不能指望偶然的机遇，也不能完全靠利润来支撑。只考虑赢利的企业，必定是做不强，做不大，做不久，也无法让顾客信任的企业。

目标提升自制力

目标管理追求目标实施的最终结果，这就使得管理者能有效控制自己的绩效表现。重视结果意味较强的自我控制，同时也是一种自我激励。对于大多数员工而言，都希望自己能做得更好，因此每个人都希望超越目标，而不是勉强达到目标。这就使企业里洋溢着一种追求卓越、渴望进步的精神，这种自我控制、自我实现的精神比任何管理制度都有效。因此目标管理大大增强了个人的自制力。

自制力是指一个人自觉地调节和控制自己行动的能力。目标管理使管理者能够理性对待周围发生的事件，他不需要再关注乏味而惹人讨厌的具体问题，因为员工们都能有效提高自己的自制力。所有的活动都由员工自我设定、自我完成，他们能够约束自己的行为和感情，不会再去浪费时间做那些影响目标实现的事情。通过实施目标管理，管理者调动了员工的工作积极性，同时也使自己从冗杂的事务中解放出来，专注于解决重要的问题。

员工认同了目标，就会集中精力完成某项任务，从而排除外部干扰，抑制那些不必要的活动。

目标强化了自制力，而在自制力的调节下，人能够选择正确的活动动机，调整行动目标和行动计划。

为了实现目标，人们就能理智地控制自己的欲望，分别以轻、重、缓、急去安排自己的工作，调整自己的行为。作家李准在报告文学《两个青年人的故事》中曾有过这样一段描述："杨乐到了北大数学系后，学习更努力了。他和张广厚每天学习演算 12 小时，他们没有过过星期天，没有过过节假日。'香山的红叶红了'，让它红吧，我们要演算题。'中山公园的菊花展览漂亮极了'，让它漂亮吧，我们要学习。'十三陵发现了地下宫殿'，真不错，可是得占半天时间，割爱吧。'给你一张国际足球比赛的入场券'，真是机会难得，怎么办？牺牲了吧，还是看我们案头上的数学竞赛题。"杨乐、张广厚在强烈的学好数学的事业心的召唤下，一次次克制了游玩的冲动。这为他们在数学领域中获得重大的成就创造了条件。

每个人可能都有这样一种生活体验：当没有目标的时候，很容易变得懒惰和迷茫。而一旦确立了目标，并且要求你在一定期限内保质保量地完成任务，这就使个体有了压力。这种压力能使人们学会选择自己的行为，控制自己的情绪，以便于按照目标的要求完成任务。

可见，目标管理可将一种外在的压力转化为人的一种内在的需要，人的自制力会因此得以提高，做事的效率和有效性也会得以增强。因此，无论是高层管理者还是最普通的员工，都应该以目标为导向，改变自己做事的方式，提高自己看问题的视野，并由此提升自己的绩效能力，从而专心致志地从事工作，并将它做到最好。

有目标才有执行力

有一只燕子，她的家在房顶下面。她的邻居麻雀住在屋檐下面。麻雀的窝比较简单，不过是排水管和房檐之间的一个小小的空隙罢了。

燕子每年都孵育小燕子，教她们飞翔、唱歌。麻雀却不一样，她每年也生不少蛋，可是她从没有把小麻雀孵育长大：不是淘气的孩子们掏走了她窝里的蛋，就是小麻雀被猫吃掉了。

麻雀看到燕子一家其乐融融，非常羡慕。

"你真幸福！"麻雀说，"你每年都能孵出小燕子，而我的孩子却总是保不住！"

"都怪你自己不用心，"燕子说，"要是你的窝也和我的窝一样结实，小孩和猫就没有办法了。"

"那就请你教我搭窝吧！"麻雀说，"你一定知道什么秘密，或者有什么诀窍。"

"搭窝要动动脑筋才行，"燕子说，"不过，其实也没有什么诀窍。咱们一起飞吧，我一定教会你。"

燕子和麻雀一起飞到了一个湖边。

"喂，我亲爱的朋友，你用嘴巴衔一点泥，学我的样子。"燕子边说边做给麻雀看。

"唧唧唧！"麻雀回答说，"原来是这样啊！依我看，搭窝一点也不难，什么诀窍也没有！"

燕子沉默，她看了看麻雀，然后衔着一块泥飞回家，把它糊到墙上。

"你也这样做吧！"她又劝麻雀。

"我看见了，看见了！"麻雀说，"很简单啊。我还以为你做的那个窝有什么秘密呢！这样糊泥谁不会呀？不！这种小事我可不干！"

燕子一次又一次地飞到湖边，每次都衔回一块泥。泥衔够了以后，她又去衔稻草。材料备齐了，她就开始筑窝。她一层泥，一层草，又一层泥，又一层草……把窝搭得严严实实。

"窝只有这样搭才行。"她教麻雀说，"先糊上一层泥，再加上一层草，再糊上一层泥，再加上一层草……这样，一个结结实实、舒舒服服的窝就搭好了。"

"我知道，我知道！这里面一点高明之处也没有！"麻雀以轻蔑的口吻叽叽喳喳地说。

燕子回答说："我知道你知道，可是光知道永远搭不成窝，没有行动怎么可能有成果？你只知道夸夸其谈，那样永远也孵不出小麻雀来！"

寓言总是很简单，其中的寓意却不简单。燕子和麻雀的区别就在于，燕子是行动家，而麻雀却只知道夸夸其谈。在麻雀的眼里，燕子一点都不高明，可是比燕子更高明的麻雀却永远也孵不出小麻雀来。任何目标再宏大、再美好，都需要去执行、去运用、去实践，脱离行动的目标就不是有效的目标。

有效的目标管理应该能落实到实践中，应该可以被执行和应用。德鲁克认为，有效的目标绝不是美好的愿望，倘若如此，那么企业的目标就形同废纸。因此，任何抽象的目标都必须转化为各项具体的工作，这种工作应该有期限限制，可以考核并有特定的责任者。

一个缺乏执行力的管理者不是一个合格的管理者，一个不能被应用的目标不是一个有效的目标。好的目标必须被运用，只有在运用中才能真正体现目标管理的价值。目标管理的优势在于，它能有效地提高工作效率。好的目标关键在于运用，在于执行。而运用就必须有方法，将目标管理应用最为成功的国内企业是海尔集团。

海尔集团董事长张瑞敏根据德鲁克的目标管理理论，结合海尔的实际，提出了著名的 OEC 管理法。OEC 管理方法也叫日清日高管理法，它是英文 Overall Every Control and Clear 的缩写。其含义是全方位对每人、每天所做的每件事情进行控制和清理，并要求每天都有所提高，做到"日事日毕，日清日高"。具体地讲就是企业每天所有的事情都要有人管，做到管理不漏项；所有的人均有管理、控制内容，并依据工作标准对各自控制的事项按规定的计划执行，并每日把实施结果与计划指标进行对照、总结、纠偏，以达到对事物发展的过程日控、事事控制的目的，确保事物向着预定的目标发展。

OEC 管理法促使企业以及每位员工、每项工作都能自我设定目标、自我发展、自我约束，并实现良性循环。这一方法可以概括为：总账不漏项，事事有人管，人人都管事；管事凭效果，管人凭考核。其中，总账不漏项是指把企业内部所有的事物按照事与物分成两类建立总账，使企业正常运行过程中所有的事和物都能在控制网络之内，确保体制完整不漏项，从而有利于全面的目标管理。事事有人管、人人都管事是指将总账中所有的事与物都通过层层细化设定目标，并落实到各级人员，由此制定各级岗位职责以及每件事情的工作标准。为达到事事控制的目的，每个人根据其职责建立工作台账，明确每个人的管理范围、工作内容，每项工作的工作标准、工作频度、计划进度、完成期限，等等。管事凭效果、管人凭考核是指任何人在实施过程中，都必须依据总台账的要求开展本职范围内的工作。这就使每个人在相对的自由度下可进行有创造性的能力发挥，力求在短时间内完成达到各自标准甚至高于标准的各项工作。

海尔集团的OEC管理体系由三个基本框架构成，即目标体系、日清控制体系和有效激励体系。

通过完整的管理体系，海尔集团将企业目标有效分解，并层层落实到每一个员工身上。从目标的设定到目标的控制，再到目标的考核，每一个阶段，目标都能被有效执行。这样就大大提高了员工的工作效率和绩效，并有效地将企业的绩效和员工的个人工作成果统一起来。正是由于海尔建立了科学的目标管理体系并有效地应用了目标，海尔才能快速、持续、健康地发展。

由于海尔的OEC管理充分关注了管理中人的因素，因此目标的执行就不再是刻板严肃的数字和制度，而是转化成了员工空前高涨的工作热情。海尔集团洗衣机海外产品经理崔淑立将日清日高管理法创造性地转化为"夜半日清"就是一个典型案例。

崔淑立刚接手管理美国市场时，同事们都说："拿下美国B客户非常难！"因为前任各产品经理在这位客户面前都业绩平平。

真这么难吗？崔淑立不信这个邪。这天，崔淑立刚上班就看到了B客户发来的要求设计洗衣机新外观的邮件。因时差为12个小时，此时恰好是美国的晚上。崔淑立很后悔，如果能即时回复，客户就不用再等到第二天了！从这天起，崔淑立决定以后晚上过了11点再下班，这就意味着可以在当地上午时间里处理完客户的要求。

3天过去了，"夜半日清"让崔淑立与客户能及时沟通，开发部很快完成了新外观洗衣机的设计图。就在决定把图样发给客户时，崔淑立认为还必须配上整机图，以利确认。当她"逼着"自己和同事们完成"日清"——整理出整机外观图并发给客户时，已经是晚上12点了。大约凌晨1点，崔淑立回到家，立刻打开家中电脑。当她看到客户的回复："产品非常有吸引力，这就是美国人喜欢的。"她顿时高兴得睡意全无，为自己的"夜半日清"产生效果而兴奋不已！

样机推进中，崔淑立常常半夜醒来打开电脑看邮件，可以回复的就即时给客户答复。美国那边的客户完全被崔淑立的精神打动了，推进速度更快了。B客户第一批订单终于敲定了！

其实，市场没变，客户没变，企业的目标没变，拿大订单的难度也没变，改变的只是一个有竞争力的人——崔淑立。崔淑立完全有理由说："有时差，我没法当天处理客户邮件。"但她只认目标，不说理由！崔淑立说："我从中感受到的是自我经营的快乐！有时差，也要日清！"

好的目标需要好的方法来落实，好的方法更需要优秀的人去贯彻。海尔通过将目标管理有效地移植，充分地提升了员工的工作境界，使员工以主人翁的精神去经营工作、满足客户需求和创造业绩。

一些企业为什么缺少优秀的企业家，缺少优秀的员工呢？关键在于管理机制，在于管理方法。目标管理的优势不言而喻，为什么执行就那么困难？为什么目标只停留在口头上，而无法落实到行动中？所有的管理者、决策者都必须深入反思这些困扰企业发展的基本问题。但无论如何，我们必须明确一点：任何最伟大的战略构想，都得落实。这就需要优秀的管理机制和管理方法，管理者必须将目标用合适的方法运用到企业的实践中去。

第八章

领导力

——卓越的领导者是这样炼成的

德鲁克认为，卓有成效的管理者都是卓有成效的领导者。管理的核心是人，管理的关键靠人，对于任何组织，领导者都是组织发展的决定因素。故而，领导者必须努力提高自身的领导力，必须努力提高领导素质。领导者是组织的灵魂，领导者是"带头大哥"，领导者是艺术家，领导者是战略家。一个成功的领导者，必然能赢得下属信任。领导者之所以能成为领导者，关键在于领导者愿意承担责任。成功的领袖必须乐于为他的追随者所造成的损失承担责任。

成功领导者的基本任务

管理的核心是人，管理的关键靠人，对于任何组织，领导者都是组织发展的决定因素。故而，领导者必须努力提高自身的领导力，必须努力提高领导素质。只有能够向前看的领导者，才是卓有成效的领导者，才是成功的领导者。德鲁克关于领导力的论述很多，本章择其要害者分析。

作为领导者，必须明确自己的基本任务。总结德鲁克的观点，领导者的基本任务有以下四个方面。

（1）成功领导者的首要任务是思考组织的使命。领导者确定并实施组织的使命。领导者必须将组织的使命转化为组织目标，并制订优先实现的目标。领导者应该根据组织的使命和目标规定行为准则，领导者必须以身作则遵守规则。

任何一个健康的、有生命力的组织，都必然有其鲜活的组织使命。明确组织使命，是领导者的第一任务。领导者与普通管理者和员工的不同之处就在于：领导者是使命的制订者、决策的规划者、任务的监督者。组织使命就是方向，就是旗帜，就是走什么样的道路。领导者不能明确组织使命，组织就会迷路，就会失去立场，就会走上歧路。

领导者还要善于将组织使命转化为组织目标。领导者要运用目标管理的方法，将组织目标层层分解，并将之贯彻到组织的最基层。不能转化组织使命、不能贯彻组织使命的领导者，不是卓有成效的领导者，也不具有卓有成效的领导力。英国马狮集团，其组织目标就是通过向底层百姓销售物美价廉的服装而消除阶级差别，实现社会平等。该公司几十年如一日坚持这一使命，取得了辉煌成就。

组织的使命是单一的，但实现组织使命的目标是多元的。领导者必须选择目标实现的次序，这是有效实现组织使命的前提。组织目标有长远目标和短期目标，成功的领导者应该善于平衡二者关系。长远目标有利于组织使命效用最大化，短期目标则可以维系组织的存在和发展。领导者重视短期目标，是为了防止组织眼高手低，缺乏对市场的反应能力；而重视长远目标，则是为了防止组织闭目塞听、止步不前。领导者应该使组织的长远目标和短期目标统一起来，在具体业务中重视短期收益，在重大决策中则侧重组织的长远需要。领导者应该有开阔的眼光、博大的胸怀，既要重视利益，同时又必须面向未来。关注未来、充满理想，这是成功的领导者必备的条件。

不同的组织拥有不同的使命和目标，因而其行为规则也不同。如果麦当劳采用和百度一样的行为规则，那么麦当劳就只能关门。因为麦当劳是餐饮业，要求其员工必须在岗；而百度是网络技术下的搜索引擎新贵，他们需要的是个性化地完成业绩，因此员工在不在办公室并不重要。

领导者制定规则，更重要的是以身作则地执行规则。否则，规则就失去了合法性，就会失去约束力。联想集团的员工都知道柳传志罚站的故事。柳传志在联想集团时曾制定过一个规则，开会迟到者必须罚站。有一次他因为商务约见而迟到了，于是就根据规则自己罚站了半小时。规则一旦制定，就必须执行，而且领导者要带头执行。领导者破坏规则，就是在破坏自己的领导力。

（2）成功领导者要明确自己应该做什么。领导者要不断地思考"我应该为组织做什么"，而不是"我能做什么"。领导者应该做自己最擅长的事，成功领导者要认清自己的优势，要相信自己的判断，千万不要轻易改变自己的决策，更不要邯郸学步、东施效颦。每个领导者都有自己的风格和特色，不要改变自己的做事风格，不要轻易尝试自己根本不相信的事，应该学会用自己现有的主观能力来努力确保任务完成、目标实现。

领导者应该准确地给自己的角色定位。领导者是组织的掌舵人，是组织前进的方向盘，领导者必须为组织的发展承担责任，所以领导者不能问自己能做什么，而要问自己该做什么。领导者往往偏重对自己能力的考量，而缺少对自己责任的反思。对责任反思的力度，体现出领导者对自身角色定位的准确度。

领导者切忌好高骛远，不要奢望未来会发生什么，而要立足于现在需要做什么，要充分发掘现有条件包括主、客观条件，不断地用平凡的人创造不平凡的业绩。领导者最需要的就是化腐朽为神奇的能力。

无论怎样，成功领导者的一切决策和行为都要以结果为导向，只有面向结果，才能面向未来。

（3）成功领导者要善于授权，不要事必躬亲，更不能嫉贤妒能。授权是重要的领导艺术，领导者应将主要精力放在重要问题上，别人可以替代的工作都尽可能授权让别人去做。

领导要会用人，要敢于起用比自己更优秀的人。唐太宗李世民资质中等，其文不如隋炀帝，武不及汉武帝，却能既不重蹈炀帝之亡，又不坠入武帝穷兵黩武之失，并开创了辉煌的贞观之治，其根本原因就在于他善于用比自己更优秀的人。煌煌贞观，人才济济，谋断有房玄龄、杜如晦；谏诤有魏征、马周；将帅有尉迟敬德、侯君集……倘若李世民闭目塞听，不能容人之长，又哪来的盛唐气韵？

成吉思汗被尊称为"天可汗"——可汗中的可汗。他一生南征北战，纵横天下，用人无数，除了他的亲属，其部下未有一人背叛过他。千古帝王，无出其右。他的用人之道，就是用人之长，礼贤下士。他手下猛将如云，如"四杰"、"四子"、"四勇"等，即使文弱如丘处机，亦是其座上宾。不能用比自己更优秀的人，领导者的事业就不能成功，至少不能做到最好。

福特公司两代掌门人——福特一世和福特二世成败均在用人上。当公司处于危难时，他们敢于起用大材。然而一旦事业冲天，他们就嫉贤妒能，担心下属功高盖主，进而坐卧不安，不惜换将。尤其是福特二世，当艾柯卡把福特公司的事业推上顶峰时，他却对艾柯卡心生猜忌，将他免职，并让他去一个破仓库上班，以侮辱他。谁料艾柯卡绝地反击，勇敢地进行二次创业，大获成功，成为真正意义上的美国英雄。而福特公司却因此而陷入困境。

现代商场硝烟弥漫，竞争激烈，领导者必须学会用更优秀的人。能不能用比自己更优秀的人，体现的是领导者的心胸和视野，也是衡量领导素质的重要尺度。

（4）成功领导者必须做最重要的事。很多领导者具有非常优秀的办事能力，他们能八面玲珑、左右形势，但他们往往因不能确定所做事情的有效性与重要性而被迫沉迷于琐碎事情中，从而无法做出与他们能力相匹配的业绩。

有个领导者，做事非常干练，他有一套自己的做事方法，他很善于把握形势，但他却长期无法得到提升，原因就在于他的成绩并不突出。他把大量的时间花费在怎样和别人搞好关系上，包括和上级、下级及客户。他不断地和这些人周旋，花费大量的精力去应酬。在觥筹交错中，他缺少时间提高业务水平，缺少时间明确自己的方向，其业绩当然不能提高。

这样的领导者在我们周围非常普遍，他们并不缺少能力，而是未明确自己的职责不能有效地将自己的能力转化为业绩。领导者应将主要精力集中在统筹全局上，应该以结果为导向，而不是浪费自己的精力去做一些没有长远价值的事。

领导者应该是战略家，而不是做事者。有些领导者过于笃信"哥们就是生产力，餐桌产生凝聚力"的酒桌文化，而忽视了作为领导者的基本职责。这是领导者必须认真反思和解决的问题。

总之，领导者是组织的灵魂，他们赋予组织使命，为组织制定目标，并努力实现目标；领导者是"带头大哥"，他们必须明确自己的角色，承担相应的责任；领导者是艺术家，他们善于授权，善于用人，既能指挥若定，又能虚怀若谷；领导者是战略家，他们能将最有限的资源花在最需要做的事上。

"感召力"的陷阱

有一句流行的话："有魅力的领导才有感召力，有感召力的领导都很有魅力。"的确，感召力是领导者的重要特质，领导者依靠自己独特的人格魅力来凝聚人心、提高组织绩效。然而领导者切莫迷信感召力，恰恰需要注意的是，感召力是很多领导者失败的重要原因。过度相信感召力的领导会变得独裁、固执，总认为自己绝对正确，以致骄傲自负，最终失败。德鲁克认为，感召力本身不是领导人卓有成效的保证，成功的领导者是依靠自己的能力取得成绩，而不是依靠虚荣的感召力。在德鲁克看来，单纯就领导力来看，感召力并没有好坏之分，更与魅力没有必然的联系。希特勒是 20 世纪最有感召力的领导者，但他的危害也史无前例。所以，感召力不是判断领导者能力的尺度，领导力仅仅是一种手段，是实现目标的一种最有效的方式。我们谈领导力，只能站在我们当今民主社会的角度。在一个专制社会里，越专制的企业，资源的配置效率越高，执行力也越强。但问题在于，我们处于一个民主时代，处于知识经济时代，领导者所面临的挑战和变化更多。领导者必须清晰地给自己定位，不要以为在自己的一亩三分地里可以为所欲为。恰恰相反，在这个巨变的时代，领导者被整个时代的经济形势所左右，这要求他们不得不认真地反省自己的领导方式，不再迷信魅力、感召力之类的形式的、表面的东西。

所以领导者应该防止陷入感召力的陷阱，应该努力向别人学习，和别人沟通。

成功的领导者绝不会将自负当作自信。清末民初学者王国维曾在其《人间词话》中说：

古今之成大事业、大学问者，必经三种之境界："昨夜西风凋碧树，独上高楼，望尽天涯路"，此第一境也；"衣带渐宽终不悔，为伊消得人憔悴"，此第二境也；"众里寻她千百度，蓦然回首，那人却在灯火阑珊处"，此第三境也。

自信是领导者必备的素质，正是因为有自信，领导者才能登高望远、执着奋进、勤奋耕耘。自信的领导者才有底气，但自信不同于自负，自负是自信的盲目膨胀，是不加限制的自我虚荣。

自负是一种过度自信，过度自信会使领导者失去理性和基本的判断能力，从而导致个人专断、唯我独尊，最终使企业变成一言堂。企业因此就会失去活力和创新能力。

秦始皇是个很复杂的领导者。他平定六国后，越发自负、独裁，"焚书坑儒"使其统治失去了士人支持。他因自负而导致秦朝败亡，尽管最后他有所反省，却不能更改历史的必然趋势。

秦始皇迷信方士，以为可以获得长生不老药，其中最宠幸的是侯生。

秦始皇三十五年（公元前212年），侯生与另一个方士卢生一合计，决定逃跑。临行前散布了一堆秦始皇不爱听的话，他们说："始皇为人，刚愎自用；灭诸侯，并天下，意得欲纵，以为自古没人比得上自己；丞相诸大臣都是接受已经决定好的事情，在始皇的命令下进行办理；皇上听不到自己的过错，一天比一天骄傲，臣下则慑伏谩欺以取容……"

侯生这一逃，使始皇大怒，并迁怒于那些炼丹方士，从而引发了"焚书坑儒"。

也许是逃亡的日子不好过，侯生又返回咸阳。秦始皇获知侯生回来的消息后，立即下令将其拘来，准备痛骂一顿后车裂处死。为此，秦始皇特意选择在四面临街的阿东台上怒斥侯生，以便杀一儆百。

侯生被押到台前，昂起头说："臣闻，知死必勇。陛下肯听我一言吗？"始皇道："你想说什么？快说！"于是侯生说道："臣闻大禹曾经树起一根'诽谤之木'，以获知自己的过错。如今陛下为追求奢侈而丧失国家根本，终日淫逸而崇尚末技。老百姓匮竭，民力用尽，您自己不知道，还对别人的指责恼怒万分，以强权压制臣下，所以臣等才逃走。臣等并不吝惜自己的性命，只是惋惜陛下之国就要灭亡了。听说古代的圣明君主，食物只求吃饱，衣服只求保暖，宫室只求能住，车马只求能行，所以上没有看到他们被天所遗弃，下没有看到被老百姓抛弃。如今陛下之淫，超过丹朱万倍，甚于昆吾（夏的同盟者）、夏桀、商纣千倍。臣恐怕陛下有十次灭亡的命运，而没有一次存活的机会了。"

始皇闻听侯生此言，默然良久，后问道："你何不早言？"侯生回答："陛下乏心，现在臣注定要死，才敢向陛下陈述这些大逆不道之言。这番话虽然不能使秦不灭亡，但能让陛下明白为何灭亡。"始皇问道："我还可以改变这一切吗？"侯生回答："事已至此，陛下坐以待毙吧！"始皇听后长长地叹了一口气，下令将侯生放掉。

秦朝为什么短命而亡，这与秦始皇的自负、独裁密切相关。尽管秦始皇意识到了侯生所述问题的重要性，他也想因此而振作，想亡羊补牢，可惜为时已晚，只能坐以待毙。有多少领导者在创业时期能吸取别人经验，能广开言路、虚心纳谏，可一旦事业成功，他们就会忘乎所以，以为"老子天下第一"。结果骄傲纵容了奢侈，自负失去了理性，以至于某一天忽然惊醒，可惜悔之晚矣，情势所迫之下早已积重难返，回天乏力。所以领导者必须警惕：自负是影响领导力的第一缺陷，不要等到事情无可挽回的时候才去应对。

成功领导者要防止自负，就必须认识到自己的局限性，就要谦虚，要善于学习。

四通集团董事长段永基在总结四通集团 20 年发展得失时说："过去近 20 年中，四通虽然有技术，但还是不能成功，这是因为作为一个企业，四通缺少一些重要的素质，尤其是投资决策、管理系统方面。这是非常沉痛的教训。所以中国的领导者在管理方面需要研究、需要深入解剖、需要认真反省的东西太多太多。现在对中国领导者而言，特别要强调学习，要学习企业制度，也要学习解剖我们自己。"

《第五项修炼》的作者彼得·圣吉认为，通过学习，领导者会重新认识世界以及我们同世界的关系……这就是学习型组织的基本含义——学习型组织就是不断地扩充其创造未来的能力的组织。只有学会生存性学习和创造性学习的领导者才是合格的领导者。

希望集团董事长刘永好认为领导者必须善于学习，必须学会加减乘除法。他说："做企业，我的体会就是要学好加减乘除。加就是努力学习一切有利于企业和社会发展的东西，如现代企业意识、法制、信誉等，并自觉地去实施。减就是减去自己不良的意识和行为，减去很多职务。我现在要学会把总经理给减掉，只当董事长，只当决策者。乘是说从脚踏实地做产品、做品牌到进入资本运作。我以前说过做产品很累，一个鹌鹑蛋赚一分钱，守了半天才下来，一分一分地挣，真难。后来做品牌，一毛一毛地挣，快一些。但只有当我们把产品经营、品牌经营跟资本经营三者结合在一块的时候，企业才能快速发展。除就是要除去自己纯家族管理的弊病，董事长、老板一手遮天，总想这个企业是我的，这个要除去，要向现代领导者迈进。"

领导者的学习能力关系到企业的生死存亡，所以必须加强对中等以上管理者的培训。甲骨文公司的杰夫·亨雷说得非常深刻，他说："对管理层的培训要比技术层面的培训更重要，如果说没有一个观念上的改变，任何最好的技术和产品都将一事无成。"

我们处于知识经济时代，领导者尤其是中高层领导者需要不断完善自己，不断提高自身的决策能力。所以领导者必须虚心学习，必须放下架子，努力和下属沟通，努力向别人学习。成功领导者都是善于学习的楷模。

领导者如何赢得信任

一个成功的领导者必然能赢得下属信任。信任是一种无形资产，也是领导者走向成功之路的通行证。领导者必须赢得下属的信任，只有拥有支持者的领导，才能有效地提高绩效。

领导者应该树立自己的权威，赢得下属的信任。下属对领导的信任来自于领导者把工作作为自己的事业，工作就是工作，绝不牵涉其他因素。在德鲁克看来，一个卓有成效的领导者，必然讲求原则、以结果为导向，且善于运用领导艺术来解决问题。更重要的是，他们所具有的品质能使下属心悦诚服。他们持事以公、就事论事，赞扬下属是出于真诚，批评下属也是出于真诚。他们严格要求自己，也严格要求下属，他们不留情面不是出于私利和成见。他们的所有行为都体现出一种负责的精神，这种精神使他们能为企业的绩效和未来负责，能为员工的成长负责。

很多领导者把获得下属的信任误解为给下属实惠，和所有人都打成一片。其实，这只是一厢情愿。作为领导者，必然要贯彻企业的各项决策，因此必然需要在很多问题上坚持原则，这就必然使某些人不满。真正的领导者都善于团结大多数，但绝不逾越自己的底线。他们的领导力不是通过他们建立良好的人际关系来表现，而是通过他们坚持原则、敢于纠正下属工作中的失误来体现。一句话，领导者要通过以理服人来赢得下属的信任。

松下电器的创始人松下幸之助批评下属很出名，但他有一个特点，就是边批评边讲道理，让下属虽然挨了批评却心服口服。以理服人是松下赢得下属尊重和信任的重要原因。

有近重信 1936 年毕业于高工电子科，进入松下电器后被分到电池厂。

按规定，生产技术人员必须先到第一线实习，整天跟黑铅锰粉打交道，浑身黑乎乎的。

有近重信进厂不久，松下来电池厂巡视。有近见门外进来一个穿礼服的绅士，立即跑过去把他拦住，问道："请问你有公司参观证吗？"

松下心想我是老板，还用什么参观证，于是说："没有。"有近把双臂一伸，毫不客气道："那就对不起，不能进去。"

"我是……"

"你是天王老子都不许进！"有近打断松下的话，说，"我们老板松下先生有规定，没有公司的参观证，任何人都不得进来！"

这时门卫慌忙赶过来，让松下进去。松下见了厂长井植薰说："你们员工中有个很固执的家伙，大概是新来的吧，死活不让我进来，真是个很有特点的人。"

这件事给松下的印象很深，他认为有近是个可造之才，原则性很强。所以井植薰每次去汇报工作，松下都要问问有近的情况。

过了一段时间，电池厂盖成品仓库，由于松下的坚持，仓库决定采用木结构。井植薰把设计任务交给有近，有近说："我是学电子的。"井植薰说："我是做操作工的，现在不是也在做厂长吗？"

有近学过普通力学，经过计算，他认为需增加4根柱子才能达到安全系数，其他的就没有多作考虑。仓库落成那天，松下见中间竖有4根柱子，大为不满，先把井植薰批评了一通，然后又把有近叫了进去。

刚开始有近的心里不服，可到后来，有近终于明白了。

松下的意思是，他不知道要立柱子才坚持用木结构的，而有近明知要立柱子却不敢坚持钢筋结构。井植薰自己不懂，才找有近来帮忙。而有近明知不好，却偏偏要这么设计，这才是让松下恼火的原因。

有近后来回忆道："我就这样被训斥了整整9个小时，从下午3点到深夜12点，连晚饭都没吃。我心里想：这老家伙，去你的！可后来听懂了总裁的意思，才明白确实是自己的错。"有近后来成为公司技术部的负责人。他的成长，与松下的"锻打"有相当的关系。

不仅对普通的下属，就是对公司的管理人员，松下也会让他们明白道理，从而让大家心服口服。

领导者要在下属中树立权威，赢得人心，就要做到以理服人。俗话说"有理走遍天下，无理寸步难行"，领导者在工作中一定要注意以理服人，尤其是在批评下属的时候一定要先摆事实、讲道理，让下属真正知道自己错在什么地方。这样，你才能赢得下属的敬重和追随。

企业管理的中心问题在于领导者，在于老板。作为企业的灵魂人物，领导者必须以身作则，必须树立权威，必须赢得信任，必须身先士卒。没有鼓动性和领袖魅力，企业的很多目标就无法完成。

领导者获得下属的信任，就可以凝聚企业的向心力，使企业员工能够劲往一处使，心往一处想。无论我们强调怎样的管理理念，都无法代替领导者的作用，因为领导者获得的信任力越强，其事业成功的可能性就越大。

德鲁克认为，下属信任领导者，并不完全是由于领导者的能力，而是因为领导者所具有的一些品质，比如责任心、正直等。由此就可以解释，为什么那些严厉而坚持原则的领导者所获得的拥护反而更多。"大道至简"，领导者要经营好自己的事业，关键要经营好自己的人品。

蒙牛集团刚建立时，资本不足 100 万，且是 10 人出资，没有工厂，甚至没有自己的办公场所。然而所有的人都是冲着牛根生这个人去的，大家信任老牛（老牛是蒙牛的创业者对牛根生的敬称），相信他能做好伊利，就有办法经营好蒙牛。当伊利集团有 300 多人"弃明投暗"追随牛根生时，这个一无所有的草原企业家一定最开心，因为他拥有别人的信任。我们今天反观蒙牛集团的成长速度，有人觉得不可思议。其实回归到人的因素上来，我们就能理解，一个被下属如此热爱和信任的领导者，他几乎无所不能。

企业的领导者一定要注意那些非生产因素、非智力因素，在企业语境中，这些非物质的因素对企业的作用更大。作为领导者，不要总是沉迷于细节、执行这些细碎的问题，而要反思：作为领导者，我该如何赢得下属的信任？很多时候，企业并不缺少勤奋的员工，而是缺少负责任的老板。

敢于对过失负责

领导者之所以是领导者，关键在于领导者愿意承担责任。德鲁克认为领导者是企业的真正负责者，领导者必须对过去负责，包括过去的成绩与过失。因此，所有下属的成败都是自己的成败。成功的领袖必须勇于为他的追随者的错误与缺点所造成的损失承担责任。如果他企图回避这项责任，那么他将无法再担任领袖。如果一个追随者犯错，并且出现能力不足的现象，那么，这位领袖必须认为这是自己的失败。

领导者不要出了问题就把责任全部推给下属，而是要主动承担责任。敢于主动承担责任的领导者，一定会赢得下属的信任。危难时刻向下属伸出一只手，比成功时伸出两只手更有意义。如果下属犯错，即使领导者不负有直接责任，也负有间接责任。领导者应该和下属冷静地分析问题，而且不要怕犯错误，因为任何成功都建立在错误基础之上。领导者在危难时刻能替下属承担相应的责任，这是领导者之所以能作为领导者的重要前提。

作为蜚声世界的经营之神，松下幸之助敢于承担责任的事迹在日本商界传为佳话。

一次，一位下属因疏忽而使一笔货款难以收回。松下幸之助知道后勃然大怒，在大会上狠狠地批评了这位下属。事后，他为自己的行为深感不安。因为那笔货款发放单上自己也签了字，下属只是没把好审核关而已。既然自己也应负一定的责任，就不应该这么严厉地批评下属。松下对自己的冲动行为懊悔不已。于是，他马上打电话给那位下属，诚恳地道歉。恰巧那天下属乔迁新居，松下幸之助便登门祝贺，还亲自为下属搬家具，忙得满头大汗，令下属深受感动。一年后的这一天，这位下属又收到了松下幸之助的一张明信片，松下在上面留下了一行亲笔字：让我们忘掉这可恶的一天，重新迎接新一天的到来！看了松下幸之助的亲笔信，下属感动得热泪盈眶。从此以后，他再未犯错，对松下公司也忠心耿耿。松下认为，作为领导者尤其是高层领导者，必须为企业的发展负责，即使是下属的错误，领导者也必须勇于承担责任。

作为领导者，当然要授权你的下属去做那些具体的事情。怎样去做完全由他们自己决定，但最后负责的只能是你，不管你的下属工作得好还是坏，结果全由你承担，这就是你作为一个领导者的义务和责任。

领导者既然负全部的责任，领导者犯错就应该及时解决和纠正。勇敢承认错误，有错能及时改正，这才是上善之举。

爱华公司的董事长兼总经理小林村子是位杰出的电器方面的专家，他的公司在他有效的领导下日益发展成为日本首屈一指的国际大公司。有一次，在召开董事会时，小林村子进行自我检讨，他说："所有处于高层领导的人，不论性别、年龄的差异，他们都有一个致命的错误，那就是在错误面前不敢站出来勇敢面对而是遮遮掩掩，生怕所犯的错误给他的身份抹黑。其实谁不曾犯过错误呢？但重要的不是已犯下的错误，而是对错误的正确面对，以及深刻的反思，以求得更多的经验教训，避免以后再出现类似的错误。勇敢地面对错误、承认错误并及时加以改正，这才是作为一个领导人稳重、成熟、坚强、公平的表现。"

小林村子的这段话充分说明：作为一名高层领导，应该时刻进行自我反省，及时发现自己的过错并毫不掩饰地勇敢承认，并且还要设法努力改正。

IBM 电脑公司的总负责人史迪夫认为，错误是一个人一生中不可缺少的一部分。没有它，我们就不会认识到事情的价值，就不会把事情做得更好，也就没有进步的机会。从这个方面来讲，错误也就是给人们一次再学习的机会，如果你不好好地把握这个机会，那你就是真正犯了大错误。

作为高层领导者，要像松下幸之助、小林村子和史迪夫那样，敢于自我反省，敢于承认自我过失。这是领导者走向成功的关键。

作为中层领导者，经手的大多是具体事务，犯错的概率更高，这样领导者就更要准确认识自己的责任，而不是推诿扯皮。

杰克是一家公司的采购主管，有一次他听信了部门经理助理的建议，大量采购韩国生产的一种产品，因而透支了公司账户上的采购资金。当时其公司对采购制定了一条至关重要的制度，即不可以透支账户上的存款余额。也就是说，如果账户上不再有存款，就不能再采购新的商品，直到重新把账户补满为止，而这通常要等到下一个采购季节。

采购完毕后，杰克没有想到部门经理突然通知他，有一种日本企业生产的新式提包在欧洲市场上很受欢迎，要求他采购一部分。这让杰克措手不及——经理的指令一定要执行，可是采购资金已经透支了，用什么采购？他想向经理说明情况。这时，一位同事向杰克进言：把责任推到经理助理身上。杰克想了想，认为不妥。他认为，如果把责任推给经理助理，那他们必然陷入无谓的争吵，从而耽误采购那批提包。况且，采购是自己的事，自己就必须承担责任。杰克向部门经理如实汇报了采购韩国产品的事情，坦率地承认是自己的失误，并申请追加拨款，采购日本提包。

部门经理并没有生气，而是被杰克勇于负责的精神所感动，很快设法给他拨来了一笔款项。后来，那种韩国产品和日本提包推向市场后深受顾客欢迎，销售非常火暴。

杰克勇于承担自己的责任，反而使事情得到顺利解决，从而提高了工作绩效。德鲁克认为，作为领导者，坚持绩效精神，敢于面向结果，这是卓有成效的管理者的基本素质。作为领导者，应该时刻提醒自己，明确自己的责任，并为自己的过失承担责任。责任代表着一个人的品质和态度。领导者敢于承担自己的过失，既是对自身的反省，也是对员工提高责任意识的暗示。

正直是块试金石

德鲁克认为，一个企业充满斗志，其原因一定是企业的最高领导者有崇高的道德品质；而一个企业如果懒散堕落，其根源一定是企业的最高领导者品质恶劣。所以，他主张，企业的领导者一定要培养自己做人的境界，要坚持原则，要有一颗正直的心。正直是衡量领导者的试金石。孔子说："其身正，不令而行；其身不正，虽令不从。"说的就是这个道理。

领导者把建立正直品格作为事业的资本，做任何事情都以正直为准绳，即使他一时无法获得盛名与巨大利益，也终不至于失败。而那些人格堕落、丧失操守的人，却永远不能成就伟大的事业。

很多领导者信守厚黑学之类的东西，他们过分地注重技巧、权谋和诡计，却忽视对正直品格的培养。很多伟大的公司都愿意用公司创立者的名字作为公司的名称，就是因为这些名字代表着信用，能使消费者感到可靠。

有一些人明明知道坚持正直人格的重要性，却依然我行我素，不将事业的基础建立在正直的品格上，反而建立在技巧、诡计和欺骗上。这种行为就像自杀一样，明知结果，却还要奋不顾身地投入火坑。

中国传统士大夫有强烈的价值关怀，他们秉承"知其不可为而为之"的儒家精神，坚守正直的品性，使后人敬服。唐代的魏征就是著名的例子。作为谏议大夫，他敢于直言、讲真话，协助唐太宗开创了"贞观之治"的盛世。一次，传旨官突然来向魏征宣诏，说是皇帝有旨，要征集 16 岁以上身强力壮者入伍。魏征认为天下初定，连年战争和灾荒已使百姓中壮丁很少，这样突然的征兵会不利于国家安全和稳定。当他了解到这是宰相封德彝的主意时，他说："封德彝无视国家现状，征兵的主意不合时宜。"他让传旨官告诉唐太宗，这种事不合法令，他难以听从命令。魏征公然抗旨不遵，吓得传旨官魂不附体，力劝他接旨，其他朝臣也为他捏一把汗。可魏征依然故我，泰然自若，竟反背双手在大厅里踱起步来。这时，传旨官又传来第二道旨意，让魏征速派人征点壮丁入伍。魏征仍然坚决不接旨。传旨官好心提醒他，万岁要动怒了。魏征却昂然回答："绝不苟且从命。"传旨官无法，只得奉命叫他入宫见驾。李世民认为魏征太固执，责问他："征点壮丁入伍有何不可？为什么屡抗朕命？"

封德彝则添油加醋、火上浇油说："君命也不执行，怎能治理国家？"

魏征毫无惧色地反驳说："难道大律不是君命？大律也是陛下亲自颁发的，倘若连陛下也违反大律，朝令夕改，怎么能治理好国家？"

李世民非常生气地问道："朕何事违律乱章？又何事朝令夕改？"

魏征正色道："陛下八月即位时，曾下诏全国免征免调 1 年，百姓闻诏皆欣喜若狂，欢呼皇恩浩荡。可至今不到 4 个月，陛下就开始宣旨征兵，这怎能取信于民？按国家唐律规定，21 岁至 59 岁的男丁方可征调。封大人怎能知法违法，有辱君命？"

唐太宗听了很受启发，立即下令停选壮丁入伍。全朝文武官员对魏征这种刚正不阿、正直诚实的品格非常敬佩。唐太宗也很赞赏他的忠谏，将他比喻为检查自己得失的一面镜子。

儒家文化强调："为天地立心，为百姓立命，为往圣继绝学，为万世开太平。"正是这样一种宏大的精神境界，支撑了魏征正直为官的品性。倘若魏征也像其他官员一样，不能直言上谏，不能秉公做事，"贞观之治"就要大打折扣了。作为一个领导者，公正无私、坚持原则是最要紧的品格。领导者正是通过正直的品性来树立威信，来建立积极向上的企业文化，来推进企业发展的。

正直是领导者行为的试金石，这就意味着领导者做事要一碗水端平，对所有人要一视同仁，这也包括对员工的评价。公正的评价会使员工获得心理的平衡，更能激发员工高昂的工作积极性。

公正评价每位下属是卓有成效的领导者的共同点。为了评价下属，他们会及时记录每位下属的表现。下属的表现只有通过长期的工作才能体现出来。只有长期注意记录下属的行为，领导者才能真正了解下属。当领导者通过手头的记录去表扬某些工作干得好但又不被人注意的下属时，他们会倍感欣慰，从而把工作做得更好；如果是批评某些下属干得不好，虽然他们会在短时期内情绪低落，但很快就会了解到领导者公正待人的做法，同时会重新认识自己工作中的不足，变后进为先进。公正评价可以消除领导的傲慢与偏见。

管理者的公正无私也表现在对下属的奖惩上面。成功的领导者往往在奖惩方面做得相当完美，能够充分地调动下属的积极性，形成人人争上游的局面，从而给企业带来无限的生机和活力。反之，如果奖惩做得不好，不仅达不到激励下属的预期效果，反而会造成不可收拾的后果。例如，优秀的下属在工作中做出了相当大的贡献，但令人遗憾的是，他并没有得到与他所做贡献相对应的奖赏，收入没有与贡献成正比例增长，而那些并没有做什么实际工作的人却得到了加薪、分红，这会严重打击下属的工作积极性。公正的奖惩制度意味着不偏不倚，意味着对每位下属工作业绩的肯定。一个崇尚正直的企业，一定是以结果为导向的企业。

一个正直的领导者，要学会"内方外圆"，他们会灵活地应对外部世界。尽管他们并不认同外部世界的一些潜规则，但他们更愿意通过建立规则来维系组织内部发展。成功的领导者要善于用自己的品格去带动下属，用自己的公正无私激励下属努力工作。正直是块试金石，领导者是不是以此为标准去行事和管理下属，决定了领导者管理组织能力的强弱，也体现了领导者自身素质的高低。

卓越的领导才能

德鲁克认为，领导者应该具备卓越的领导才能。德鲁克所说的卓越的领导才能，是指领导者应该从组织的日常管理活动中发现问题。领导者是战略家，要立足组织的长远发展。但领导者的决策不能脱离企业现状，要善于从日常管理实践中找到影响组织长远发展的因素。以小见大，见微知著，这种从细节中发现问题的能力并不是每个领导者都能具备的，而且也不是每个领导者都能行之有效地坚持进行的。很多领导者忽视了自我洞察力的培养，所以，德鲁克说，卓越的领导才能是一种洞察力。

领导者要具备卓越的领导才能，必须注重组织内的日常管理实践和管理活动。这并不是说领导者要关注下属的日常事务，对下属的所有活动都指手画脚，这样的话就与授权原则背道而驰了。领导者并不是进行微观管理，而是要通过关注企业的日常管理来了解自己的企业，来明确不同管理者的责任，来制订战略和进行决策。领导者没有必要事无巨细、亲力亲为，而只需时刻保持敏锐的观察力，从日常管理中发现问题，并及时着手解决问题。

著名的管理顾问斯蒂芬·柯维曾指导过一位公司资产额达 60 亿美元的董事长。他告诉这位董事长，领导才能并不是陷入日常管理中，而是如何从细节中发现问题。但这位董事长并不认同。不久，柯维和这位董事长走出办公楼时，发现一名保洁员正拿着耙子打扫落叶，而他所用的耙子只有 5 根耙爪——本来应该有 31 根。

董事长停下来问保洁员："请问你在做什么？"

"我正在打扫树叶。"

"你为什么使用这支耙子？用它能扫起多少叶子呢？"

"因为他们只拿了这支给我用。"

"你为什么不去找一支好一点的用呢？"

当保洁员走远后，董事长显然很生气："好耙子仓库里多的是，可他竟然埋怨别人没给他！类似的事天天都在发生。我们所进行的两项大型发展计划进度及两条生产线的进度已经落后，眼看资金一点一点流失，可各部门经理们却似乎无动于衷，就像刚才的这个保洁员！我的下属总是不停地抱怨，只因为他们觉得自己巧妇难为无米之炊，而我认为真正的原因是他们缺乏危机意识。如果我不能给他们可用的工具，他们就不顾工作是否有效而得过且过！我必须找到管理保洁员的那个监工，狠狠地训他一顿，确保每一个保洁员都能得到一支好一点的耙子！"

柯维认为董事长并没有真正认清问题："你以为这样做就能解决问题了吗？在这件事里，谁该对这位保洁员和耙子的问题负责呢？"

董事长想了想说："保洁员本人应该负责，毕竟他是唯一可以决定自己是否用了合适的耙子的人。我们总是弄得每个人忙得团团转，却无法使他们尽义务。只要我们能够解决责任的问题，我们所有的问题都能解决，每个人都必须为自己的绩效表现而负责。但是，监工真的一点责任都不必担负吗？"

柯维说："是的，他要负责，但不在于为保洁员找支好耙子。他的职责在于使保洁员尽职地把工作做好，他的工作是让保洁员负起责任来。而在最合理的情况下，还有谁需要为找到好耙子来负责？"

董事长思索片刻："我敢打赌我不是第一个看到他在使用那支坏耙子的人。从理论上而言，任何看到他的人都可能已提醒过他，所以每个看到他的人都该感到有责任去告诉他找支好的耙子。"

"那么你要扮演什么样的角色？"柯维继续说。

董事长恍然大悟："最根本的其实是我自己该负责，因为我没有找到问题的症结所在。我需要解决的真正问题点是自己缺乏责任感，但我却只看到了一些表象，并陷入表象而不能自拔。"

上述材料中的董事长注意到了管理中的具体问题，然而他看到的只是表象。他看到了保洁员使用的工具不对，但他差一点就陷入具体问题的陷阱中，而没有意识到真正需要他解决的问题——如何建立责任体系，使分工明确、指派得力。领导者不应该也没有精力去关注那些细节问题，但是领导者必须具备从细节中发现问题的能力。正如那位董事长，经过咨询专家的提醒，他敏锐地意识到了该如何发现问题背后的问题，该如何抓住管理活动中的本质，该如何明确责任，那么他一定找到了解决问题的方法——建立完整的责任体系。

领导者必须明白，对于日常管理中的问题，不要干预，而要关注，不必拘泥于细节，但必须重视细节。领导者应该具备反思问题的能力，而不是对具体事物指指点点。领导者应该借助具体的手段来了解最基层的管理现状，领导者不能脱离管理实践空谈管理，而是要超越具体问题，并为完善企业的管理机制和管理制度而努力。

真正的领导才能是善于从细节中发现问题。成功的领导者肯定富有洞察力，并会保持一颗敏锐的心。绝大多数领导者都自认为对自己的组织非常了解，事实恰恰相反，正是由于思维惯性，领导者会对一些组织内的问题视而不见、习而不察。正是基于此，领导者往往过分相信自己的能力和判断，他们往往认为"老马识途"，却忘记了老马也会迷途；他们总是把问题推给明天，总以为"瘦死的骆驼比马大"，却忘记了"千里之堤，溃于蚁穴"；他们总以为"强大的狮子都是独行侠，只有绵羊才成群结队"，却忘记了"虎落平阳被犬欺"。任何问题都有辩证性，领导者要具备真正的领导才能，就必须运用辩证思维，全面地认识问题，既能由小见大，也能由此及彼。这样才能达到管理的真境界。

总之，管理的目的是为了少管理，要做到少管理就必须善于发现问题，并且有效地解决问题。正是在这个意义上，我们才说，发现问题比解决问题更重要。卓有成效的领导者要有意识地培养自己的领导才能，使自身具备敏锐的洞察力，并具备从细节中发现问题的能力。

附录：德鲁克主要管理学著作

《公司的概念》　1946

《管理的实践》　1954

《成果管理》　1964

《卓有成效的管理者》　1966

《断层时代》　1968

《技术、管理与社会》　1970

《管理：任务，责任，实践》　1973

《看不见的革命》　1976（1996 年以《退休基金革命》重版）

《人与绩效：德鲁克论管理精华》　1977

《管理导论》　1977

《旁观者》　1978

《动荡时代中的管理》　1980

《变动中的管理界》　1982

《创新与企业家精神》　1985

《管理的前沿》　1986

《新现实：政府与政治、经济与企业、社会与世界》　1989

《非营利组织的管理：原理与实践》　1990

《管理未来》　1992

《生态远景》　1993

《后资本主义社会》　1993

《巨变时代的管理》　1995

《德鲁克看亚洲：德鲁克与中内的对话》　1997

《德鲁克论管理》　1998

《21 世纪的管理挑战》　1999

《德鲁克精华》　2001

《下一个社会的管理》　2002

《功能社会》　2002